Aus dem Englischen
übertragen und herausgegeben
von Gennaro Ghirardelli

ALBERT HOURANI

DER ISLAM IM EUROPÄISCHEN DENKEN

ESSAYS

S. FISCHER

Die englische Originalausgabe erschien 1991
unter dem Titel »Islam in European Thought«
bei Cambridge University Press

© 1991 Cambridge University Press
© 1994 S. Fischer Verlag GmbH, Frankfurt am Main
Satz: Fotosatz Otto Gutfreund GmbH, Darmstadt
Druck und Bindung: Clausen und Bosse, Leck
Printed in Germany
ISBN 3-10-031831-5

André Raymond
in Freundschaft und mit Verehrung
gewidmet

INHALT

Einleitung 9
I Der Islam im europäischen Denken 17
II Marshall Hodgson und das Unternehmen Islam 85
III Islamische Geschichte, Geschichte das Nahen und
 Mittleren Ostens, moderne Geschichte 109
IV T. E. Lawrence und Louis Massignon 143
V Auf der Suche nach einem neuen Andalusien:
 Jacques Berque und die Araber 159
VI Kultur und Wandel: Der Nahe und der Mittlere
 Osten im 18. Jahrhundert 169
VII Die Enzyklopädie von Butrus al-Bustani 203
VIII Sulaiman al-Bustani und die *Ilias* 215
Anmerkungen 233
Glossar 252
Register 254
Bemerkungen des Herausgebers 262

EINLEITUNG

Die vorliegenden Essays verraten ein anhaltendes Interesse an der Entstehungsweise geistiger Traditionen: an einem Vorgang, der Ideen auf Ideen häuft, sie weitertradiert, verändert und entwikkelt, wobei sie an Gewicht gewinnen. Meine jahrelange Tätigkeit als Lehrer für Geschichte des Nahen Ostens hat bei mir ein besonderes Interesse an zwei Arten dieses Prozesses geweckt. Das eine gilt der Herausbildung einer besonderen europäischen Sicht auf den Islam und seine Kultur, eine Sicht, die von einer sich vertiefenden Kenntnis des muslimischen Glaubens und seiner Geschichte herrührt sowie von sich verändernden Anschauungen über Religion und Geschichte in Europa. Das zweite betrifft die Entstehung einer wissenschaftlichen Überlieferung – gemeinhin als »Orientalismus« bekannt –, nämlich die Ausbildung von Methoden, Texte zu erfassen, zu bearbeiten und zu interpretieren, sowie deren Weitergabe von einer Generation zur nächsten über eine Kette – eine *silsila*, um den arabischen Begriff anzuwenden – von Lehrern und Studenten.

Diese beiden Vorgänge waren eng miteinander verknüpft: Gelehrte arbeiten nicht abstrakt, ihre Ansichten sind geprägt von der Kultur ihrer Zeit und vorangegangener Zeiten; sie machen es sich zur Aufgabe, zu deuten, was sie ihren Quellen entnehmen; die Auswahlkriterien, die Betonung und Ausführung schreiben sich von ihrem Leben her.

Im ersten und längsten Essay dieses Buches unternehme ich den

Versuch, die Verbindung zwischen diesen beiden Prozessen deutlich zu machen, indem ich die Wurzeln europäischer Tradition in islamwissenschaftlichen Studien über Gott, Menschen, Geschichte und Gesellschaft, die zentral für das europäische Denken sind, freilege. Insbesondere versuche ich zu zeigen, wie sehr die Richtung der Islamwissenschaft, die im 19. Jahrhundert als eine eigene Disziplin hervortrat, von einigen zu jener Zeit geläufigen Ideen bestimmt wurde: von kulturgeschichtlichen Ideen, Ideen über Natur und Bildung der Religionen, über die Art und Weise, wie heilige Bücher zu lesen waren, und über die Beziehungen zwischen den Sprachen. Ich wollte die wichtigsten Abstammungslinien der Islamwissenschaft nachzeichnen, die im 17. Jahrhundert in Paris und Leiden ihren Ausgang nahm. In der zweiten Hälfte des 19. Jahrhunderts hatte die Islamwissenschaft ihre Organisationsform entwickelt – ihre eigenen Methoden der Lehre, der Veröffentlichung und ihre eigene Wissenschaftssprache – und sie hatte eine tragfähige und beständige Autorität, die bis auf den heutigen Tag besteht, erworben.

Besondere Aufmerksamkeit widmete ich Ignaz Goldziher, der, wie mir scheinen will, eine zentrale Stellung in dieser Geschichte einnimmt: Er war Erbe beider großer *silsila*s und zugleich ein von den beherrschenden Ideen seiner Zeit und auch von seiner eigenen, jüdischen Tradition geprägter Geist. Vor allem zwei Schriften Goldzihers schufen eine Art Orthodoxie, die ihren Einfluß bis heute geltend macht: jene über die Ursprünge und Entstehung des *hadith* (der Überlieferungen des Propheten) sowie jene über die Herausbildung der islamischen Theologie und des islamischen Rechts.

Ich selbst gehöre keiner dieser großen *silsila*s an. Ich kam auf anderen Wegen zur Geschichte des Nahen Ostens und lehrte an einer Universität, deren Bedeutung für die Geschichte der Islamwissenschaft eher marginal war, obwohl in Oxford Arabisch seit dem 17. Jahrhundert gelehrt wird. Ich schätze mich jedoch glücklich, Kollegen zu haben, die in der eigentlichen Tradition ausgebildet waren – unter diesen die bereits verstorbenen H. A. R. Gibb,

EINLEITUNG

Richard Walzer, Samuel Stern, Joseph Schacht und Robin Zaehner –, und ich war in Oxford zu einer Zeit, da Anstrengungen unternommen wurden, der »Orientalistik« mit finanzieller Hilfe von seiten der Regierung neuen Schwung zu verleihen. Die wichtigste Persönlichkeit bei diesem Prozeß war H. A. R. Gibb in seiner Zeit als *Laudian Professor* in Oxford. Über ihn habe ich an anderer Stelle ausführlicher geschrieben.[1]

Wie alle »Orientalisten« seiner Zeit sah sich Gibb gezwungen, in allzu vielen Bereichen zu lehren: in Sprache, Literatur und Geschichte. Er hielt sich in erster Linie für einen Historiker, und eines seiner Hauptanliegen in Oxford bestand darin, Historiker davon zu überzeugen, der Geschichte außereuropäischer Gebiete mehr Aufmerksamkeit zu widmen und ihr im Lehrplan den ihr, wie er meinte, gebührenden Platz einzuräumen. Einer der Gründe, weshalb er schließlich Oxford verließ, um nach Harvard zu gehen, war der (begründete) Glaube, daß historische Fakultäten der Idee der Weltgeschichte aufgeschlossener gegenüberstünden und daß gute, als Historiker ausgebildete Studenten dazu gebracht werden könnten, sich dem Studium der islamischen Welt zu widmen.

Als Historiker war Gibb darum bemüht, sowohl die Quellen heranzuziehen, um zu entdecken, was sich in der islamischen Geschichte ereignet hatte (wie etwa in seinen Studien über das Leben von Saladin), als auch eine Interpretation der Gesellschaften vorzunehmen, in denen der Islam die vorherrschende Religion war; eine seiner grundlegenden Arbeiten ist der Essay »An interpretation of Islamic history«[2].

Marshall Hodgson war ein amerikanischer Historiker, der, obwohl nicht Schüler von ihm, dennoch unter dem Einfluß von Gibbs Ideen stand. Hodgsons Buch *The Venture of Islam: Conscience and History in a World Civilization*[3] ist Gegenstand des zweiten Essays in diesem Band. Jedes einzelne Wort im Titel dieses Werks ist von Bedeutung, sorgfältig gewählt und bedenkenswert: *venture* (Wagnis), *Islam*, *conscience* (Bewußtsein), *history* (Geschichte) und *world society* (Weltgesellschaft). Ich schrieb diesen

Essay als Rezension und begrüßte das Buch mit Begeisterung als einen äußerst wichtigen und originellen Versuch, Kategorien zu schaffen, mit deren Hilfe islamische Geschichte im Kontext der Geschichte der gesamten Ökumene, das heißt, der Welt der seßhaften Landwirtschaft, der Städte und der Hochkultur verstanden werden konnte. Ich halte es immer noch für ein bemerkenswertes und aufregendes Buch und möchte dabei noch ein weiteres hinzufügen, das eine umfassende Synthese bietet, nämlich das Buch eines Studenten von Gibb aus der Zeit in Harvard: Ira Lapidus' *History of Islamic Societies*[4].

Hodgsons – und auch Lapidus' – Buch liegt die Annahme zugrunde, daß es innerhalb der allgemeinen Geschichte der Ökumene so etwas wie eine »islamische Geschichte« gebe, das heißt, daß es in Gesellschaften, in denen der Islam die vorherrschende Religion war, gewisse gemeinsame Struktur- und Entwicklungsmerkmale gegeben habe. Gibb teilte diese Ansicht, dennoch ging keiner von ihnen davon aus, daß »Islam« der Schlüssel sei für alles, was in »islamischen« Gesellschaften geschah, noch, daß die Geschichte dieser Gesellschaften aus sich wiederholenden Zyklen ähnlicher Erscheinungen bestehe. Alle drei sind sich vollkommen darüber im klaren, daß die Geschichte jeder »islamischen« Gesellschaft einer bestimmten Zeit und an einem bestimmten Ort sich von der anderer unterscheidet. Mein eigenes Interesse als Historiker richtete sich hauptsächlich auf die Länder um das östliche Mittelmeer, im weitesten Sinne also um den Nahen oder Mittleren Osten, und dabei vor allem auf die letzten zwei Jahrhunderte. Mein Anliegen war, zu bestimmen, ob und bis zu welchem Grad die Tatsache, daß der Islam in Ägypten, Syrien oder der Türkei die dominierende Religion ist, dazu beitragen kann, seine Geschichte in der Moderne zu verstehen. Ich hatte Gelegenheit, diese Frage 1979 auf einer Konferenz an der University of California in Los Angeles zu diskutieren; der dritte Essay ist das Ergebnis davon. Darin stelle ich drei alternative (oder sich überschneidende) Erklärungsprinzipien zur Debatte und komme zu dem Schluß, daß der Begriff »islamische Geschichte« uns hilft, gewisse Aspekte der modernen nahöstlichen Geschichte zu erklären. Am Schluß des Essays weise ich darauf hin, daß ich die Vermutung hegte, dies wäre seit dem Ersten Weltkrieg nicht mehr länger der Fall. Genausowenig wie andere Beobachter sah ich voraus, daß die achtziger Jahre dereinst die Epoche des – etwas ungenau ausgedrückt – »Wiedererwachens des Islam« genannt werden sollte.

In diesem Essay – ebenso wie in den anderen – zeigt sich allerdings, daß ich um den Hintergrund wußte, auf dem dieses »Wiedererwachen des Islam« beruhte: auf dem sich verändernden Bewußtsein vom »anderen« dieser arabischsprechenden, vorwiegend muslimischen Welt, über die europäische Gelehrte und Historiker – unter ihnen ich selbst – geschrieben haben. Es gab eine Zeit, da konnte diese Welt wie ein zum Sezieren freigegebener Körper behandelt werden, aber Reisen, die Erfahrung imperialer Herrschaft und die Auflehnung dagegen sowie die Wiederbelebung des einheimischen überlieferten Gedankenguts und Schrifttums machten es unmöglich, weiterhin so über den »Orient« zu denken. Wissenschaft wird heute von der Zusammenarbeit derjenigen getragen, die in westlicher Tradition ausgebildet sind, und von denen, die über diese Ausbildung hinaus etwas von ihrer eigenen Tradition islamischen Denkens und Glaubens mitbringen. Niemand kann heute noch Bedeutendes über die Welt des Islam schreiben, ohne ein gewisses Gefühl einer lebendigen Beziehung zu jenen, über die er schreibt, mitzubringen.

Der vierte Essay beschäftigt sich mit zwei in mancher Beziehung äußerst unterschiedlichen und doch auch wieder sehr ähnlichen Männern, deren Lebenswege sich für einen kurzen Moment berührten und deren Schriften vom klaren Bewußtsein der Notwendigkeit geprägt sind, die Kluft zu überbrücken, die durch Gewalt, Feindseligkeit und Abgrenzung entstanden war. Die Vorstellung, am falschen Platz zu stehen, verfolgt T. E. Lawrence in *Die sieben Säulen der Weisheit*: Wenn er nach der Eroberung von Damaskus seinen Abschied einreicht, dann deshalb, weil »mich das Ereignis nur mit Kummer erfüllte und die Phrase bedeutungslos geworden ist«[5]. Auch Louis Massignon verwarf »unseren weltlichen Wahn, zu verstehen, zu erobern, zu besitzen«.

Leben und Persönlichkeit von Lawrence und Massignon haben mich jahrelang beschäftigt. Das Buch *The Seven Pillars of Wisdom*, das ich las, als es 1935 zum erstenmal der Öffentlichkeit zugänglich gemacht wurde, hat mich zutiefst bewegt und hat vielleicht – halb bewußt, halb unbewußt – die Richtung meines Werks als Historiker mitbestimmt. Später dann konnte ich während vierzehn Jahren vom Fenster meines Schlafzimmers aus auf den Bungalow im Garten seines Elternhauses in der Polstead Road sehen, wo er in seiner Jugend gelebt hatte. Massignon begegnete ich einige Male; sein Gesicht und die Gespräche sind mir in Erinnerung geblieben. Von Freunden und Kollegen habe ich viel über ihn erfahren, und auch hier war der *genius loci* von Bedeutung. Ich sah ihn deutlich vor mir, sooft ich die griechisch-katholische Kirche in Garden City in Kairo besuchte, die von seiner Freundin Mary Kahil sorgfältig renoviert worden war. Seine Überlegungen zum Islam und dessen Beziehung zum Christentum gaben Stoff zu mehr als nur einem dieser Essays.

Massignons Werk übte auf die französischen Gelehrten seiner und der nächsten Generation einen großen Einfluß aus. Dies zeigt sich an den Schriften von Jacques Berque, obwohl das Gedankengebäude, auf dem diese beruhen, sich davon erheblich unterscheidet. Mein Essay über Jacques Berque ist Ausdruck der Dankbarkeit sowohl für eine lange Freundschaft als auch für alles, was ich von ihm gelernt habe. Seine Bücher sind geprägt von der langen Erfahrung französischer Herrschaft und Anwesenheit in Nordafrika. Jacques Berque, der in Algerien aufwuchs und sich schon im frühen Alter zusammen mit seiner Muttersprache Französisch die arabische Sprache aneignete – und später während seines jahrelangen Aufenthaltes oder seiner Besuche als Beamter und Wissenschaftler –, lehrte uns, die verschiedenen Bewegungen der Geschichte auseinanderzuhalten: die Geschichte, welche ausländische Herrschaft arabisch-islamischen Ländern aufzuzwingen versuchte, und diejenige, welche diese Völker selbst hervorbrachten. Der Titel eines seiner Bücher, *Intérieur du Maghreb*, weist auf das beherrschende Anliegen seines Werks hin: Er schaut über die Zentren der Macht und über die Küstenstädte mit ihrer gemischten Bevölkerung hinaus auf die Städte und Dörfer in den Bergen und Tälern des Hinterlandes. Seine Schriften drücken auch ein Glaubensbekenntnis aus: daß, trotz allem, was war, eine Veränderung der Menschen stattgefunden habe; daß eine Synthese lateinischer und arabischer Kultur, der Traditionen beider Seiten des Mittelmeeres bestehe und weiterhin fortlebe.

Diesem Essay habe ich drei weitere hinzugefügt, die das Augenmerk auf die Veränderung im Bewußtsein vom »anderen«, auf die Versuche, eine neue Stimme in der Welt zu finden, lenken. Der erste untersucht das letzte Stadium, in dem es noch möglich war, von einer unabhängigen Welt islamischer Kultur zu sprechen. Obwohl die politischen und ökonomischen Voraussetzungen dieser Unabhängigkeit gegen Ende des 18. Jahrhunderts zu bestehen aufhörten, konnte ein gebildeter Muslim immer noch mit Vertrauen auf die Macht und Überlebenskraft der kulturellen Überlieferung, die er von der *silsila* seiner Lehrer und Vorfahren empfangen hatte, in die Welt blicken.

Ein halbes Jahrhundert später war das schon nicht mehr der Fall. Die Ausdehnung des europäischen Handels sowie die Ausweitung der militärischen Macht und des politischen Einflusses Europas führte – zuerst durch die einheimischen Herrscher, danach durch fremde Mächte – dazu, daß neue Verwaltungsmethoden, neue Gesetzbücher und eine neue Art von Schulen eingeführt wurden. Kenntnisse des Französischen und anderer europäischer Sprachen sowie der Welt, die sie eröffneten, brachten neue Fragen und Ideen. Dieser geistige Aufbruch vollzog sich vor allem in den Hafenstädten und in anderen Städten, wo Männer und Frauen verschiedener Religionszugehörigkeit und Nationalitäten Seite an Seite zusammenlebten und wo der Austausch von Ideen wie von Gütern am leichtesten und auf einträglichste Art stattfinden konnte. Eine der wichtigsten Städte war Beirut. Die letzten beiden Essays befassen sich mit zwei Mitgliedern der Familie al-Bustani, libanesische Christen, die in Beirut ihre geistige Ausbildung erfahren hatten und die eine wichtige Rolle bei dem Versuch spielten, die neue Welt zu verstehen: Butrus, der die erste arabische Enzyklopädie herausgab und dazu beitrug, einen modernen Stil explikativer arabischer Prosa zu entwickeln, und Sulaiman, der mit seiner Übersetzung der *Ilias* von Homer die Grenzen arabischen Poesieverständnisses erweiterte. Beide Essays sind Freunden gewidmet: Der erste wurde für einen Essayband zu Ehren von Jacques Berque geschrieben und der zweite zum Andenken an Malcolm Kerr, der als Präsident der amerikanischen Universität 1984 in Beirut ermordet wurde. Er war ein alter Freund, und er war es, der mich zu jener Konferenz in Los Angeles eingeladen hatte, die Anlaß zu dem vierten Essay in diesem Band war.

I.
DER ISLAM IM EUROPÄISCHEN DENKEN

1

Zeit seines Bestehens war der Islam ein Problem für das christliche Europa; seine Anhänger waren der Feind an der Grenze. Im 7. und 8. Jahrhundert drangen die im Namen des Chalifats, des ersten muslimischen Reiches, kämpfenden Heere in das Zentrum der christlichen Welt vor. Sie besetzten Provinzen des byzantinischen Reichs in Syrien, im Heiligen Land, in Ägypten und wandten sich nach Nordafrika, Spanien und Sizilien. Die Eroberung war nicht nur militärischer Art, sondern in der Folge auch von umfassenden Bekehrungen begleitet. Zwischen dem 11. und dem 14. Jahrhundert kam es zu einem christlichen Gegenangriff, der im Heiligen Land, wo ein katholisches Königreich Jerusalem entstand, für eine Weile von Erfolg gekrönt war. Beständiger war dieser Erfolg allerdings in Spanien. Dort fand 1492 das letzte muslimische Königreich sein Ende, doch kam es zu dieser Zeit andernorts unter türkischen Dynastien zu einer muslimischen Expansion: Die Seldschuken drangen nach Anatolien vor, und später vernichteten die Osmanen, was vom byzantinischen Reich noch übriggeblieben war; sie eroberten dessen Hauptstadt Konstantinopel und rückten nach Ost- und Zentraleuropa vor. Noch im 17. Jahrhundert waren sie in der Lage, die Insel Kreta zu besetzen und Wien zu bedrohen.

Die Beziehung zwischen Muslimen und europäischen Christen war jedoch nicht nur vom Heiligen Krieg, von Kreuzzügen und vom *dschihad* bestimmt. Es gab auch einen Handel über das

Mittelmeer, dessen Schwergewicht sich im Lauf der Zeit veränderte. Vom 11. und 12. Jahrhundert an verstärkten die italienischen Hafenstädte ihre Handelstätigkeit, und im 15. und 16. Jahrhundert tauchten Schiffe aus nordeuropäischen Häfen im Mittelmeer und im Indischen Ozean auf. Auch ein Gedankenaustausch fand statt, jedoch überwiegend aus den Ländern des Islam in christliche: Arabische Werke der Philosophie, Wissenschaft und Medizin wurden ins Lateinische übersetzt, und bis ins 16. Jahrhundert waren in den medizinischen Schulen Europas die Schriften des großen Arztes Ibn Sina in Gebrauch.

Durch Konflikte getrennt und gleichzeitig auf mancherlei Weise miteinander verbunden, stellten Christen und Muslime eine religiöse und geistige Herausforderung füreinander dar. Was konnte jede dieser Religionen gegenüber der anderen jeweils geltend machen? Für muslimische Denker war die Stellung des Christentums klar: Jesus gehörte für sie in die Reihe echter Propheten, die ihren Abschluß mit Muhammad, dem »Siegel der Propheten«, fand; seine verbürgte Botschaft war im wesentlichen die gleiche wie diejenige Muhammads. Aber die Christen hatten ihren Glauben falsch verstanden: Sie hielten ihren Propheten für einen Gott und glaubten, daß er am Kreuz hingerichtet worden war. Die gängige muslimische Erklärung lief darauf hinaus, daß die Christen ihre Schrift entweder durch Entstellung des Textes oder durch eine falsche Auslegung seiner Bedeutung »gefälscht« hätten. Die muslimischen Denker verfochten den Standpunkt, in der christlichen Schrift – würde sie richtig verstanden – ließe sich kein Hinweis für die Behauptung finden, daß Jesus Gott ist, und eine Passage im Koran machte klar, daß er nicht gekreuzigt worden, sondern auf irgendeine andere Weise in den Himmel gekommen war. Die Christen dagegen leugneten die Echtheit der Offenbarung, die Muhammad empfangen hatte, doch eine korrekte Auslegung der Bibel zeigte, daß das Kommen des Propheten Muhammad vorhergesagt worden war.

Für Christen war die Sache schwieriger. Sie wußten, daß die Muslimen an einen Gott glaubten, der gemäß seinem Wesen und seinen Handlungen für den Gott gehalten werden konnte, den auch die Christen anbeteten; für sie kaum annehmbar war jedoch Muhammad als ein echter Prophet. Das Ereignis, auf das die alttestamentarischen Propheten hingewiesen hatten, das Kommen Christi, hatte schon stattgefunden. Was bedurfte es also noch weiterer Propheten? Außerdem leugnete Muhammads Lehre eine zentrale Doktrin des Christentums: Die Menschwerdung und die Kreuzigung Christi – und somit auch die Dreifaltigkeit und die Vergebung. Konnte der Koran irgendwie als das Wort Gottes angesehen werden? Auf die wenigen Christen, die überhaupt etwas davon kannten, wirkte der Koran nur wie ein entferntes Echo von biblischen Geschichten und Themen.

Bis auf wenige Ausnahmen standen die meisten Christen dem Islam während der ungefähr ersten tausend Jahre der Konfrontation unwissend gegenüber, obwohl der Koran seit dem 12. Jahrhundert in einer lateinischen Übersetzung zugänglich war. Die erste Übersetzung entstand unter der Leitung Peters des Ehrwürdigen, des Abtes von Cluny. Einige Werke der arabischen Philosophie, welche die Tradition griechischen Denkens weiterführten, waren in Übersetzungen wohlbekannt. So gut wie unbekannt waren hingegen die theologischen, juristischen und religiösen Werke, in denen der Inhalt des Korans als Denk- und Handlungssystem hervortrat. Im 13. Jahrhundert entwickelten sich einige Dominikanerklöster in Spanien zu Zentren des Islamstudiums, doch verfielen auch sie in den folgenden Jahrhunderten wieder. Auf muslimischer Seite waren die Kenntnisse eher größer – und mußten es wohl auch sein, da weiterhin viele arabischsprachige Christen in muslimischen Ländern – insbesondere in Spanien, Ägypten und Syrien – lebten. Kenntnisse über deren Glauben und Glaubenspraktiken waren daher für Verwaltung und Politik unabdingbar. Sie sollten allerdings nicht zu hoch veranschlagt werden; die Grenzen werden in al-Ghazalis Schrift *Wider die Gottheit Jesu* deutlich.[1]

Die Christen schauten mit einer Mischung aus Furcht und Verwirrung und mit dem unbehaglichen Gefühl des Wiedererkennens einer gewissen geistigen Verwandtschaft auf den Islam, der sich ihnen in unterschiedlichem Licht darstellte. Gelegentlich wurde die geistige Verwandtschaft zugegeben. So gibt es zum Beispiel einen von Papst Gregor VII. im Jahre 1076 an al-Nasir, einen muslimischen Prinzen in Algerien, gerichteten Brief. Darin heißt es:

> »Es ist eine Bruderliebe, die wir uns gegenseitig und mehr als anderen Völkern schulden, weil wir denselben Gott anerkennen und uns, wenn auch auf verschiedene Weise, zu ihm bekennen; und wir loben und preisen ihn täglich als unseren Schöpfer.«[2]

Unter den Gelehrten kam es zu Diskussionen über diesen Brief; es scheint indes, daß seine Bedeutung nicht überschätzt werden sollte. Es wurde darauf hingewiesen, daß gute Gründe für den herzlichen und freundlichen Ton verantwortlich waren, in dem Gregor den Brief abfaßte, ging es doch um den Schutz der im Schwinden begriffenen christlichen Gemeinden Nordafrikas, um die gemeinsame Gegnerschaft des Papstes und al-Nasirs zu einem anderen muslimischen Herrscher in Nordafrika und vielleicht auch um den Wunsch einiger Kaufleute in Rom, einen Anteil am wachsenden Handel im Hafen von Bougie (Bidschaya) zu haben. In anderen Briefen an Christen hatte Gregor härtere Worte für Muslime und den Islam. Nichtsdestoweniger zeugt der Brief von der Einsicht, daß die Muslime keine Heiden waren, was insofern überraschend ist, als er kurz vor der Eröffnung einer Epoche der Feindseligkeiten – der Kreuzzüge – geschrieben wurde.[3]

Verbreiteter war die Meinung, daß der Islam ein Ableger oder eine Häresie des Christentums sei. Dieser Ansicht war der erste ernstzunehmende christliche Theologe, Johannes von Damaskus (675–749). Er selbst war Beamter des umaiyadischen Chalifats in Damaskus und konnte Arabisch. In einem Abschnitt seines Werks über christliche Häresien rechnet er auch den Islam dazu: Dieser glaubt an Gott, leugnet aber bestimmte Grundwahrheiten des Christentums; und weil er diese leugnet, sind auch die Wahrheiten, die er gelten läßt, bedeutungslos. Die verbreitetste Ansicht war jedoch am anderen Ende des Meinungsspektrums angesiedelt, nämlich, daß der Islam eine falsche Religion, Allah nicht Gott und Muhammad kein Prophet sei. Der Islam sei eine Erfindung von Menschen mit beklagenswerten Motiven und einem jämmerlichen Charakter und er werde mit Feuer und Schwert verbreitet.[4]

2

Was auch immer europäische Christen über den Islam dachten, so konnten sie doch nicht leugnen, daß er ein wichtiger Faktor in der menschlichen Geschichte war, mit dem man sich auseinandersetzen mußte. In der frühen Moderne zwischen dem 16. und dem 18. Jahrhundert nahm das Wissen über den Islam zu und veränderte sich in einem gewissen Sinn. Weil das militärische Gleichgewicht sich verlagert hatte, gab es im 18. Jahrhundert auch keine militärische Herausforderung durch das Osmanische Reich mehr. Ein verbessertes Navigationssystem ermöglichte europäischen Schiffen die Entdeckung der Welt sowie die Ausdehnung des Handels im Mittelmeer und im Indischen Ozean, und man begann europäische Niederlassungen einzurichten. Zu den Gemeinden italienischer Kaufleute in den Häfen des östlichen Mittelmeeres kamen neue hinzu. Aleppo zum Beispiel, eines der wichtigsten Zentren nahöstlichen Handels, beherbergte mehrere ausländische Gemeinden, inklusive eine Anzahl englischer Kaufleute (die Stadt ist bei Shakespeare zweimal erwähnt: im *Othello* und im *Macbeth*)[5]; portugiesische, holländische, französische und englische Händler ließen sich auch in einigen indischen Häfen nieder. Eine neue Form politischer Beziehungen bildete sich heraus: Europäische Staaten hatten Botschafter und Konsuln in den osmanischen Gebieten, obwohl der osmanische Sultan bis zu den napoleonischen Kriegen keine ständigen Botschaften in Europa unterhielt. Verträge und Bündnisse waren in Diskussion: Die Franzosen und Osmanen schlossen ein Abkommen gegen die Habsburger, die

Engländer und andere versuchten Beziehungen zu den safawidischen Schahs in Iran herzustellen.

Mit den enger werdenden Beziehungen kam es zu einer Erweiterung des geistigen Horizonts und einer Entfaltung des Wissens. Für die Gelehrten und Denker hatte der Islam keine unmittelbare Bedeutung mehr: Die religiösen Auseinandersetzungen in Europa zur Zeit der Reformation und Gegenreformation drehten sich um andere Probleme, und die Fortschritte der europäischen Wissenschaft und Medizin minderten die Bedeutung arabischer Schriften. Dennoch war der Islam für die religiösen Fragen jener Zeit immer noch wichtig. Obwohl die vergleichende Sprachwissenschaft damals noch keine Wissenschaftsdisziplin war, war doch allgemein bekannt, daß das Arabische mit den Sprachen der Bibel, dem Hebräischen und dem Aramäischen, eng verwandt war, und das Studium des Arabischen konnte einige Klarheit über sie verschaffen. Auch konnten Kenntnisse über den Nahen Osten zur Erklärung beitragen, in welcher Umgebung die biblischen Ereignisse stattgefunden hatten. Reisen, Handel und Literatur sorgten in gebildeten Kreisen für vermehrte Aufmerksamkeit gegenüber der gewaltigen und rätselhaften Erscheinung der islamischen Zivilisation, die sich dank des Arabischen als *lingua franca* – der bis dahin am weitesten verbreiteten Sprache – vom Atlantik bis zum Pazifischen Ozean erstreckte. Eine solche Vergegenwärtigung spricht aus den Worten von Dr. Johnson:

> »Zwei Dinge verdienen unser Interesse: die christliche und die mahomedanische Welt. Alles übrige mag man für barbarisch halten.«[6]

Welche Auswirkung hatten diese Veränderungen auf die Einstellung gegenüber dem Islam? Noch immer gab es ein weites Spektrum von möglichen Haltungen. Da war auf der einen Seite die gänzliche Ablehnung des Islam als Religion. Pascal etwa überschrieb die 17. seiner *Pensées* mit dem Titel »Gegen Muhammad«. Christus sei alles, was Muhammad nicht sei, behauptete er. Muhammad sei ohne Autorität, sein Kommen nicht vorhergesagt, er habe keine Zeichen und Wunder getan: »Jeder Mensch kann tun, was Mohammed getan hat [...] Kein Mensch kann tun, was Christus getan hat.« Muhammad habe den Weg des menschlichen Erfolgs eingeschlagen, während Jesus Christus für die Menschheit gestorben sei.[7] Diese Ansicht wurde weiterhin aufrechterhalten, doch kam es mit der Zeit zu einer bezeichnenden Akzentverschiebung: Der Mensch Muhammad wurde weniger verunglimpft und seine menschlichen Qualitäten sowie seine außerordentlichen Leistungen eher anerkannt. So hatten 1784 die »Bampton Lectures« von Joseph White, einem Professor für Arabisch in Oxford, den »Vergleich von Islam und Christentum im Lichte ihres Ursprungs, ihrer Erscheinungsform und ihrer Wirkungen« zum Gegenstand.[8] Dabei schließt er aus, daß das Erscheinen des Islam in irgendeiner Weise ein wunderbares Ereignis gewesen war oder daß er irgendeine Rolle in der göttlichen Vorsehung gespielt habe. Es handle sich vielmehr um eine Naturreligion, die sich auf Anleihen bei den christlichen und jüdischen Schriften stütze. Sein Erfolg könne mit einfachen Worten erklärt werden: mit der Verderbtheit der zeitgenössischen Kirche einerseits und mit der Persönlichkeit des Propheten andererseits. Weit davon entfernt, »ein Monstrum an Unwissenheit und Lasterhaftigkeit« zu sein, wie bei anderen christlichen Verfassern, war Muhammad nach Whites Worten:

> »ein außerordentlicher Charakter mit glänzender Begabung und großem Geschick [...] ausgestattet mit einer Geistesgröße, die den Stürmen der Feindschaft durch [...] die bloße Kraft eines starken und fruchtbaren Genius zu trotzen vermochte«.[9]

Um diesen Wechsel des Tons und des Urteils zu erklären, muß man sein Augenmerk auf die besseren Kenntnisse über den Islam wie auch auf eine veränderte Haltung gegenüber der Religion überhaupt richten. Joseph White und seine Zeitgenossen konnten sich auf zweihundert Jahre europäischer Geistesgeschichte stützen. Die erste systematische Untersuchung in Westeuropa über den Islam und seine Geschichte geht auf das späte 16. Jahrhundert zurück. Im Jahre 1587 begann der reguläre Arabischunterricht am Collège de France in Paris; die ersten beiden Professoren waren Doktoren der Medizin, ein Hinweis darauf, in welchen Disziplinen Arabischkenntnisse zu jener Zeit wichtig waren. Der dritte Professor war ein maronitischer Priester aus dem Libanon, und auch dies ist bedeutsam, weil damit die erste Zusammenarbeit zwischen Europäern und einheimischen Gelehrten belegt wird.[10] Bald darauf, im Jahr 1613, wurde an der Universität Leiden in den Niederlanden ein Lehrstuhl für Arabisch eingerichtet, dessen erster Inhaber der berühmte Gelehrte Thomas Erpenius war. In England wurde 1632 ein Lehrstuhl in Cambridge und 1634 einer in Oxford eingerichtet. Zu dieser Zeit begann das ernsthafte und anhaltende Studium arabischer Quellen, aus denen die menschliche Gestalt Muhammads deutlicher hervorging.

Verfolgt man die Entwicklung allein in England, so kommt man nicht umhin, mit Edward Pococke (1604–91), dem ersten Inhaber des Lehrstuhls in Oxford, zu beginnen. Er war zweimal für längere Zeit im Nahen Osten, einmal als Kaplan der englischen Kaufleute in Aleppo und danach in Istanbul. An beiden Orten sammelte er Manuskripte oder schrieb sie ab. Eines seiner Werke, das aus dem Studium dieser Schriften hervorging, war sein *Specimen Historiae Arabum*, dessen Einleitung einen Überblick über den Umfang der wissenschaftlichen Kenntnisse seiner Zeit gibt. Es enthält arabische Genealogien, Erklärungen zur Religion Arabiens in vorislamischer Zeit, eine Beschreibung der grundlegenden Lehren des Islam und eine Übersetzung von al-Ghazalis Glaubensbekenntnis.[11] Um die Jahrhundertwende unternahm George Sale (ca. 1697–1736) die erste zuverlässige Koranübersetzung, die sich ihrerseits weitgehend auf die letzte lateinische Version von Lodovico Maracci stützte. Auch hier ist die Einleitung wichtig; sie stellt die Frage nach den Absichten Gottes, die sich im Kommen Muhammads manifestieren. Dieser war nicht, wie Sale meint, unmittelbar von Gott erleuchtet, sondern Gott nutzte dessen menschliche Neigungen und Interessen für seine eigenen Absichten: »Eine Geißel für die christliche Kirche zu sein, weil diese nicht gemäß der heiligen Religion, die sie empfangen hatte, lebte.«[12] Dies war nur dank Muhammads bemerkenswerter Eigenschaften möglich, dank seiner Überzeugung nämlich, zur Wiederherstellung der wahren Religion gesandt zu sein, seines Enthusiasmus (im Sinne des 18. Jahrhunderts als eines starken, nicht von der Vernunft gezügelten Gefühls), dank seines Scharfsinns und guten Urteilsvermögens, seines gutartigen Charakters und nicht zuletzt dank seiner angenehmen und höflichen Manieren.

In derselben Generation veröffentlichte Simon Ockley (1678 bis 1720) eine *History of the Saracens* mit einem ähnlichen Bild von Muhammad. Danach war dieser kein erleuchteter Prophet, wohl aber ein Mann von bemerkenswerter Begabung, der nicht nur das Wissen und die Gelehrsamkeit früherer Zeiten in sich vereinigte, sondern auch als Moralreformer wirkte. Die Araber brachten Europa

> »allgemein gebotene Dinge, die Gottesfurcht, die Zügelung der Leidenschaften, kluge Wirtschaft, schickliches und besonnenes Benehmen«[13]

wieder zurück.

Mit zunehmendem Wissen veränderte sich auch die Sicht auf Religion in der eigentlichen Bedeutung des Wortes. Wie Wilfred Cantwell Smith in seinem Buch *The Meaning and End of Religion* zeigt, taucht der moderne Gebrauch des Begriffs im 16. und 17. Jahrhundert auf. Davor bezeichnete er nur Formen des Kultes, von da an jedoch jedes von Menschen geschaffene Glaubenssystem und alle Glaubenspraktiken. Wird der Begriff so gebraucht, sind verschiedene Religionen möglich, alle wert, daß man sich mit ihnen auf rationale Weise beschäftigt und auseinandersetzt.[14]

Dieses erwachende Interesse an der Vielgestaltigkeit religiöser Vorstellungen ist zum Beispiel im Leben von Robert Boyle (1627–91), dem bekannten »Naturphilosophen« und einer der Gründer der Royal Society, deutlich zu erkennen. In seiner Autobiographie beschreibt er eine geistige Krise in seinem früheren Leben. Auf einer Bildungsreise besuchte er ein Karthäuserkloster in der Nähe von Grenoble und wurde dort von »so seltsamen und schrecklichen Gedanken heimgesucht und von so verwirrenden Zweifeln über manche Grundfesten des Christentums«, daß er versucht war, sich umzubringen, bis es »zuletzt Gott gefiel [...] ihm das entzogene Gefühl Seiner Gnade wiederzuschenken«.[15] Aus dieser Krise zog er die heilsame Lehre, »ernsthaft die fundamentalsten Wahrheiten des Christentums erforschen zu wollen und zu hören, was sowohl Türken und Juden als auch die wichtigsten Sekten der Christen zur Begründung ihrer unterschiedlichen Ansichten vorbringen konnten«.[16] Er meinte, daß allein durch eine solche Erforschung sein eigener Glaube fest begründet werden konnte. In seinem Testament verfügte er, daß jährlich eine Anzahl von Vorlesungen gehalten werden sollte, die für die christliche Religion und gegen die »Atheisten, Theisten, Heiden, Juden und Mahomedaner«[17] Zeugnis ablegten.

Wurde das Christentum im Licht seiner Beziehungen zu anderen Religionen betrachtet und wurden alle Religionen als ein von Menschen geschaffenes Glaubens- und Handlungssystem angesehen, so konnten daraus mehrere Schlüsse abgeleitet werden: Das Christentum konnte als besonderer Glauben mit besonderem Ursprung gelten, oder aber alle Religionen als Werke menschlichen Denkens und Fühlens; das Christentum war dann nicht notwendigerweise einzigartig und die beste aller Religionen.

Einige Autoren des 18. Jahrhunderts neigten tatsächlich dazu, sich Leben und Wirken Muhammads zu einer versteckten Kritik am Christentum – zumindest in der Form, wie die Kirchen es lehrten – zunutze zu machen. Muhammad konnte als Beispiel übertriebener Schwärmerei und ehrgeizigen Strebens vorgeführt werden und seine Anhänger auch als Beispiele menschlicher Leichtgläubigkeit; umgekehrt konnte er als Verkünder einer Religion, die rationaler war oder näher am reinen, natürlichen Glauben als das Christentum, angesehen werden.

Dies war die Sicht einiger französischer Denker des 18. Jahrhunderts, und wir hören in Napoleons Äußerungen über den Islam noch ein Echo davon. In der auf arabisch verkündeten Proklamation nach der Landung in Ägypten im Jahre 1798 versicherte er den Ägyptern, daß die Franzosen »Gott weit mehr fürchten als dies die Mamelucken taten und den Propheten und den herrlichen Koran verehren [...] Die Franzosen sind wahre Muslime.«[18] Ohne Zweifel war darin viel Propaganda, aber auch Bewunderung für die Leistungen Muhammads (ein Thema, auf das Napoleon später in seinem Leben wieder zurückkam) und eine bestimmte Ansicht von der Religion: Es gibt einen Gott oder ein höheres Wesen, dessen Existenz vernunftmäßig begriffen werden kann, dessen Wesen und Wirken jedoch von gewissen Religionen entstellt wurde. Die Religionen können daran gemessen werden, inwieweit ihre Lehre sich einer rational einsichtigen Wahrheit annähert.

Eine solche Vorstellung von der Religion kann auf verschiedene Weisen geäußert werden, die von einer echten vernunftbestimmten Überzeugung bis hin zu einem fast gänzlichen Skeptizismus oder Agnostizismus reichen. Edward Gibbon stand auf der Schwelle zum Skeptizismus, dennoch erschien ihm Muhammad im besten Licht, in dem man einen religiösen Führer sehen konnte. Das 50. Kapitel von *Geschichte des Verfalls und Untergangs des Römischen Reiches* ist Muhammad und dem Aufstieg des Islam gewidmet. Es ist ein Werk von außerordentlicher Gelehrsamkeit, das sich auf eine breite Lektüre von Werken europäischer Gelehrter und Reisender wie Chardin, Volney und Niebuhr stützt. Gibbon hat eine klar gefaßte und bis zu einem gewissen Grad günstige Meinung über Muhammad. Dieser, so glaubt er, sei Träger »eines wahren höheren Geistes«, der, wie es sich gehört, in der Einsamkeit geformt worden war; denn »Umgang bereichert den Verstand; aber Einsamkeit ist die Schule des Geistes«. Das Ergebnis dieser Einsamkeit war der Koran, »ein herrliches Zeugnis der Einheit Gottes«. Er bringt Gott als

> »[...] ein unendliches und ewiges Wesen, ohne Gestalt und Ort, ohne Anfang und Seinesgleichen, gegenwärtig in unseren geheimsten Gedanken, das sein Dasein aus der Notwendigkeit seiner eigenen Natur und alle moralische und geistige Vollkommenheit aus sich selbst schöpft«

zum Ausdruck. Dies ist, fügt Gibbon hinzu, »ein für unsere gegenwärtigen Kräfte vielleicht allzu erhabenes Glaubensbekenntnis«, und deshalb lauern Gefahren dahinter, gegen die Muhammad nicht immer immun war:

> »Gottes Einheit ist eine mit der Natur und Vernunft übereinstimmende Vorstellung; und ein flüchtiger Umgang mit Juden und Christen lehrte ihn Verachtung und Abscheu gegen den Götzendienst in Mekka [...] die Geisteskraft, unaufhörlich auf einen Gegenstand gerichtet, wandelte eine allgemeine Verpflichtung in eine besondere Berufung; die Eingebung des erhitzten Verstandes wurde als Eingebung des Himmels gefühlt [...] wie das Bewußtsein in einem ungeschiedenen Zustand zwischen Selbstillusion und vorsätzlichem Betrug schlummern mag.«

Mit zunehmendem Erfolg, so meint Gibbon, hätten sich auch die Motive Muhammads geändert:

> »Menschenliebe mag glauben, daß Muhammads ursprüngliche Beweggründe reine Wohltätigkeit waren; doch [...] Mekkas Ungerechtigkeit und Medinas Wahl machten den Bürger zum Prinzen, den demütigen Prediger zum Heerführer [...] und ein Staatsmann mag argwöhnen, er habe über die Begeisterung seiner Jugend und die Leichtgläubigkeit der Bekehrten heimlich gelächelt.«[19]

(Wir finden hier schon vor, was später ein gängiges Thema in der europäischen Wissenschaft werden sollte: den Unterschied zwischen Muhammad in Mekka und in Medina.)

3

Europäer, die sich mit dem Islam beschäftigten, konnten diesem gegenüber zu Beginn des 19. Jahrhunderts zwei Haltungen (selbstverständlich in je verschiedenen Variationen) einnehmen. Sie konnten den Islam entweder als Feind und Gegenspieler des Christentums ansehen, der einige christliche Grundwahrheiten für seine eigenen Zwecke in Anspruch nahm, oder aber als eine Form, mit deren Hilfe menschliche Vernunft und menschliches Empfinden, Gottes Natur und das Universum zu verstehen und zu erklären versuchen. Beiden Haltungen gemeinsam war die Anerkennung der Tatsache, daß Muhammad und seine Anhänger eine bedeutende Rolle in der Weltgeschichte gespielt hatten. Überdies war es zu dieser Zeit schwieriger, dem Islam wie auch anderen Religionen in der Welt gegenüber keine Stellung zu beziehen, da die Beziehungen zwischen Europa und den Völkern Asiens und Afrikas mit anderen Religionen als dem Christentum im Wandel begriffen waren. Zusammen mit der Erfindung und Anwendung neuer Herstellungsmethoden weitete sich der Handel aus, und neue Verkehrsmittel wurden entwickelt: Dampfschiff, Eisenbahn, Telegraphie. Die Expansion Europas brachte neue Kenntnisse von der Außenwelt und schuf neue Zuständigkeiten: Britische, französische und holländische Herrschaft wurde über die Hafenstädte und deren Hinterland in den Ländern um das Mittelmeer und am Indischen Ozean ausgeweitet, während sich nach Süden, zum Schwarzen Meer hin, und nach Osten, nach Asien hinein, die russische ausbreitete.

Folglich fand in diesem Jahrhundert auch eine Erneuerung des Denkens über den Islam statt. Diese nahm, je nach den Erfahrungen der verschiedenen europäischen Nationen, unterschiedliche Formen an. In Großbritannien und unter den Briten des *Empires* erhielt die Vorstellung vom Gegensatz zwischen Christentum und Islam durch den religiösen Eifer der Evangelikalen neuen Auftrieb, wonach die Rettung nur in der Vergegenwärtigung der Sünde und in der Hinnahme der Heilsbotschaft Christi liege, und daß, wer um seine Rettung weiß, die Pflicht habe, anderen die Wahrheit entgegenzuhalten. Eine solche Konfrontation war nun dank vermehrter organisierter missionarischer Tätigkeit auf breiterer Ebene als früher möglich, aber auch, weil das expandierende *Empire*, insbesondere das indische, ein weites Feld von Möglichkeiten und Verpflichtungen bot.

Im allgemeinen nahmen die vom evangelikalen Geist erfüllten

Missionare dem Islam gegenüber eine ablehnende Haltung ein und waren vom Pflichtbewußtsein durchdrungen, die Muslime bekehren zu müssen. Als ein Musterbeispiel kann Thomas Valpy French (1825–91), Prinzipal des St. John's College in Agra und später Bischof von Lahore, gelten. Schon früh in seiner Missionstätigkeit kam er zu dem Schluß, daß »Christentum und Muhammedanismus so verschieden wie Himmel und Erde und wohl nicht miteinander in Einklang zu bringen« waren.[20] Später gab er den Posten als Bischof auf, weil er es für seine Pflicht ansah, das Evangelium in Arabien, im Herzen der muslimischen Welt, zu verkünden. Er starb auf dem Weg dorthin in Muskat.

Bisweilen kam es zu direkten Konfrontationen; mindestens zwei davon sind überliefert. Die erste war eine schriftliche Kontroverse zwischen Henry Martyn (1781–1812), einem berühmten Missionar in Indien, während seines Aufenthaltes in Schiraz im Jahre 1811 und zwei iranischen schiitischen Theologen. In der Hauptsache ging es um Fragen, die bei allen Polemiken zwischen Muslimen und Christen schon immer im Mittelpunkt gestanden hatten. Ist der Koran ein Wunder? Martyn verneinte es, die *mulla*s dagegen äußerten die orthodoxe Meinung, daß der Koran einzig und unwiederholbar und dies der Beweis für seinen göttlichen Ursprung sei. War das Kommen Muhammads in der Bibel vorhergesagt? Auch hier brachten die *mulla*s die orthodoxe Sicht zum Ausdruck: Sein Kommen war vorhergesagt, doch der Text der Bibel war von der Kirche verfälscht oder falsch gedeutet worden. Waren die moralischen Eigenschaften Muhammads und seiner Anhänger so beschaffen, daß sie den Glauben an eine göttliche Herkunft des Islam zuließen? Hier drehte sich die Diskussion um vertraute Themen: die Vielzahl der Frauen des Propheten und die Verbreitung des Islam mit Waffengewalt.[21]

Eine direktere öffentliche Kontroverse fand 1854 in Agra zwischen Karl Pfander, einem deutschen Missionar im Dienst der *Church Missionary Society*, und einem muslimischen Geistlichen, Schaich Rahmatullah al-Kairanawi, statt. Pfander stammte aus deutschem pietistischen Milieu, das dem der Evangelikalen nicht unähnlich war. Von einigen evangelikalen Beamten der Ostindiengesellschaft ermutigt, betrieb er eine aktive Prediger- und Schrifttätigkeit, veröffentlichte ein dickes Buch über Sünde und Erlösung und wurde von Schaich Rahmatullah zu einer öffentlichen Debatte herausgefordert. Hauptsächlich ging es um die Frage, ob die christlichen Schriften dahingehend geändert wurden, die Hinweise auf das Kommen des Propheten Muhammad zu verschleiern. Die Debatte blieb ohne Ergebnis, weil Pfander sich nach der zweiten Sitzung zurückzog, doch wird aus den Berichten klar, daß er das Treffen nicht für sich entscheiden konnte. Rahmatullah verfügte über einige Kenntnisse in der neuen deutschen Wissenschaft der Bibelkritik, die er von einem muslimischen indischen Arzt mit guten Englischkenntnissen bezogen hatte; er nutzte sein Wissen, um die Frage nach der Echtheit und Zuständigkeit der Bibel in einem neuen Licht zu betrachten.[22]

Nicht nur die Missionare waren vom evangelikalen Geist erfüllt; viele britische Beamte in Indien waren ebenfalls davon erfaßt. Einer von ihnen, William Muir (1819–1905), war bei der Debatte von Agra dabei. Einige Jahre davor hatte er einen Artikel, »The Muhammadan controversy«, geschrieben, der die für die Evangelikalen charakteristische ablehnende Haltung gegenüber dem Islam dokumentierte. Der Islam sei, so sagte er,

> »der einzige unverhohlene und ernstzunehmende Widersacher des Christentums [...] ein tatkräftiger und mächtiger Feind [...] Gerade weil der Muhammedanismus sich nicht zum göttlichen Ursprung bekennt und sich so viele Waffen vom Christentum angeeignet hat, ist er ein so gefährlicher Gegner.«[23]

Später, nach seiner Karriere in Indien, wurde Muir Rektor der Universität von Edinburgh und schrieb sein berühmtes Buch *Life of Muhammad*, das für viele Jahre das Standardwerk zu diesem Thema bleiben sollte. Es enthält weitgehend dieselbe Botschaft wie der frühere Artikel. Muhammad erscheint als eine Mischung aus guten und schlechten Eigenschaften, wobei die schlechten in seinem späteren Leben überwogen. Es sei ein Irrglauben anzunehmen, daß der Islam eine Art Christentum wäre oder eine evangelikale Vorbereitung darauf sein könnte:

> »Darin ist gerade so viel Wahrheit, die aus früheren Offenbarungen entlehnt, aber in eine andere Form gebracht ist, wie es braucht, um die Aufmerksamkeit von der Notwendigkeit nach mehr abzulenken.«[24]

Außerhalb der Kreise evangelikaler Christen fanden andere Haltungen möglicherweise weitere Verbreitung: Etwa jene, die von der Vorstellung ausgingen, der Islam sei innerhalb seiner Grenzen ein unverfälschter Ausdruck des Bedürfnisses, an einen Gott zu glauben, und zwar an einen Gott mit eigenen Werten. Eine solche Sicht wurde in eher verworrener Form in einem Werk vertreten, das einen großen und nachhaltigen Einfluß auf die englischsprachige Welt haben sollte: Thomas Carlyles 1841 erschienene Vorlesung »The hero as prophet« in *On Heroes, Hero-Worship and the Heroic in History*. Carlyle erkennt darin, entsprechend seiner Definition von der Prophetie, Muhammad als Propheten an: »eine schweigsame große Seele: einer von denen, der nicht anders als ernst sein kann«. Er war sich »des großen Mysteriums der Existenz bewußt [...] der unbeschreiblichen Tatsache des ›Hier bin ich‹«. In einem gewissen Sinne war er inspiriert:

> »Solch Licht war erschienen, daß es die Finsternis dieser wilden arabischen Seelen zu erleuchten vermochte. Wie verwirrt von der blendenden Pracht des Lebens und des Himmels [...] nannte er es Offenbarung und Engel Gabriel; wer von uns vermöchte denn zu wissen, wie es nennen?«[25]

Einer von denen, die Carlyles Vorlesungen hörten, war F. D. Maurice, ein führender Theologe der Kirche von England, einer, der zu seiner Zeit – und danach noch – selbst Auseinandersetzungen auslöste und einige Verwirrung stiftete. John Stuart Mill, der nicht mit seinen Ideen sympathisierte, sagte über ihn: »in Maurice war mehr intellektuelle Energie verschwendet als in irgendeinem anderen meiner Zeitgenossen«.[26] In einem Brief lobte Maurice den nachsichtigen Blick Carlyles auf Muhammad, war jedoch mit dessen Vorstellung von Religion nicht einverstanden. Carlyle, sagte er,

> »betrachtet die Welt, als ob sie ohne Zentrum wäre und [die christliche Lehre] nur als eine mythische Veranstaltung unter vielen, in denen bestimmte Handlungen [...] Gestalt annehmen«.[27]

Maurices eigene Anschauungen über andere Religionen kamen einige Jahre später in seinem Buch *The Religions of the World and Their Relations with Christianity* zum Ausdruck. Es handelt sich dabei um Vorlesungen in der von Robert Boyle gegründeten Vorlesungsreihe. Herausgegeben wurden sie 1845–46, als Maurice Professor für Literatur und Geschichte am King's College in London war, wo er bald darauf Professor für Theologie werden sollte. Dies war einige Jahre vor der Kontroverse, welche zu seiner Abberufung vom Lehrstuhl führte. In den Vorlesungen wandte sich Maurice Fragen zu, die sich, wie er glaubte, aus den Verhältnissen seiner Zeit und seines Landes ergaben. England war im Begriff, eine Kolonialmacht zu werden. Es bestand also eine Verpflichtung, Nichtchristen das Evangelium zu predigen, was Kenntnisse von deren Religionen voraussetzte und davon, in welchem Verhältnis das Christentum zu ihnen stand. Dabei erhob sich wiederum eine andere Frage: Was ist Christentum? Ist es nur eine unter anderen Weltreligionen oder nimmt es diesen gegenüber eine besondere Stellung ein, die ihm eine Wahrheit verleiht, welche die anderen nicht haben? Maurice erklärt, daß er sich der »enormen Veränderung der Einstellung der Menschen gegenüber religiösen Systemen« bewußt sei. Beunruhigende Fragen müßten gestellt werden:

> »Sollte nicht jede Religion ihren eigenen Boden haben? [...] Wird nicht vielleicht eine bessere Zeit kommen, da alle Religionen ihr Werk mehr schlecht als recht erfüllt haben und von etwas Verständlicherem und Befriedigerendem abgelöst werden?«

Die große politische Revolution des ausgehenden 18. Jahrhunderts hat die Beschuldigung erhoben, die Religionen würden im Interesse der Politiker und Priester verteidigt. Solche Anschuldigungen wurden sowohl gegen das Christentum als auch – und vielleicht noch vehementer – gegen andere Religionen gerichtet. Es war daher notwendig, die Frage zu stellen, was Religion wirklich sei.[28]

Für Maurice war das Wesen der Religion »der Glaube in den Herzen der Menschen«. Damit meinte er etwas Besonderes: Glaube war für ihn nicht nur eine menschliche Eigenschaft, ein wesentlicher Bestandteil der *conditio humana,* sondern begründete sich aus der »Offenbarung Gottes vor den Menschen« und »waren nicht [einfach] fromme oder religiöse Gefühle, die Menschen Gott gegenüber hegen mochten«. Diese Offenbarung hat zum Inhalt, daß es Gott gibt und daß Gott den Menschen seinen Willen kundgetan hat; daß sein Wille ein liebender Wille ist; daß er sich in geschichtlicher Zeit offenbart hat und daß diese Zeit sich in einer Person erfüllt hat, im vollkommenen Abbild Gottes, in einem »einigenden und versöhnenden Geist, der [die Menschen] über die zerrissene Gestalt und die Schatten der Erde erhebt«.[29]

Maurice betrachtet jede höhere Religion im Licht dieses Leitgedankens. Beim Islam stellt er vor allem fünf falsche oder unzutreffende Erklärungsversuche für dessen Erfolg fest. Dieser kann nicht nur mit der Stärke seiner Waffen erklärt werden. Wo sonst soll diese Stärke herkommen, wenn nicht von der Kraft und der Natur des Glaubens der Muslime? Er war auch nicht eine Folge menschlicher Leichtgläubigkeit, denn dies könnte nicht erklären, warum der Islam überlebte und so gut gedieh. Man kann auch nicht behaupten, der ganze Inhalt des Islam sei aus dem Alten und Neuen Testament übernommen: Muhammad mußte zumindest davon beseelt, davon »besessen gewesen sein«. Die Persönlichkeit Muhammads, die Kraft seiner Überzeugung und Begeisterung können nicht allein die Ursache gewesen sein. Es muß deutlich gemacht werden, warum diese Persönlichkeit eine so große und so nachhaltige Wirkung auf die Menschheit ausüben konnte, was um so schwieriger zu erklären ist, als die von ihm verkündete Religion jede Anbetung von Menschen verbietet.

Oder gibt es eine andere Erklärung dafür? Kann der Erfolg des

Islam als eine Strafe Gottes für schuldige Völker angesehen werden; für die christlichen Völker des Ostens, die ihre christlichen Tugenden verloren haben und in die Bilderverehrung, in religiösen Zeremonialismus und philosophische Spekulationen zurückgefallen sind; oder für die Heiden, die das Christentum niemals gekannt, beziehungsweise es gekannt, aber verworfen hatten? Maurice mag mit diesen Bemerkungen auf Gedanken angespielt haben, die in einem Buch, das er gelesen hatte, zum Ausdruck kamen: Charles Forsters *Mahometanism Unveiled* (1822), ein Buch, das bestenfalls »bizarr« genannt werden kann (Forsters Enkel, der Romancier E. M. Forster, ging noch weiter und tat dessen Bücher als »wertlos« ab).[30] Die Argumentation des Buches läuft darauf hinaus, Muhammad sei der Widersacher von Christus, sein Leben aber dennoch von der göttlichen Vorsehung bestimmt gewesen. In seinem Kampf gegen Idolatrie, den Judaismus und christliche Häresien habe der Islam »den Lauf der Dinge indirekt [zum Christentum] hinlenken« können und sei damit »wesentlich an der Wiederherstellung und letzten Vollendung des reinen Glaubens« beteiligt gewesen.[31]

Maurice meinte, daß in dieser Theorie eine gewisse Wahrheit enthalten sei: Der Islam habe der Welt tatsächlich »den Sinn für einen allmächtigen göttlichen Willen, vor dem sich alle Menschen beugen sollten«, wiedergegeben, die Versicherung, nicht auf uns allein gestellt zu sein, mithin die Grundlage menschlichen Daseins wiederhergestellt. Mit dem Christentum teile der Islam einige grundlegende Wahrheiten: daß es einen Gott gibt, welcher der Menschheit seinen Willen kundtut, daß sein Wort in einem Buch verzeichnet ist, auf dessen Autorität wir bauen können, und daß alle, die diese Wahrheit anerkennen, einen Körper oder eine Gemeinde bilden, die von Gott aufgerufen ist, diese Wahrheit zu verkünden. Auf diese Weise diente der Islam einem sinnvollen Zweck in der Welt, indem er die Menschen dazu aufrief, diese Wahrheiten anzuerkennen; und in diesem Sinn kann Muhammad eine göttliche Berufung zugesprochen werden. Sein Zeugnis habe die Kirche gerettet:

»Das Mittelalter drehte sich mehr um [Muhammad] [...] als ich mir je vorgestellt hatte, bevor ich genauer darüber nachgedacht hatte. Es gäbe keinen Glauben an Christus ohne diese entschlossene Bekräftigung eines allmächtigen Gottes.«[32]

Dennoch fehlt diesem »muhammadanischen Zeugnis« etwas. Nach Ansicht von Maurice ist der islamische Gott reiner Wille und nicht »ein moralisches Wesen, das sich herabläßt, um seine Kreaturen aus ihrer Erniedrigung zu erheben, und ihnen kundtut, wer Er ist und warum Er sie geschaffen hat«. In dieser Abgeschiedenheit kann Wille leicht zu einem toten Schicksal werden und zu Gleichgültigkeit oder Verzweiflung führen. Für Muhammad bringt Geschichte »kein Hoffen auf einen Fortschritt« mit sich, und die Religion, die mit ihm begann, gleicht allen anderen Weltreligionen außer dem Christentum:

> »zerrissene, unsichere, abergläubische Ränke, ein unwilliges und ungnädiges Wesen zu besänftigen, weil sie nicht fähig waren, das Verbindende zu erkennen, weil sie es irgendwo in der natürlichen oder geistigen Welt *kreieren* mußten«.[33]

4

Das Buch von Maurice ist ein Zeichen dafür, daß die Vorstellung über Religionen sich dahingehend entwickelte, sie für einen menschlichen Versuch zu halten, etwas von außerhalb der menschlichen Welt Kommendes auszudrücken: »den Glauben im Herz der Menschen«. In dieser Perspektive könnte das Leben des Propheten schlimmstenfalls als eine Entstellung von Ideen, entlehnt aus anderen Religionen, und bestenfalls als ein gültiges, wenn auch beschränktes Zeugnis der Wahrheit gesehen werden. Diese Betrachtungsweise der Religion läßt sich ohne weiteres auf das Denken Immanuel Kants (1724–1804) zurückführen. In seinem späten Werk *Die Religionen innerhalb der Grenzen der bloßen Vernunft* unterschied Kant »wahre Religion« von »Kirchenglauben«. »Wahre Religion«, sagte er, enthält zwei Elemente: das moralische Gesetz, eine unmittelbare Erkenntnis, ausgedrückt durch die praktische Vernunft und eine bestimmte Art, dieses Gesetz als einen göttlichen Wink anzusehen; die Existenz Gottes wird als unabdingbare Voraussetzung des moralischen Imperativs betrachtet. »Kirchenglaube« seinerseits gründet im Glauben an eine offenbarte Schrift und sollte danach beurteilt werden, ob er mit einer wahren Religion in Einklang steht oder nicht. Das Christentum nimmt dabei insofern eine besondere Stellung ein, als es am ehesten »wahre Religion« zum Ausdruck bringt und der Menschheit den Inbegriff eines menschlichen Vorbilds moralischer Vollkommenheit vorstellt. Dennoch besteht zumindest teilweise auch für andere Glaubensbekenntnisse mit einer Schrift die Möglichkeit, »wahre Religion« zu offenbaren.[34]

Diesen Gedankengang führte Friedrich Schleiermacher (1768 bis 1834), ein Denker der folgenden Generation, fort, der explizit auf den Islam zu sprechen kam. In *Über die Religion: Reden an die Gebildeten unter ihren Verächtern* (1799)[35] weist er darauf hin, daß die Grundlage jeder Religion das menschliche Gefühl sei, wobei »Gefühl« vielleicht ein allzu schwacher Begriff ist, um das auszudrücken, was er meint. Ein Verfechter seines Denkens bezeichnete es als »eine Form des objektiven Erfassens [...] eine Art der Vergegenwärtigung geistiger Dinge«[36]; genauer: es ist die Vorstellung, vollkommen abhängig zu sein oder – mit anderen Worten – in einer bestimmten Beziehung zu Gott zu stehen (den er auch den »Weltgeist« nennt). Es handelt sich dabei um ein universelles, in allen Menschen gegenwärtiges Gefühl. Es ist dem Wissen und Handeln vorgelagert, doch versuchen die Menschen, es in Ideen zu fassen und durch Handlungen zum Ausdruck zu bringen, was zur Herausbildung verschiedener religiöser Gemeinden führte, welche eine jede von einem »Religionsheroen« gegründet worden war und von denen jede ihre eigene, sowohl theologische als auch praktische Ausdrucksform religiösen Gefühls hat. Die Gemeinden unterscheiden sich untereinander durch die Betonung des einen oder anderen Aspekts der Beziehung zwischen Gott und den Menschen sowie durch die Inbrunst, mit welcher sie das Gefühl der Abhängigkeit – die Grundlage von allem – äußern.

Es ist deshalb möglich, eine Rangfolge der Religionen zu erstellen. In einem späteren Werk unterscheidet Schleiermacher zwischen den Religionen, welche die Vorstellung der Abhängigkeit von einem höheren Wesen akzeptieren, und solchen, die dies nicht tun. Unter den monotheistischen gibt es drei große Religionen: Judentum, Christentum und Islam, oder vielleicht besser gesagt, zwei, da das Judentum im Verschwinden begriffen ist. Christentum und Islam liegen noch immer »im Wettstreit um die menschliche Rasse«.[37] So besehen, schreibt Schleiermacher als ein Christ, der glaubt, sein Glaube sei unzweifelhaft überlegen. In Christus, so glaubt er, hat die Vorstellung von der Abhängigkeit in »wunderbarer Klarheit« Gestalt angenommen, und hinzu kommt die Vorstellung, daß alles Endliche eines höheren Vermittlers bedürfe, damit es in Einklang mit Gott gebracht werde. Dennoch sind alle Religionen verdorben, auch das Christentum, was unvermeidbar ist, wenn das Unendliche in die zeitliche Sphäre eingeht und sich dem Einfluß des endlichen Geistes unterwirft. Kein Mensch und keine Gemeinde ist im Besitz der ganzen Religion, sondern alle besitzen nur ein Stück davon:

> »so scheint dadurch gleich abgeschnitten zu werden, daß sich das Christenthum zu allen oder auch nur einigen Gestaltungen der Frömmigkeit verhalte, wie die wahre zu den falschen [...] der Irrthum [ist] nirgends an und für sich, sondern nur an der Wahrheit, und [...] er [ist] nicht eher recht verstanden worden, bis man an ihm die Wahrheit gefunden hat«.[38]

Solche Ideen waren Anlaß zur Sichtung jener historischen Faktoren, die zur Herausbildung unterschiedlicher Religionen geführt und ihnen sowohl ihren Anteil an Wahrheit zugestanden als auch ihre Grenzen gezeigt hatten. Für die meisten Schriftsteller früherer und sogar noch für manche des 19. Jahrhunderts, wie Maurice, stand der Islam für Koran, den Propheten Muhammad und die frühen Eroberungen der Muslime. Für eine Kultur, einen Korpus von Vorstellungen, Praktiken und für Institutionen, die sich ständig entwickelten und nach wie vor lebendig sind, bestand wenig Verständnis. Eine andere Sicht der Dinge machte sich jedoch in der ersten Hälfte des 19. Jahrhunderts bemerkbar, als die Vorstellung um sich griff, daß jeder Glaube, alle Kulturen und Institutionen vom Lauf der Geschichte geformt werden. Die Betrachtung verschiedener Kulturen und Gesellschaften sowie der Blick auf die Religionen, die an deren Entwicklung maßgeblich beteiligt waren, aber auch die Bestimmung ihres Ortes im Rahmen einer allgemeinen Betrachtung der Menschheitsgeschichte, war das Anliegen J. G. Herders (1744–1803), eines anderen deutschen Denkers der Generation Schleiermachers. In seinen *Ideen zur Philosophie der Menschheit* legte er dar, daß die grundlegenden Elemente der Menschheit Völker oder Nationen sind, die ihre Lebensart in einer besonderen physischen Umgebung stufenweise ausbilden, was in ihren Sitten und Gebräuchen zum Ausdruck kommt. Alle diese Völker unterscheiden sich durch ihre Sprachen voneinander, und alles in ihrem Leben ist jeweils miteinander verbunden: »Alle Werke Gottes haben ihren Bestand in sich und in ihren schönen Zusammenhang mit sich.« Diese voneinander getrennten Völker können nicht aufeinander zurückgeführt und nicht einmal über einen bestimmten Punkt hinaus miteinander verglichen werden. Herder schrieb zu Beginn der Epoche europäischer Expansion und verwarf den unmöglichen Versuch

> »eines verbündeten Europa [...] die glückaufzwingende Tyrannin aller Erdnationen zu sein [...] Was fehlet einem stolzen Gedanken dieser Art, daß er nicht Beleidigung der Natur-Majestät hieße?«[39]

Der Zweck der Geschichte besteht nicht darin, daß sich ein Volk über die anderen Völker erhebt, sondern eher, ein Gleichgewicht und Harmonie zwischen ihnen zu erreichen.

War Islam, so besehen, für Herder ein Ausdruck des arabischen Geistes? Er glaubte, daß »von den ältesten Zeiten an [...] die Arabische Wüste eine Mutter hoher Einbildung gewesen« ist, daß die Araber zum größten Teil »einsame, staunende Menschen«

gewesen waren. (Dies war die Zeit, als die Vorstellung vom Araber der Wüste als edle Gestalt in den europäischen Schriften aufkam, besonders im Werk des holländischen Reisenden Carsten Niebuhr, der im Beduinen das natürliche Gute bewahrt sah: »Freiheit, Unabhängigkeit und Schlichtheit«.) Nach Herders Ansicht brachte Muhammad mit Hilfe ihm bekannter christlicher und jüdischer Ideen etwas hervor, was in Arabien ohnehin schon latent vorhanden war. Die Bewegung, die er begründete, zeigte Stärken und Schwächen, die solchen Bewegungen eigen sind. Sie war von den Tugenden der Wüste, von Mut und Treue geprägt und getragen; sie erhob die Menschen über die Anbetung der Naturgewalten und ließ sie den *einen* Gott anbeten; und sie erhob sie auch aus dem Stand der Wildheit und führte sie zu einem mittleren Grad der Zivilisation. Als die Tugenden des Wüstenlebens schwanden, entwickelte sich die arabische Zivilisation nicht mehr weiter, ließ jedoch etwas zurück: die arabische Sprache, ihr vornehmstes Erbe; nicht nur das Erbe der Araber, sondern ein Bindeglied der Beziehungen zwischen Nationen, wie es dies bis dahin niemals gegeben hatte.[40] (Herder schrieb dies zu einer Zeit, als das Arabische noch immer die *lingua franca* eines Großteils der zivilisierten Welt war.)

Eine Generation später unternahm G. W. F. Hegel (1770–1831) einen weiteren Versuch, der Universalgeschichte der Menschheit Sinn zu verleihen. Seine Grundthese in den *Vorlesungen über die Philosophie der Geschichte*, aus den zwanziger Jahren an der Universität von Berlin, ist von der Herders nicht sehr verschieden. Sie geht von einem spezifischen Geist aus, der Gesellschaft und Kultur schafft und belebt. Die Beziehungen zwischen den unterschiedlichen Entwürfen des Geistes werden allerdings nicht in derselben Weise gesehen. Für Herder sind sie durch Spannungen und Konflikte verbunden, die sich in Harmonie und in einem Gleichgewicht auflösen können; für Hegel sind sie, auf einer zeitlichen Ebene angesiedelt, alle Manifestationen oder Phasen des einen Weltgeistes. Alles, was in der Welt existiert, kann als in einem geschichtlichen Prozeß befindlich gesehen werden, der seine eigene Bedeutung und sein Ende in sich trägt. Geschichte ist die Darstellung des Geistes im Prozeß seiner Verwirklichung; am Ende des Prozesses wird die Freiheit stehen, die volle Verwirklichung der menschlichen Natur in der Kunst, im Denken und im politischen Leben. Die Mittel, durch die sich der Geist selbst verwirklicht, sind die Leidenschaften und Interessen der einzelnen Menschen. Die menschliche Geschichte besteht demnach aus verschiedenen Phasen, wobei in jeder von ihnen sich der Weltgeist in einem bestimmten kommunalen oder nationalen Geist oder Willen manifestiert. Dieser ist zu seiner Zeit jeweils dominant, hat jedoch seine Grenzen, durch deren Negation bei einem anderen Volk ein neuer Geist erwacht. Ist dies geschehen, so ist die Rolle des nationalen Geistes, welcher die vorhergehende Phase bestimmt hatte, zu Ende.

Wo in diesem Prozeß stehen nun die Muslime oder die Araber? Sie spielten darin eine wesentliche Rolle, denn gerade sie waren die menschliche Gesellschaft, in der sich der Geist in einer seiner Entwicklungsphasen verkörperte. Ihre Rolle bestand darin, zu bestätigen, daß

»das Prinzip der reinen Einheit [...] der einzige Endzweck [ist]; [...] nichts fest werden kann [...]; die Verehrung des Einen das einzige Band bleibt, welches Alles verbinden soll«.

Die Bestätigung und Behauptung dieses Prinzips durch Muslime brachte Männer von moralischer Erhabenheit mit allen Tugenden, die zu Größe und Heldentum gehören, hervor. Die eigentliche Stärke dieses Prinzips lag aber in seiner Beschränkung: Der Triumph der Araber war ein Triumph der Begeisterung, der die Idee der Universalität vorwärtstrug. Aber es ist ein unsicherer Boden; sobald die Begeisterung nachließ, blieb nichts mehr übrig,

»ist der Islam schon längst von dem Boden der Weltgeschichte verschwunden und in orientalische Gemächlichkeit und Ruhe zurückgetreten«.[41]

In diesen Denksystemen spielte der Islam meist eine sekundäre Rolle, doch sollten in den nächsten zwei Generationen sowohl der Islam als auch die arabische Sprache für gewisse zentrale Belange des wissenschaftlichen Denkens in Europa unmittelbar relevant werden. Es bildete sich eine neue Art der Erforschung von Sprachen und ihrer Beziehungen untereinander heraus. Schon seit langem war bekannt, daß bestimmte Sprachen einander ähnlich waren, jene nämlich, die sich vom Lateinischen oder vom Hebräischen, Syrischen und Arabischen herleiteten. Gegen Ende des 19. Jahrhunderts wurde indes eine neue Theorie aufgestellt. 1786 zeigte Sir William Jones (1746–94), ein hervorragender britischer Orientforscher, später Richter der Ostindischen Gesellschaft und in Kalkutta ansässig, daß zwischen dem Sanskrit, einigen europäischen Sprachen und möglicherweise dem Altpersischen Entsprechungen des Vokabulars und in der Sprachstruktur bestehen. Vielleicht war er nicht der erste, der dies bemerkt hatte, aber seine Idee wurde besonders von deutschen Gelehrten – wie etwa von Franz Bopp (1791–1876) – aufgegriffen. Als dann die Beziehungen zwischen den später so genannten »indoeuropäischen« oder »arischen« Sprachen untersucht wurden, wurde nicht nur klar, daß sie einander ähnlich waren, sondern auch, daß sich eine Sprache oder eine Sprachform nach ganz bestimmten Regeln aus einer anderen entwickelt hatte und daß eine Anzahl ähnlicher Sprachen einen gemeinsamen Ursprung hatten. Diese Theorie konnte nicht nur auf die indoeuropäischen Sprachen angewandt werden, sondern auch auf andere; Hebräisch, Syrisch, Arabisch und andere konnten als eine »Familie« semitischer Sprachen betrachtet werden.

So entstand die vergleichende Sprachwissenschaft, die heute, zumindest in den englischsprachigen Ländern, in der Linguistik aufgeht. Sie war jedoch eine der folgenreichsten Wissenschaften des 19. Jahrhunderts, da sie mehr war als nur eine Erforschung der Struktur und Geschichte der Sprachen. Zumindest im Deutschen und im Französischen bezog sich der Begriff »Philologie«

nicht nur auf die Erforschung von gesprochenen Sprachen, sondern auch auf Geschriebenes, nämlich auf die Hinterlassenschaft von Texten, insbesondere solchen, die eine kollektive Sicht des Universums und welchen Platz der Mensch darin einnimmt, zum Ausdruck brachten. Herder hatte die Aufteilung der Menschheit in Nationen in den Vordergrund gestellt, die sich selbst und das Universum durch das Medium ihrer jeweils besonderen Sprache sehen. Diese Vorstellung wurde von Wilhelm von Humboldt (1767–1837) aufgegriffen und in der Romantik zum geistigen Allgemeingut.

Ein wichtiger Ableger vergleichender Sprachforschung war die Wissenschaft – oder Pseudowissenschaft – der von Max Müller (1823–1900) und anderen entwickelten vergleichenden Mythologie. Deren Grundlage war die Vorstellung, daß die älteren literarischen Hervorbringungen eines Volkes – seine Volkssagen und religiösen Schriften – mittels einer genauen Sprachanalyse dessen eigentliche Denkart und innere Geschichte ans Licht bringe, das heißt den Prozeß, in dem höhere Religion und rationales Denken sich aus Geschichten und Mythen entwickelt hatten. Eine richtig verstandene und betriebene Sprachforschung könnte demnach auch eine Erforschung der spezifischen Denkarten der Völker sein, eine Art Naturgeschichte der Menschheit. Einige Philologen empfanden diese Forschung als befreienden Akt: Indem gezeigt wurde, daß religiöse Texte die ursprüngliche Form waren, Wahrheit durch Mythen auszudrücken, hatte der Verstand die Freiheit, sie rational zu erklären.

Dieses Ideensystem sollte eine tiefgreifende und folgenreiche Wirkung auf verschiedene Bereiche der Forschung haben. Es war einer der Impulse für die Entwicklung der Anthropologie, das heißt für die Erforschung bestimmter Gesellschaften, die zwar noch existierten, jedoch auf einer niedrigeren Entwicklungsstufe stehengeblieben waren, auf der sich auch höherentwickelte Gesellschaften einmal befunden hatten. Desgleichen trug es auch zu einer bestimmten, wenn auch nicht von allen Philologen geteilten Sicht auf die Kulturgeschichte bei. Sie wurde von Ernest Renan

(1823–92), einer der wichtigen Gestalten in der Entwicklung europäischer Vorstellungen über den Islam, mit aller Macht vertreten.

Renans Autobiographie *Souvenirs d'enfance et de jeunesse* vermittelt ein Bild von seiner Persönlichkeit.[42] Darin zeigt er, wie er den überlieferten katholischen Glauben während seiner Zeit am Seminar von St. Sulpice in Paris verlor, sich jedoch eine grundsätzliche Ernsthaftigkeit bei seiner Wahrheitssuche bewahrt hatte. Die Methode, mit der er, wie er glaubte, diese Suche zu betreiben hatte, war die Philologie. Er sprach sogar von der »Religion der Philologie«, von dem Glauben, daß ein genaues Studium von Texten in ihrem historischen Zusammenhang die eigentliche Wesensart eines Volkes und der Menschheit enthüllen könnte: »Die Vereinigung von Philologie und Philosophie sollte das Wesen geistiger Tätigkeit in unserer Zeit ausmachen.«[43]

Sein Leben war dieser Tätigkeit gewidmet. Er schrieb über die Philologie semitischer Sprachen, die Geschichte der Juden sowie die Ursprünge des Christentums und veröffentlichte auch eine Studie über den islamischen Philosophen Ibn Ruschd (Averroës). Solche Untersuchungen führten, wie er meinte, zu der bedeutsamen Schlußfolgerung, daß es einen natürlichen Gang in der Entwicklung menschlicher Gemeinschaften gebe. Diese durchschreiten drei Stadien kultureller Entwicklung: Das erste ist das Stadium religiösen Schrifttums und der Mythen, in dem die Menschheit sich in eine Welt eigener Vorstellungen projiziert, das zweite das Stadium der Wissenschaft und das dritte, wohin der zukünftige Weg der Menschheit führt, wird das Stadium einer Synthese zwischen Wissenschaft und einem »religiösen« Gefühl des Einsseins mit der Natur sein.[44]

Renan glaubte, daß verschiedene Völker unterschiedliche Fähigkeiten ausbildeten, diesen Weg zu beschreiten. Das Wesen der Sprache bestimme die durch sie zum Ausdruck gebrachte Kultur, und die Völker wären demgemäß in der Lage, Kulturen auf unterschiedlichen Ebenen hervorzubringen. Es gibt eine Hierarchie von Völkern, Sprachen und Kulturen. Auf der untersten Ebene sind

Völker angesiedelt, die über kein kollektives Gedächtnis, mit anderen Worten, über keine Kultur verfügen; über diesen rangieren die als erste zivilisierten Rassen, die Chinesen und andere, die sich bis zu einem bestimmten Punkt, aber nicht darüber hinaus entwickeln können. Noch über diesen stehen die zwei »großen und edlen Rassen«, die Semiten und die Arier. Die höheren Zivilisationen sind aus wechselseitigen Beziehungen entstanden, hatten aber in jeweils ungleicher Weise dazu beigetragen.[45]

Der semitische Geist brachte den Monotheismus hervor, das Christentum und der Islam haben die Welt erobert; darüber hinaus können sie nichts hervorbringen – keine Mythen, somit auch keine Literatur oder Kunst, wegen

> »der schrecklichen Schlichtheit des semitischen Geistes, die den menschlichen Verstand jeder subtilen Vorstellung, jedem feinsinnigen Gefühl, jedem rationalen Forschen unzugänglich macht, um ihm die immergleiche Tautologie ›Gott ist Gott‹ entgegenzuhalten«.[46]

Damit habe der semitische Geist die Entwicklung der Wissenschaft verhindert. In seiner Vorlesung »Islam und Wissenschaft« wiederholte Renan diese These mit anderen Worten:

> »Jeder, der im Orient und in Afrika war, wird beeindruckt sein von diesem eisernen Ring, der den Kopf des Gläubigen umschließt, ihm den Zugang zur Wissenschaft vollkommen verwehrt und ihn unfähig macht, sich Neuem zu öffnen.«[47]

Es ist der arische Geist, der etwas anderes geschaffen hat: politisches Leben im eigentlichen Sinn, Kunst, Literatur und – über allem – Wissenschaft und Philosophie; die semitischen Völker besitzen, abgesehen von etwas Dichtung, nichts von alledem. In dieser Beziehung »sind wir ganz Griechen«; selbst die sogenannten arabischen Wissenschaften waren nur eine Weiterführung der griechischen, betrieben nicht von Arabern, sondern von Persern und konvertierten Griechen, mit anderen Worten, von »Ariern«. Die Zukunft der Menschheit liegt demnach bei den Völkern Europas, allerdings unter der Bedingung, daß das semitische Element in der Zivilisation und die theokratische Macht des Islam zerstört werden mußte.[48]

Dies war ein schwerer Angriff, der auch noch ein metaphorisches Element enthielt: Renan dachte nicht nur an die Welt des Islam, sondern auch an die römisch-katholische Kirche und an den Geist von St. Sulpice. Seine Theorien provozierten eine heftige Reaktion. Dschamal al-Din al-Afghani (1839–97), ein muslimischer Schriftsteller und Politiker, der an die Möglichkeit einer Erneuerung des Islam glaubte, schrieb eine Erwiderung auf die Vorlesung »Islam und Wissenschaft«[49], und Ignaz Goldziher (1850–1921), ein junger ungarischer Gelehrter, gab eine Antwort auf Renans Theorie über die Mythen. In seinem Buch *Der Mythos bei den Hebräern und seine geschichtliche Entwickelung* machte er geltend, daß die alten Hebräer sehr wohl fähig waren, Mythen zu schaffen und daß manche davon in die Schrift eingebettet wurden, die tatsächlich nur verstanden werden konnte, wenn sie im Lichte der neuen Disziplinen der Philologie und Mythologie interpretiert wurden.[50]

Eine eng mit der Philologie verbundene Richtung wissenschaftlicher Bemühungen war die Bibelkritik, das ist die Erforschung des Alten und Neuen Testaments mit Hilfe genauer linguistischer Analysen, um zu ermitteln, wann und von wem sie geschrieben worden waren, in welcher Beziehung sie zueinander stehen und welches die geschichtliche Wirklichkeit war, die sie, direkt oder indirekt, wiedergeben. Diese Forschungsrichtung führte zu wichtigen Ergebnissen für die Islamwissenschaft. Was das Alte Testament betrifft, so wurden die Schlußfolgerungen der »höheren Kritik« von Julius Wellhausen (1844–1918) in seiner *Geschichte Israels* von 1878 klar umrissen. Er machte geltend, daß der Judaismus, ein von Propheten verkündeter Monotheismus, aus einer früheren mosaischen Religion entstanden sei; Gesetz und Ritual kamen später.[51] In ähnlicher Weise glaubte man, das Studium des Alten Testaments beweise, daß der »historische Jesus« zuerst da war und erst später die Lehren und Institutionen, die man »das Christentum« nennt, entstanden.

Solche Theorien konnten als Modell für die historische Entwicklung aller Religionen herangezogen werden. Zuerst war ein Heiliger oder Prophet da, ein »Religionsheroe«, um Schleiermachers Begriff aufzunehmen; erst später wurde das religiöse System durch Doktrinen, Gesetze, Glaubensregeln und Institutionen artikuliert. Solche Ideen verliehen der Geschichte des Islam offenkundig Bedeutung, denn in diesem Licht besehen, könnte der Islam für den Religionsforscher tatsächlich besonders wichtig sein. Muhammad war der jüngste jener »Religionsheroen«, die von sich behaupteten, Propheten zu sein und von ihren Anhängern als solche anerkannt wurden. Er tauchte in einer Zeit auf, die historisch reich dokumentiert ist, und sein Leben, seine Handlungen und Worte sind vollständig im *hadith* (den Überlieferungen des Propheten) und der *sira* (seiner überlieferten Biographie) verzeichnet. Die verfeinerten Methoden der Bibelgelehrten konnten daher dazu herangezogen werden, ein Licht auf Ursprung und Entwicklung des Islam zu werfen, und dieser wiederum mag zur Erklärung beitragen, wie andere, ältere und weniger gut dokumentierte Religionen sich entfaltet hatten.

Dieses Interesse läßt sich auch im Werk von Wellhausen beobachten. Neben seinen Untersuchungen zum Judentum schrieb er auch über islamische Geschichte. Er glaubte, daß Kenntnisse über das vorislamische Arabien und die Entwicklung des Islam bei der Erklärung, auf welchem Weg die Hebräer in die Geschichte traten, hilfreich sein könnten. Zuerst kam der Prophet oder der Religionsheroe, daher legte Wellhausen das Schwergewicht auf Leben und Persönlichkeit Muhammads, dem Gründer und Führer einer Gemeinde.[52] In diesem Fall hatte der Gedankengang allerdings eine Wirkung, die vielleicht nicht beabsichtigt war. Es stellte sich heraus, daß das »volle Licht der Geschichte«, in dem Muhammad gelebt haben soll, ganz und gar nicht »das volle Licht« gewesen war. Gegen Ende des 19. Jahrhunderts meldeten einige Gelehrte Zweifel am *hadith* als authentischer Quelle der Worte und Handlungen des Propheten an, obwohl sie in einem anderen Sinne noch immer für gültig erachtet werden konnten.

6

Wachsende Kenntnisse über die außereuropäische Welt, zunehmende intellektuelle Neugierde hinsichtlich aller Erscheinungen der Erde und des Himmels, die aufregenden Spekulationen der Philosophen sowie die Untersuchungen der Philologen und Bibelforscher, all dies führte zur Herausbildung einer besonderen islamwissenschaftlichen Tradition, zu einer allmählichen Anhäufung von Wissen und Sachverstand auf der Grundlage von Texten und – bis zu einem gewissen Grad – auch durch unmittelbare Beobachtung der gelebten Wirklichkeit. Dieses wissenschaftliche Gesamtunternehmen, im 17. Jahrhundert begonnen und durch das 17. und 18. Jahrhundert hindurch bis heute weitergeführt, ist vielleicht von nachhaltigerer Bedeutung als die einzelnen theoretischen Formulierungen, die ihm den Impetus gaben und Richtschnur waren.

Es dauerte lange, bis die Islamwissenschaften eine eigene Disziplin werden sollten; in vielen Universitäten waren sie ein Anhängsel der Hebräisch- und Bibelforschung, in einigen befinden sie sich noch immer in unbehaglicher Gesellschaft mit anderen und in Gefahr, von den Hauptströmungen des akademischen Lebens abgeschnitten zu werden. Bis vor kurzem wurden diese wissenschaftlichen Forschungen von einer kleinen Anzahl Gelehrter durchgeführt. An den europäischen Universitäten waren zwei Arabischlehrstühle, die schon zu Beginn der Moderne geschaffen worden waren, von herausragender Bedeutung: der von Leiden, wo die Tradition mit Erpenius begonnen hatte und nach ihm weitergeführt wurde, und derjenige des Collège de France in Paris, wo in einer ununterbrochenen Kette von Lehrern einige berühmte Gelehrte wirkten. Gegen Ende des 18. Jahrhunderts erhielten die Islamwissenschaften in Frankreich durch die Gründung der École des Langues Orientales Vivantes weiteren Auftrieb. Die französische Tradition wurde durch Silvestre de Sacy (1758–1838), in gewissem Sinn der Begründer der modernen Islamwissenschaft und Arabistik, bereichert.

In einer schwachen Tradition, die nur von einer kleinen, über verschiedene Orte verstreuten Anzahl Gelehrter zusammengehalten wird, sind persönliche Begegnungen von besonderer Wichtigkeit, denn die Überlieferung wird mündlich ebensosehr tradiert wie schriftlich. Die Entdeckungen und Ideen der Gelehrten in Leiden und Paris wurden in einer Art apostolischer Nachfolge weitergegeben, wobei die Gelehrten eine Kette von Zeugen (eine *silsila*, um den arabischen Begriff zu verwenden) bildeten. Der Einfluß von Leiden und Paris war in deutschsprachigen Ländern besonders stark. Diese sollten künftig zum Zentrum der Islamwissenschaft in Europa werden dank der Verbindung von Fachwissen und der besonderen Kenntnisse, welche sich deutsche Gelehrte aus der älteren holländischen und französischen Tradition angeeignet hatten, und dank der Vorstellungen über Religion, Geschichte und Sprache, die in Deutschland zu jener Zeit aufkamen. Die vielleicht wichtigsten Figuren der aufblühenden deutschen Wissenschaft – nicht nur der eigenen Werke, sondern auch der Studenten wegen, deren Geist sie prägten – waren H. Fleischer (1801–89), ein ehemaliger Schüler von Silvestre de Sacy, der viele Jahre in Leipzig lehrte, und T. Nöldeke (1836–1930), der in seinen jungen Jahren einen für ihn wichtigen Aufenthalt in Leiden verbracht hatte und später in Straßburg lehrte.[53]

An englischen Universitäten war die islamwissenschaftliche Tradition schwächer und nahm eine weniger zentrale Stellung ein, was vielleicht mit deren Niedergang im 18. Jahrhundert zusammenhängt. Im späteren 19. Jahrhundert, als W. Wright (1830–89) nach seinem Studium in Leiden 1879 Professor für Arabisch in Cambridge wurde, erwachte das Interesse wieder. Mit ihm trat Cambridge in die europäische Haupttradition ein; auf ihn folgte eine Anzahl hervorragender Gelehrter wie W. Robertson Smith (1846–94), R. A. Nicholson (1868–1945) und E. G. Browne (1862–1926). In Oxford dagegen war die Reihe von Professoren, die auf Pococke, den ersten Inhaber des Lehrstuhls für Arabisch, folgte, eher durchschnittlich. Eine neue ruhmvolle Ära begann erst 1889 mit der Berufung von D. S. Margoliouth (1858–1940).

Er war, obwohl Autodidakt in Arabisch und in der Islamwissenschaft, außerordentlich bewandert, ihm fehlte aber im Fachgebiet der enge Kontakt zu älteren Wissenschaftlern, der zur Festigung des Urteils wichtig ist. Seine Ansichten enthielten einen Anflug von Phantasie – oder vielleicht von Ironie, die ihn bisweilen unhaltbare Theorien vorbringen ließ. Erst unter seinem Nachfolger H. A. R. Gibb (1895–1971) mündete Oxford in die Hauptströmung, und erst um die Mitte des 20. Jahrhunderts schuf sich die Islamwissenschaft dank der Gründung der School of Oriental and African Studies und dank der Empfehlungen offizieller Kommissionen bei der Nachfolgeregelung eine feste institutionelle Basis in Großbritannien.

Durch Reiseerfahrungen und Aufenthalte in der Welt des Islam wurde teilweise wettgemacht, was an britischen und anderen Universitäten fehlte. E. W. Lane (1801–76), ein ungewöhnlich guter Beobachter arabischer und islamischer Verhältnisse, lebte viele Jahre in Kairo. Sein Lexikon ist noch immer das umfangreichste und genaueste Wörterbuch der frühen klassischen Sprache und sein Buch *Manners and Customs of the Modern Egyptians*, eine lebhafte und genaue Schilderung des Lebens der Bewohner von Kairo, vermittelt dem Leser – was in vielen anderen zeitgenössischen wissenschaftlichen Werken fehlt – den Eindruck einer noch immer lebendigen und sich verändernden Gesellschaft und Zivilisation.[54] Auch J. von Hammer-Purgstall (1774–1856) verbrachte als Beamter der österreichischen Botschaft einige Jahre in Istanbul und veröffentlichte nach seiner Rückkehr nach Wien Werke über osmanische Geschichte sowie über arabische, türkische und persische Dichtung, die Goethe und andere Schriftsteller jener Zeit beeinflußten.

Beamte der expandierenden Reiche England, Frankreich, Holland und Rußland hatten mannigfache Gelegenheit, orientalische Sprachen zu lernen und das Leben in den Ländern, in denen sie Dienst taten, zu beobachten; einige von ihnen wurden später Gelehrte. Die Tradition des *Gentleman-scholar*, mit Sir William Jones begonnen und von vielen Beamten und Armeeoffizieren fortgesetzt, war im britischen Reich besonders in Indien ausgeprägt. Dafür gab es praktische Gründe, denn zumindest in der Anfangszeit wurden viele Verwaltungsangelegenheiten mit einheimischen Herrschern auf persisch, der Kultursprache des Mogulenreichs und einiger seiner Nachfolgestaaten, verhandelt. Aber auch echte intellektuelle Neugier und ein Schuß Phantasie war vorhanden.

Im Laufe des 19. Jahrhunderts wurde die Arbeit der weithin verstreuten und voneinander isolierten Wissenschaftler durch die Schaffung eines internationalen Systems zum Austausch von Ideen und Informationen erleichtert. Wissenschaftliche Gesellschaften wurden eingerichtet: 1786 die »Asiatic Society of Bengal«, 1823 die »Royal Asiatic Society« in London, 1822 die »Société Asiatique« in Paris und 1845 die »Deutsche Morgenländische Gesellschaft«; jede von ihnen gab eine Zeitschrift heraus. 1873 wurde der erste einer Reihe internationaler Kongresse abgehalten. Ebenso existierte ein Netz von Verbindungen zwischen den Wissenschaftlern. Der Rat, stets die Briefe zu beantworten und an den Orientalistenkongressen teilzunehmen, den Ignaz Goldziher – einer dieser Wissenschaftler – einem jungen Briefschreiber gab, legt Zeugnis ab von der Notwendigkeit, die Einsamkeit des isolierten Forschers zu überwinden.[55]

7

Die kleine Gruppe mehr oder weniger vereinzelter Gelehrter hatte zu viel zu tun, als daß es überraschte, wenn nicht alles gleich gut geriet. Ihre vornehmliche Aufgabe bestand darin, Arabisch und andere Sprachen der islamischen Kultur zu studieren und zu lehren, um die Werkzeuge bereitzustellen, mit deren Hilfe das Schriftgut dieser Kultur verstanden werden konnte. Sie verfaßten Grammatiken, wie etwa jene von Silvestre de Sacy und William Wright, Wörterbücher, wie zum Beispiel E. W. Lanes *Arabic-*

English Lexicon oder das türkische und arabische Wörterbuch von J. W. Redhouse; sie katalogisierten Manuskripte in den großen europäischen Bibliotheken und veröffentlichten die wichtigsten Werke der Theologie, der Rechtsprechung, Geschichte und Literatur. Manche Ausgaben waren Gemeinschaftswerke von Wissenschaftlern aus verschiedenen Ländern, wie die Geschichte von al-Tabari, herausgegeben von M. J. de Goeje (1836–1909) und anderen, oder Ibn Sa'ds biographisches Wörterbuch von E. Sachau und anderen. (Allerdings wurde bis heute nur ein kleiner Teil der Dokumente islamischer Zivilisation veröffentlicht und noch weniger liegt in Ausgaben vor, die wissenschaftlichen Ansprüchen genügen.) In einigen Fällen wurden Werke übersetzt; sie führten neue Themen und Vorstellungen in die europäische Kultur ein. *Tausend und eine Nacht* war seit der Veröffentlichung der französischen Übersetzung von G. Galland (1646–1715) gut bekannt, doch nun wurden auch Ibn Chalduns *Prolegomena* zu seiner großen Geschichte in der französischen Übersetzung von de Slane zugänglich, die ihrerseits auf der Ausgabe von E. Quatremère (1782–1866) beruhte. Das iranische Nationalepos, das *Shahnameh* von Firdawsi, wurde von J. Mohl (1800–76) herausgegeben und ins Französische übersetzt; von F. Rückert (1788–1866) wurde frühe arabische Dichtung ins Deutsche und von C. J. Lyall (1845–1920) ins Englische übertragen. Einige gelehrte Reisende brachten Kenntnisse von der Topographie und von den Denkmälern der arabischen Länder mit, in denen der Islam seinen Ausgang genommen hatte: C. M. Doughty (1843–1926) in *Travels in Arabia Deserta* und A. Musil (1868–1944) in einer Reihe von Büchern, welche seine ausgedehnten Reisen in Syrien, Mesopotamien und Nordarabien zum Gegenstand hatten.[56]

Allein damit hätten sich die großen Gelehrten des 19. Jahrhunderts um ihre Nachfolger verdient gemacht. Einige von ihnen versuchten aber noch weiter zu gehen, indem sie ihre Entdeckungen in einen größeren Zusammenhang stellten; daß dies auf der Grundlage von zu jener Zeit geläufigen Vorstellungen geschah, war natürlich. Im großen und ganzen gesehen blieb dies aber ein sekundäres Forschungsgebiet, das keine eigenen Ideen hervorbrachte, die für andere Gebiete fruchtbar sein konnten.

Eine der wichtigsten grundlegenden Vorstellungen des 19. Jahrhunderts für diejenigen, die auf diesem Gebiet arbeiteten, war die durch gemeinsame Anstrengungen der Menschen über alle Zeiten hinweg hervorgebrachte Kultur, die in allen ihren Aspekten von einzigartiger Beschaffenheit war. Der vielleicht erste Versuch, den Islam in dieser Perspektive zu betrachten, wurde von Alfred von Kremer (1828–89) unternommen, einem Österreicher, der an der Orientalischen Akademie in Wien, wo Hammer-Purgstall vorher gelehrt hatte, studierte und der dann in den österreichischen Konsulatsdienst eintrat, in dem er während etwa dreißig Jahren in Alexandria, Kairo und Beirut tätig war. Er schrieb unter anderem eine Geschichte der Zivilisation unter den Chalifen, die 1875–77 in zwei Bänden erschien. Seine Leitideen waren von Herder, Hegel und anderen deutschen Denkern übernommen und durch ein immenses Wissen erhärtet. Möglicherweise war er der erste westliche Historiker, der von den Werken des großen arabischen Geschichtsschreibers und Denkers Ibn Chaldun (1332–1406), über den er ein Buch schrieb, beeinflußt war. Der Ausgangspunkt seines Denkens war die Kultur oder Zivilisation als Gesamtausdruck des Charakters eines Volkes. Dieser, so meinte er, manifestiere sich hauptsächlich auf zwei Weisen: im Staat als einer sozialen Erscheinung, deren Aufstieg und Fall bestimmten Gesetzen unterworfen ist, und in religiösen Vorstellungen, die das Familienleben und das Leben der Gemeinschaft regeln. Diese zwei Faktoren waren eng miteinander verknüpft: Charakter und Schicksal einer Gesellschaft und Zivilisation werden von ihren Leitvorstellungen bestimmt.[57]

Die vielleicht wichtigste Figur bei der Herausarbeitung eines europäischen wissenschaftlichen Bildes der Entwicklung und des Wesens des Islam als religiöses und kulturelles System war Ignaz Goldziher, ein hauptsächlich in Budapest aufgewachsener ungarischer Jude. Er hinterließ eine Aufzeichnung seiner Jugendjahre und ein Tagebuch aus seinem späteren Leben, die beide ein erhellendes Licht auf die Formung seines Geistes werfen.[58] Er genoß eine moderne weltliche Ausbildung an der Universität Budapest und scheint von den damals in Ungarn gärenden Ideen tiefgreifend beeinflußt gewesen zu sein.[59] Im »Kompromiß« von 1867 wurde Ungarn faktisch die Unabhängigkeit innerhalb Österreichs zugestanden, das damit zur Doppelmonarchie wurde. Ungarns erste Regierung begünstigte die Emanzipation der Juden, und die Vorstellung von einer kulturellen Einheit, welche die religiösen und rassischen Unterschiede aufheben sollte, war verbreitet. Dank der Förderung des Erziehungsministers Eötvös erhielt der junge Goldziher ein Auslandsstipendium. Er verbrachte zwei Jahre in Leiden und zwei Jahre in Leipzig, wo er bei Fleischer, dem ehemaligen Studenten von Silvestre de Sacy, studierte. Dort fand er auch zur Haupttradition der Islamwissenschaft. Fleischer war ein echter Lehrer; anläßlich seines Todes meinte Goldziher:

> »Ich fühlte als ob mit diesem Tage ein Abschnitt meines Lebens abgeschlossen wäre. Solange der Lehrer lebt, fühlt man sich als Schüler.«[60]

Durch sein Studium wurde Goldziher in diesen Jahren mit modernem deutschem Denken und deutscher Wissenschaft vertraut. Er las Hegels Philosophie, Werke der Bibelkritik und der protestantischen Theologie, der Philologie und beschäftigte sich mit den Ideen, die im Dunstkreis dieser Wissenschaften lagen. Diese Lektüre war der geistige Anstoß zu seinem ersten Buch *Der Mythos bei den Hebräern und seine geschichtliche Entwickelung*.

Goldziher hatte aber noch eine andere Art der Ausbildung genossen. Er verfügte über gute Kenntnisse des Hebräischen und des Talmud. Bestand und Zukunft des Judentums sollten ihm ein zentrales Anliegen bleiben; 1867 sagte er, »für mich war [das Judentum] der Pulsschlag meines Lebens«. Sein Judentum war freilich nicht das Judentum überlieferter Gelehrsamkeit. Er griff die Ideen der neuen wissenschaftlichen Bibelkritk auf, die über Schriften wie die von Abraham Geiger (1810–74) zu den deutschsprachigen jüdischen Gemeinden gelangten. Nach dieser Denkrichtung war echtes Judentum im wesentlichen der Monotheismus der Propheten; Gesetz und Ritus kamen später und waren das Ergebnis besonderer Zeitumstände und Örtlichkeiten. Diese Vorstellung hatte sowohl auf die Glaubenspraxis als auch auf die Wissenschaft ihre Auswirkungen. Religiöse Texte waren in ihrem historischen Kontext zu lesen und konnten in zweierlei Hinsicht benutzt werden: um Ereignisse und Personen zu beleuchten, die als historisch angesehen wurden, aber auch – und vor allem –, um die Zeit ihrer Entstehung zu beleuchten.

Zu diesen zwei Seiten seiner Ausbildung kam in Goldzihers frühen zwanziger Jahren noch ein dritter Einfluß hinzu. Er erhielt die Gelegenheit, in den Nahen Osten zu reisen, und verbrachte 1873–74 mehrere Monate in Beirut, Damaskus und Kairo. Beirut blieb ohne große Wirkung auf ihn; er war nicht beeindruckt von den amerikanischen Missionaren und ihren Bekehrten. Dagegen hinterließen die Wochen in Damaskus einen bleibenden Eindruck für sein ganzes Leben. Sie verschafften ihm auch die erste Gelegenheit, die »muslimische Gelehrtenrepublik« zu betreten. Er traf Gelehrte und Geistliche und beschrieb diese Zeit später »als die schönste meines Lebens«.[61] Auch in Kairo kam er mit Gelehrten zusammen, unter anderen mit dem Reformer Dschamal al-Din al-Afghani, und erhielt die Erlaubnis, Vorlesungen an der Azhar-Universität, dem großen Zentrum traditioneller islamischer Gelehrsamkeit, zu hören. Er war wahrscheinlich der erste europäische Gelehrte, dem dies erlaubt wurde.

Dieser Aufenthalt prägte ihn für sein ganzes Leben. Er vergegenwärtigte ihm den Islam als eine lebendige Gemeinschaft, ein Eindruck, der ihn niemals wieder verließ, obwohl er nur noch einmal für einen sehr kurzen Besuch nach Ägypten zurückkehrte. Er offenbarte ihm die ganze Bedeutung des Rechtswesens und des Gesetzes in der Gedankenwelt des Islam. Darüber hinaus schien ihm der Islam all das zu verkörpern, wonach andere Religionen streben sollten, nämlich einen reinen Monotheismus, eine unverfälschte Antwort auf den Ruf Gottes nach den Herzen der Menschen; »die einzige Religion, in welcher Aberglaube und heidnische Rudimente nicht durch den Rationalismus, sondern durch die orthodoxe Lehre verpönt werden«.[62] In diesen Monaten war, wie er meinte,

> »meine Denkungsart [...] durch und durch dem Islam zugewendet; meine Sympathie zog mich auch subjektiv dahin [...] und ich log nicht, wenn ich sagte, daß ich an die Prophetie Mohammeds glaubte«.[63]

Der Islam, so wie er ihn in diesen Monaten verstanden hatte, wurde für ihn zum Prüfstein für die anderen monotheistischen Religionen. Er wollte alles unternehmen, was in seiner Macht stand, um das Judentum zu seiner Wahrheit zurückzurufen. Nach seinem Tagebuch zu urteilen, hegte er gegenüber dem Christentum, zumindest wie er es im Heiligen Land angetroffen hatte, eine gewisse Abneigung. Allerdings hatte er die Angewohnheit, bittere Dinge zu schreiben, die nicht unbedingt seine wirkliche Meinung wiedergaben.

Es macht den Eindruck, als habe Goldziher den Ehrgeiz gehabt, ein allgemeines vergleichendes Werk über die Kulturen der Menschheit zu schreiben, daß er jedoch durch Arbeitsüberlastung daran gehindert wurde. Als er nach seinen Studien- und Reisejahren nach Budapest zurückkehrte, hatte sich die liberale Atmosphäre in Budapest verschlechtert; Eötvös war tot, und die Regierung hatte gewechselt. Bis 1904 erhielt er keine angemessene Stelle an der Universität und verdiente seinen Lebensunterhalt als Sekretär der jüdischen Gemeinde von Budapest. Seine Tagebücher sind voller Klagen über die langweilige, erniedrigende Arbeit, die er zu erledigen hatte, und über die Art und Weise, wie er von den reichen Juden, die die Gemeinde im Griff hatten, behandelt wurde. Die ganze Angelegenheit ist etwas mysteriös. Goldziher wurden Lehrstühle in Prag, Heidelberg und an anderen Orten angeboten, und 1894 war er nahe daran, den Lehrstuhl in Cambridge anzunehmen. Er hätte nicht in Budapest bleiben müssen, und es ist nicht klar, warum er es tat; vielleicht aus familiären Gründen, vielleicht aber auch aus einem Loyalitätsgefühl gegenüber Ungarn oder der Vorstellung, daß jeder seinen Platz in der Welt haben müsse, und in Ungarn sein Platz sei.

Jedenfalls schrieb er sein allgemeines Buch nicht; doch ist sein ausführliches Werk über den Islam vielleicht bedeutender als es das andere geworden wäre. Die ganze Zeit, die ihm für Wissenschaft verblieb, widmete er dem eingehenden Studium einer großen Anzahl religiöser und juristischer Texte in ihrem geschichtlichen Zusammenhang. In seiner vielleicht berühmtesten und folgenreichsten Schrift wandte er die in Deutschland gelernte Methode auf einen der grundlegendsten Texte des Islam, den *hadith* oder die Überlieferung des Propheten, an. Er betrachtete ihn nicht als einen heiligen, aus der Zeit des Propheten und seiner Gefährten unverändert zu uns gelangten Text, sondern als einen Korpus von Schriften, der in einem Prozeß allmählicher Anreicherung über viele Generationen hinweg entstanden war. Er darf daher nicht kritiklos als Aufzeichnung der Worte oder Taten Muhammads übernommen werden, sondern sein Wert besteht vor allem darin, daß er die religiösen und politischen Kontroversen der ersten Jahrhunderte der islamischen Geschichte beleuchtet. Diese Einsicht hatte eine tiefgreifende Wirkung auf alle spätere Forschung über islamische Theologie und islamisches Recht.[64]

Goldzihers umfassende Sicht der Entwicklung des Islam zu einem religiösen System kam in einer Reihe von Vorlesungen zum Ausdruck, die er 1907 niedergeschrieben hatte und in den Vereinigten Staaten hätte halten sollen, tatsächlich aber nie gehalten hat; später wurden sie unter dem Titel *Vorlesungen über den Islam* publiziert.[65] Sie machen den Versuch Goldzihers deutlich, die Erscheinungen des Islam im Rahmen des deutschen spekulativen Denkens des 19. Jahrhunderts zu behandeln, dessen Ausgangspunkt Schleiermachers Religionstheorie ist. Grundlage aller Religionen ist danach das Gefühl der Abhängigkeit, doch nimmt es in jeder eine eigene Form an, die seine Natur und seine Entwicklung bestimmt. Im Islam ist es die Form der Unterwerfung, was auch die wörtliche Bedeutung von »Islam« ist, denn der Mensch muß seinen Willen der grenzenlosen Allmacht unterwerfen. Dies war die vom Propheten ausgesprochene Einsicht. Mochte er diese Vorstellung auch von woanders übernommen haben, so machte er durch die Kraft seiner leidenschaftlichen Überzeugung dennoch etwas Eigenes und Neues daraus. Von da an bildete sich allmählich heraus, was wir unter Islam verstehen. Seine Richtung wurde ihm durch die Einsichten des Propheten verliehen, doch übernahm er auch Elemente der religiösen Systeme anderer Zivilisationen innerhalb der islamischen Welt wie des Judentums, des Christentums, des Zoroastrismus und der späten klassischen Antike.

Mithin schätzte Goldziher die Entwicklung des Islam übereinstimmend mit der anderer prophetischer Religionen ein, die von Wissenschaftlern und Theologen seiner Zeit untersucht worden waren: Zuerst kam der Prophet, danach wurde die prophetische Offenbarung in einer heiligen Schrift fixiert, schließlich versuchten die Theologen, diese zu erklären und zu rechtfertigen, und die Rechtsgelehrten, praktische Schlußfolgerungen daraus abzuleiten.

Auf diesem Weg lauerten jedoch überall weltliche Verlockungen und Gefahren. Für Muslime offenbarte der Koran, das Wort Gottes, der Menschheit Gottes Wille, und die Hervorbringung des »heiligen Gesetzes« oder des Gebäudes der idealen Sittlichkeit, der *schari'a*, war demnach ein wesentlicher und zentraler Bestandteil des Prozesses, in dem der Islam als System hervortrat. Dies barg jedoch Gefahren in sich: Es konnte das Verlangen nach Heiligkeit ersticken, welches der Kern aller Religion ist. (Zweifelsohne dachte Goldziher dabei ebenso an das rabbinische Judentum wie an den Islam.) Die Mystik (Sufismus) war ein notwendiges Gegengewicht, eine Stärkung des Strebens und Verlangens nach Heiligkeit, nach einer persönlichen Beziehung zu Gott. Goldziher war einer der ersten Gelehrten, der die Bedeutung des Sufismus im ethischen System des Islam erkannte. Der Sufismus war einer der Kanäle, durch die ursprüngliche religiöse Überzeugungen Eingang in den Islam gefunden hatten. Dennoch vermochten sie nicht das Gefühl der Unterwerfung und alles, was daraus hervorgeht, zu zerstören:

»daß ein Leben im Sinne [des Islam] ein ethisch untadelhaftes Leben sein kann, das Barmherzigkeit gegen alle Geschöpfe Gottes, Ehrlichkeit im Handel und Wandel, Liebe und Treue, Unterdrückung der egoistischen Triebe [...] fordert«.[66]

Goldziher glaubte, daß der Geist des Islam noch immer lebendig sei. Sein Buch ist nicht einfach nur ein Dokument von etwas, was sich in der Vergangenheit ereignet hatte, sondern es betrifft auch die Gegenwart und die Zukunft.

8

Im Werk Goldzihers zeigt sich ein Gespür für den Islam als lebendige Wirklichkeit, für einen Islam, der sich im Lauf der Zeit veränderte, dessen Veränderungen aber bis zu einem gewissen Grad von der Vision geleitet werden, was ein Leben im Geist des Islam ausmachen sollte: ein Gleichgewicht herzustellen und aufrechtzuerhalten zwischen dem Gesetz, der Umsetzung des Wortes Gottes in Handlungsanleitungen, einerseits und der Mystik, dem Ausdruck des Verlangens nach Heiligkeit, andererseits; Vorstellungen aus älteren Zivilisationen, die der Islam vereinnahmt hatte, in ihm aufgehen zu lassen; einen immer lebendig bleibenden und stärker werdenden Islam anzustreben, der von den gebildeten Eliten der großen islamischen Städte getragen wird. Dies ist weit entfernt von der noch ein Jahrhundert davor üblichen Vorstellung eines von einem einzigen Mann geschaffenen und von der Begeisterung der Nomadenvölker getragenen Islam, dessen welthistorische Bedeutung schwand, als der erste Schwung nachließ.

Ähnliche, obwohl in eine andere Richtung zielende Ideen wurden von C. Snouck Hurgronje (1857–1936), einem anderen Gelehrten der Generation Goldzihers, vorgebracht. Mit ihm erreichte die Tradition der Schule von Leiden vielleicht ihren Höhepunkt. Zwei wichtige Lebensepisoden folgten auf sein Studium in Leiden: Die erste, 1884–85, war der einjährige Aufenthalt in

Mekka auf der Suche, den Islam zu verstehen. Sein Buch *Mekka*[67], ein Bericht über die Pilgerreise und eine Beschreibung des Lebens in der heiligen Stadt, war das Ergebnis; es beruht auf eigenen Beobachtungen und befaßt sich kritisch mit einigen westlichen Klischees über die muslimische Gesellschaft. Zum Beispiel unterscheidet sich die muslimische Auffassung von der Sklaverei erheblich von den Praktiken europäischer Siedler in Amerika; Hurgronje stellt fest, daß die christliche Welt »dem Islam mit Mißverständnis und Lüge entgegentritt«. Desgleichen ist die muslimische Familie nicht, was gemeinhin von ihr angenommen wird; die Absonderung ist weniger vollständig, Einzelehe häufiger, auch heiraten manche Frauen zeit ihres Lebens mehrere Male. Für die Richtung, die sein späteres Werk nahm, sind vielleicht seine Bemerkungen zum islamischen Recht am wichtigsten. Er meint, daß es keinen Grund zur Annahme gibt, das sogenannte muslimische Recht habe jemals wirklich die Kultur dominiert oder wäre besonders eng mit den Bedürfnissen der Gesellschaft verbunden gewesen. Es ist nicht als Gesetz von Bedeutung, sondern als ideales System der sozialen Moral in Ausnahmezeiten. Für die Praxis, für die Einhaltung von Regeln der Moral und für die Meditation im Sinne einer Vergegenwärtigung Gottes ist die Lehre der Sufibruderschaften wichtiger als der Buchstabe des Gesetzes. Bei den Gebildeten wird die Lehre der Bruderschaften nicht als Ersatz für religiöse Gelehrsamkeit angesehen, sondern als Mittel, dem Gesetz Gehorsam zu verschaffen; bei den Ungebildeten liegt der Schwerpunkt der Lehre auf der Ausübung der religiösen Pflichten, sie gibt den menschlichen Gefühlen Ausdruck und hält sie gleichzeitig unter Kontrolle.

Nach seinem Aufenthalt in Mekka weilte Snouck Hurgronje von 1899–1906 als Berater für muslimische Angelegenheiten der Kolonialregierung in Holländisch-Ostindien. Diese Erfahrung bestärkte die Erkenntnis, die er schon in Mekka gewonnen hatte, daß der Islam eine lebendige und sich verändernde Wirklichkeit war. Denn, was die Muslime unter Islam verstehen, ist unter besonderen örtlichen und zeitlichen Bedingungen ständigen Veränderungen ausgesetzt. Selbst die theoretischen Auslegungen der Rechtsgelehrten und Mystiker erfuhren im Lauf der Zeit Veränderungen, wobei dieser Prozeß sehr früh begonnen hatte, als der »nüchterne Monotheismus« Muhammads »den religiösen Leitbildern Westasiens und Ägyptens, beide von hellenistischem Gedankengut durchdrungen«, angepaßt wurde.[68] Wenn Nichtmuslime den Islam verstehen wollen, müssen sie ihn in seiner Wirklichkeit studieren und dürfen ihn nicht danach beurteilen, was er sein sollte.

Hurgronje meint, daß der Begriff Islam, wie auch immer definiert, nicht alle Erscheinungen der sogenannten muslimischen Gesellschaften hinlänglich erklärt. Diese Erscheinungen müssen als »Kräftefelder«[69] angesehen werden, resultierend aus der Wechselwirkung zwischen einer von der Lehre des Islam abgeleiteten Norm und dem besonderen Charakter einer bestimmten Gesellschaft, der sich in ihrer Umgebung in langer geschichtlicher Erfahrung herausgebildet hat. Diese Vorstellung hatte praktische Auswirkungen. Als Berater der Regierung ging Hurgronje selbstverständlich von einer unbegrenzten europäischen Herrschaft aus, glaubte jedoch, daß sie in einer der natürlichen Entwicklung muslimischer Gesellschaften in Indonesien angepaßten Weise ausgeübt werden sollte: Moderne Erziehung und der soziale Fortschritt werden zur Entwicklung einer säkularen und rationalen Zivilisation führen, zu der das islamische Recht nichts beizutragen habe.[70]

Die Vergegenwärtigung des Islam als etwas, das mehr ist als nur Worte in Texten, sondern als etwas, was in jedem einzelnen Muslim lebendig ist, war neu in der europäischen Forschung. Noch umfassender – und auf sehr eigenwillige Art und Weise – kam dies bei Louis Massignon (1883–1962) zum Ausdruck, einem Gelehrten der folgenden Generation, der sich im klaren darüber war, was er den früheren Meistern, insbesondere Goldziher, zu verdanken hatte. Bedeutend wurde er dank seines Einflusses auf eine der beiden Hauptströmungen der europäischen Forschung – jene von Paris –, aber auch wegen des Nachdrucks und der Originalität, mit denen er christlichen Denkern, die sich mit dem Islam beschäftigten, bestimmte Fragen vorlegte. Es ist am besten, mit der Erklärung seiner Ideen dort zu beginnen, wo er in den verschiedenen, in seinen Schriften verstreuten Fragmenten seiner Autobiographie und geistigen Bekenntnissen selbst begonnen hat. Nach seinen anfänglichen Studien in Paris und Besuchen in Nordafrika, verbrachte er einige Zeit mit weiteren Studien in Kairo, von wo er zu einer archäologischen Mission in den Irak aufbrach. Nach seiner eigenen Darstellung wurde er im Mai 1908 von osmanischen Behörden verhaftet, der Spionage angeklagt, eingekerkert und mit dem Tod bedroht. Er versuchte sich umzubringen, gepackt von einem »heiligen Schrecken vor mir selbst«, wurde gewahr, daß unsichtbare Wesen zu seinen Gunsten intervenierten, und hatte eine Art Gottesgesicht – den »Besuch des Fremden«. Dem folgte ein Gefühl der Verzeihung und der Befreiung:

> »plötzliche Erinnerung, meine Augen schlossen sich vor einem inneren Feuer, welches mich richtet und mein Herz versengt, Gewißheit einer reinen Gegenwart, unaussprechlich, schöpferisch, meine Verurteilung dem Gebet unsichtbarer Wesen, Besucher in meinem Gefängnis, deren Namen mein Denken erfüllen, anheimstellend«.[71]

Zum ersten Mal in seinem Leben vermochte er zu beten, und sein erstes Gebet war auf arabisch. Er wurde freigelassen und kam mit Hilfe einer Familie arabischer muslimischer Gelehrter in Baghdad wieder zu Kräften.

Massignons Schilderung jener Begebenheiten läßt mehr als nur eine Frage aufkommen. Zuerst einmal: Was ist an jenem Tag im Mai 1908 wirklich geschehen? Man kann nichts Sicheres darüber sagen, doch sind Zweifel an seiner Version geäußert worden. Im Osmanischen Reich konnte zu jener Zeit ein Franzose, der durch das Land zog, leicht verhaftet werden, wäre aber kaum zum Tod verurteilt worden. Die zeitgenössischen Konsulatsberichte erwähnen nur einen Fieberanfall, wahrscheinlich durch einen Sonnenstich verursacht.[72] Es macht den Anschein, als habe Massignon einen körperlichen Zusammenbruch mit einer von einer geistigen und moralischen Krise begleiteten zeitweiligen Bewußtseinsstörung erlitten, wobei er sich von dem, was er als die moralische Verirrung seines früheren Lebens (dem »heiligen Schrecken vor mir selbst«) ansah, abwandte. Es ist jedoch weniger wichtig, danach zu fragen, was geschah, als vielmehr, welche Bedeutung er selbst dieser Krise zumaß. Sie bewirkte und bestärkte bei ihm eine bestimmte Betrachtung der Geschichte und des Islam.

Massignon stand in bewußtem Gegensatz zu einer, im 19. Jahrhundert gängigen, Geschichtsauffassung, das heißt, zu einer Betrachtungsweise, welche Geschichte so auffaßte, als trage sie einen Sinn in sich, als bewege sie sich durch eine innere Dynamik auf ein Ziel zu, das sie in dieser Welt zu erreichen imstande war; eine Geschichtsbetrachtung, die sich die großen Kollektive – die Nationen, Rassen oder Klassen – als die Träger dieser Bewegung vorstellte. Für Massignon war der Sinn der Geschichte vielmehr über alle Schranken zwischen menschlichen Gemeinschaften – auch religiösen – hinweg im Wirken der Gnade Gottes in jeder einzelnen Seele zu finden, und ihr Endpunkt war ein Ziel jenseits der Grenzen der vergänglichen Welt. Dieser Vorgang offenbarte sich vor allem im Leben gewisser Individuen, die auf besondere Weise von der Gnade berührt und für sie empfänglich waren, indem sie von der Gegenwart Gottes Zeugnis ablegten und, wenn nötig, das Martyrium auf sich nahmen. Solche Zeugen konnten sich mit ihren Leiden für die Leiden anderer opfern. Hier wird der Einfluß französischen katholischen Denkens des späten 19. Jahrhunderts sichtbar. Von einigen Denkern wurde die christliche Idee des Mitleidens zu einer »Substitutionslehre« entwickelt, des Leidens nicht für die gesamte Menschheit, sondern für besondere Zwecke, und nicht nur für die Leiden anderer, sondern auch für deren Sünden. Massignon übernahm diese Vorstellung möglicherweise von dem Romanschriftsteller J. K. Huysmans (1848–1907), den er in seiner frühen Jugend gekannt hatte.[73]

Nach Massignon gibt es eine unaufhörlich Reihe solcher »Stellvertreter«, deren Wirkung über ihren Tod hinausreichen kann. Er mochte von dem Gedanken erfüllt gewesen sein, durch das Gebet, die Fürsprache oder sogar durch das Martyrium dazu ausersehen zu sein, einer der Zeugen in dieser Kette zu werden. Aber er sprach nicht mit Stolz von einer besonderen Berufung, eher mit einem Gefühl der Unwürdigkeit. Manchmal beschrieb er sich selbst als einen »Gesetzlosen«, und wer ihn kannte, wurde den inneren Kampf zwischen widerstreitenden Kräften bei ihm gewahr.

Er hatte auch eine bestimmte, sehr eigenwillige Vorstellung vom Islam. Seine theologischen Äußerungen könnten bei den Christen insofern einigen Verdacht wecken, als sie auf eine Auffassung hinzudeuten scheinen, nach der der Islam ein anderer möglicher Weg des Heils sein könnte. Dennoch war er ein Katholik und wurde in seinem späteren Leben Priester der griechischen katholischen Kirche; seine grundsätzliche Position hält sich im Rahmen des Spektrums möglicher christlicher Haltungen. Er glaubte, daß der Islam ein echter Ausdruck eines monotheistischen Glaubens war, der sich über Ismael auf die Herkunft von Abraham beruft, und daß er eine positive geistige Mission erfülle, indem er ein Vorwurf an die Götzendiener war, die sich nicht zu dem einen Gott bekannten.[74] Muslime konnten Christen ein Beispiel sein; dies war ein anderes gängiges Thema in den Schriften einiger zeitgenössischer Katholiken wie zum Beispiel bei Charles de Foucauld und Ernest Psichari, dem Enkel von Renan. Massignon meinte daher, daß die Christen den Muslimen verpflichtet wären: Der Fremde, der Massignon in der Stunde der Krise besuchte, war ein Abbild Gottes, aber auch ein Bild des menschlichen Exils, des Wanderers, der an die Tür klopft und um Einlaß bittet. Dies sollte ihn später während der antikolonialen Erhebungen in Madagaskar, Marokko und vor allem Algerien in heftigen Gegensatz zu der französischen Politik bringen. Vorher fühlte er sich, wie die meisten seiner Generation, dem imperialen Auftrag Frankreichs verpflichtet, später jedoch begann er, die imperialistische Herrschaft als einen »Mißbrauch der Gastfreundschaft« zu betrachten, als einen Ausdruck »unseres weltlichen Wahns zu verstehen, zu erobern, zu besitzen«.[75] Er glaubte, daß die Berufung der Christen darin bestehe, die Muslime, jenseits aller politischen Tätigkeit, durch Gebet und Fürbitte, und indem sie ihnen als Stellvertreter ihr Leben und Leiden opferten, zur vollen Wahrheit zu führen. Die Christen konnten diese Rolle in einer Gebetsgemeinschaft mit Muslimen übernehmen. Dies erklärt Massignons Interesse für jene Orte, an denen Christen und Muslime im Gebet zusammenkommen konnten wie in Jerusalem, an Abrahams Grab in Hebron und an einem den »Sieben Schläfern von Ephesus« geweihten Schrein in der Bretagne, der in der christlichen Überlieferung bekannt und ebenfalls im Koran erwähnt ist.

Angesichts eines solchen Glaubens war es nur natürlich, daß Massignon ein besonderes Interesse für die Sufis entwickelte, eine Strömung muslimischer Geistigkeit, die nicht nur dem Willen Gottes, wie im Buch geoffenbart, gehorchen, sondern ihm durch Verzicht auf weltliche Dinge und durch geistige Disziplin näher kommen wollte. Vieles in seinem gelehrten Werk ist der Erforschung der Mystik gewidmet. Sein Vorgehen im Rahmen der philologischen Tradition des 19. Jahrhunderts war in einem gewissen Sinn konventionell; es handelte sich um das Auffinden und Edieren von Texten sowie deren Analyse unter Beachtung der genauen Wortbedeutung. Außerdem schrieb er über die Entwicklung eines besonderen Vokabulars des Sufismus und der islamischen Philosophie.[76] Er versuchte zu zeigen, wie sich der Sufismus, nicht durch Importe aus dem Ostchristentum oder Hinduismus, sondern dank einer inneren Entwicklung entfaltete, insofern als manche Muslime die Lehre des Korans ernst nahmen, darüber meditierten und sich bemühten, dessen tieferen Sinn für das geistige Leben herauszuarbeiten. Massignon hatte ein Gefühl für die überragende Bedeutung des Korans im Seelenleben der Muslime, die darauf beruhte, daß er über ein »verbales Repertoire« verfügte, das eine Geschichte des Universums, eine Ansammlung von Handlungsregeln und eine Anleitung zur moralischen Selbstprüfung und zur Hinlenkung der Seele auf Gott umfaßte.

Massignons berühmtestes Werk ist seine Untersuchung über den Mystiker, Dichter und Theologen al-Halladsch (gest. 922), der angeklagt wurde, die Notwendigkeit strikter Beachtung muslimischer Vorschriften in Zweifel zu ziehen. Von ihm wird berichtet, er habe behauptet, man könne seine Pilgerreise in den eigenen Räumen machen und müsse nicht nach Mekka gehen; daß die Kaaba, das heilige Gebäude und Zentrum der Pilgerreise, zerstört werden sollte, um in Weisheit wieder aufgebaut zu werden. Darüber hinaus wurde er verdächtigt zu lehren, daß die menschliche Persönlichkeit des Mystikers im Moment der mystischen Vereinigung in derjenigen Gottes aufgehen könne. Es gibt einen berühmten Ausspruch, der ihm zugeschrieben wird, obwohl nicht sicher ist, daß er von ihm stammt: *ana l-haqq*, »Ich bin die Wahrheit« oder »Ich bin Gott«. Dies konnte für einen reinen Monismus gehalten werden, unvereinbar mit der Vorstellung von der Transzendenz Gottes. Für al-Halladschs Verhaftung mögen aber auch politische Gründe eine Rolle gespielt haben; er wurde vor Gericht gestellt, verurteilt und in Baghdad hingerichtet.

Die Untersuchung über al-Halladsch war Massignons Doktorarbeit, eigentlich 1914 abgeschlossen, aber erst 1922 veröffentlicht. Sein ganzes Leben lang arbeitete er an diesem Thema weiter, und eine durchgesehene Version dieses Werks wurde nach seinem Tod herausgegeben.[77] Es handelt sich dabei um ein Werk von großer Gelehrsamkeit und eigenwilligem Denken, in dem Massignon die fragmentarischen Quellen benützt, um eine Schilderung von al-Halladschs Leben zu rekonstruieren und die Entwicklungsstufen der Berufung eines Mystikers von der Buße über die Entsagung und Läuterung bis zu einer Art Erfahrung der Vereinigung mit Gott vorzuführen. Das Werk weist auch auf die Verwandtschaft von al-Halladschs Reden und Schriften mit der früheren Entwicklung islamischer Theologie, Rechtsprechung und Mystik hin – alles eingebettet in eine Milieubeschreibung des abbasidischen Baghdad, wo al-Halladsch lebte. Durch sorgfältige Zusammenstellung von Einzelheiten wird eine mittelalterliche Stadt, von der fast keine Spuren erhalten sind, wieder zum Leben erweckt – ihre Straßen und Bauten, ihre Menschen, die Nahrung, die sie zu sich nahmen, die Art und Weise, wie sie ihren Lebensunterhalt verdienten, worum sie sich bemühten, was sie verehrten und wie sie begraben wurden.

In Übereinstimmung mit seiner Vorstellung von einer Kette von Zeugen oder Stellvertretern, die auch nach ihrem Tod Einfluß ausübten und ihren Auftrag an andere weitergaben, sieht Massignon das Leben von al-Halladsch über dessen Hinrichtung hinaus verlängert. In einer bemerkenswerten Übersicht über das geistige Leben muslimischer Gemeinschaften zeigt er, wie der Ruf al-Halladschs in der Auseinandersetzung der Gelehrten und in der Frömmigkeit der Volkskunst, in der Dichtung, in Legenden und Visionen überlebte. Die Figur von al-Halladsch erfuhr bei diesem Prozeß eine Transformation von einem »Gesetzlosen« zu einem, der wieder in die Gemeinschaft aufgenommen war.

Über Massignons Werk wurden einige Zweifel geäußert. Es hat durchgehend ein Thema mit den Schriften des französischen Katholizismus seiner Jugend gemeinsam: den Glauben an Geheimgesellschaften, an weitreichende Verschwörungen, die nach der Machtergreifung und dem Umsturz der sozialen Ordnung trachten. Einige seiner Quelleninterpretationen wurden von anderen Gelehrten nicht akzeptiert, wie etwa die Existenz von Händlergilden und der Zusammenhang zwischen gewissen islamischen Sekten und sozialen Protestbewegungen. Grundlegender für sein Werk ist jedoch die Behandlung der Figur von al-Halladsch. Massignon zeigte, daß al-Halladsch eine bemerkenswerte Gestalt in der Geschichte muslimischer Spiritualität darstellte und daß er, indem er den Weg des Sufismus beschritt, zu einem ungewöhnlichen Verständnis des Wirkens göttlicher Gnade gelangte. Allerdings wird man durch seine eigenen Worte gewarnt: »Ich habe den historischen Tatsachen weitere Betrachtungen, die sich aufdrängten, hinzugefügt.«[78] Massignon scheint den Versuch zu unternehmen, al-Halladsch in ein christliches Schema zu pressen. Er wird so dargestellt, als habe er seinen Tod als einen Akt stellvertretenden Leidens verstanden, ja, sogar das Martyrium gesucht (»es gibt für die Muslime keine dringendere Aufgabe als meine Hinrichtung«), mit dem Wunsch, »verflucht, zum Heil aller zu sterben«.[79]

Dank der Originalität seiner Ideen und kraft seiner Persönlichkeit übte Massignon einen großen Einfluß auf die Islamwissenschaft Frankreichs und auch auf die französische Betrachtungsweise des Islam aus. Er war wohl der einzige Islamwissenschaftler, der im intellektuellen Leben seiner Zeit eine zentrale Figur darstellte. Sein Werk war ein Zeichen für einen Wandel christlichen Umgangs mit dem Islam und womöglich sogar eine der Ursachen dafür. In den letzten zwei Generationen gab es Versuche von christlichen Denkern und Gelehrten, zu definieren, was am Islam – in gewisser Weise so vertraut, so fremd in anderer – schon immer eine verwirrende Erscheinung war: ein Gott, offenbar der Gott Abrahams, der zu den Menschen spricht und seinen Willen kundtut, der einen Tag des Jüngsten Gerichts ankündigt, der aber durch ein Buch spricht, das die Muslime, jedoch nicht die Christen, buchstäblich für das Wort Gottes halten. Solche Versuche wurden im wesentlichen von Gelehrten in Frankreich unternommen – oder zumindest von französisch schreibenden, insofern als einige von ihnen aus arabischen Ländern kamen, aber eine französische Ausbildung erfahren hatten.

So haben auch G. C. Anawati und Louis Gardet Werke über islamische Theologie und Mystik geschrieben. Als christliche Theologen haben sie versucht, den Standort der islamischen Mystik zu bestimmen. Ist sie »natürlich« oder »übernatürlich«? Für Anawati und Gardet liegt sie dazwischen: Sie neigt zum Übernatürlichen, das heißt, zur Seelenerfahrung der göttlichen Liebe durch übernatürliche Gnade, doch wird sie zugleich begrenzt durch die grundlegende islamische Vorstellung von der Unzugänglichkeit Gottes, von dem Schleier zwischen Gott und den Menschen, deren eigentliche Gottesverehrung im Gehorsam gegenüber dem Wort besteht. Sufismus ist daher gekennzeichnet von »geistigen Zuständen, die auf mehr als eine Weise gedeutet werden können«.[80] J. Abdel-Jalil, von Geburt marokkanischer Muslim, jedoch zum Christentum konvertiert und in den Franziskanerorden eingetreten, untersuchte diese Richtung islamischen Denkens und islamischer Geistigkeit, die, weitergedacht, einen Muslim vielleicht zum Christentum führen könnte. In *Marie et l'Islam* wies er auf die besondere Stellung der Jungfrau Maria im Koran hin.[81] Die Vergegenwärtigung des Islam als einer Religion, die vom Bekenntnis zu einem Gott durchdrungen ist, jedoch nach einer Vollendung in etwas anderem strebt, taucht auch in den Formulierungen des Zweiten Vatikanischen Konzils von 1962–65 auf, dem ersten bedeutsameren Versuch der katholischen Kirche, ihre Haltung zum Islam zu definieren:

> »Die Kirche schaut mit Wertschätzung auf die Muslime, die den lebendigen, gnadenreichen und allmächtigen Gott anbeten, den Schöpfer des Himmels und der Erde, der zu den Menschen gesprochen hat.«[82]

In dieser Formel ist ein Echo von dem, was im Koran selbst anklingt, zu hören.

Ähnliche Stimmen wurden in den protestantischen Kirchen laut, wie zum Beispiel jene von Kenneth Cragg, einem Bischof der anglikanischen Kirche.[83] Auch der Weltrat der Kirchen unternahm wiederholt Versuche, den Dialog zwischen Christen und Muslimen aufzunehmen. Diese Denkrichtung überschneidet sich jedoch mit einer anderen, die ebenfalls tief in der christlichen Theologie verwurzelt ist. Immer gab es eine Richtung, welche die Einzigartigkeit der Offenbarung Christi betont hat: Gott kann durch menschliches Bemühen nicht erkannt werden, sondern nur durch seine Selbstoffenbarung, die ihre Vollendung in der Person Jesu Christi fand und in der Bibel bezeugt wird; alle anderen religiösen Lehrer und die Bücher, die ihre Lehren enthalten, bringen nicht mehr als ein Bemühen um etwas zum Ausdruck, was mit menschlichem Streben nicht erreicht werden kann. Alles, was der Mensch für sich selbst zu schaffen imstande ist, sind Götzenbilder; daher erklärt Karl Barth barsch: »Der Gott Muhammads ist ein Götze wie alle anderen Götzen«[84] Desgleichen behauptete Hendrik Kraemer, ein holländischer Missionar und Theologe, daß der Islam eine von Menschen gemachte Religion und nicht der wahre, von Gottes einmaliger Offenbarung Seiner selbst abgeleitete Glaube sei:

> »Der Mensch will Gott, aber er will ihn auf seine eigene Weise [...] Nirgends finden wir die Zurückweisung einer jeden möglicherweise von Menschen geschaffenen spirituellen Welt.«[85]

Es gibt jedoch einen merklichen Unterschied im Ton zwischen Kraemers Stimme und ähnlichen in der Vergangenheit. Kraemer war ein Islamforscher mit einer tiefen Kenntnis muslimischer Gesellschaften in Südostasien und eine Persönlichkeit von großer moralischer und intellektueller Sensibilität. In seinem Werk findet sich weder eine Herabsetzung Muhammads noch seiner Anhänger, und er legt großes Gewicht auf die menschlichen Leistungen der islamischen Zivilisation.

10

Die Haupttradition der Islamwissenschaft lebte in der ersten Hälfte des 20. Jahrhunderts weiter, zum Beispiel in der Erforschung, wie die Botschaft von Muhammad in Systemen der Theologie, des Rechts und zu Handlungsregeln ihren Ausdruck fand, eine Forschung, deren Methode von Philologen nach sorgfältigem Studium der überlieferten Texte entwickelt wurde. Gleichzeitig wuchs jedoch auch das Interesse am Islam als einem lebendigen System von Praktiken in einer bestimmten Gesellschaft. Dieses Interesse kann schon in den Werken von Goldziher, Hurgronje und Massignon beobachtet werden, es wurde jedoch durch die Beiträge von Wissenschaftlern aus anderen geisteswissenschaftlichen Disziplinen wie Geschichte und der Sozialwissenschaften erweitert.

Eine der Ursachen dieser Veränderung war das wachsende Interesse der großen amerikanischen Universitäten an der islamischen Welt. Die Tradition europäischer Islamwissenschaft wurde von einigen europäischen Lehrern, darunter zwei Schotten, in die

Vereinigten Staaten gebracht. Einer von ihnen, D. B. Macdonald (1863–1943), hatte bei Nöldeke und Fleischer in Deutschland studiert und lehrte von 1893 an am Theologischen Seminar von Hartford. Der andere war H. A. R. Gibb, der 1955 Oxford verließ und Professor in Harvard wurde.

Macdonald und Gibb waren beide am Leben der muslimischen Welt äußerst interessiert. Macdonald schrieb darüber ein Buch, und Gibb warnte in einem Überblick über moderne Strömungen im Islam vor der Gefahr, ausschließlich dem Konsens der Gelehrten zu folgen und jene des Volkes außer acht zu lassen.[86] Solche Ideen fanden bei amerikanischen Wissenschaftlern, die Geschichte und Sozialwissenschaften studiert hatten, ein Echo, und einige Universitäten fingen in den fünfziger Jahren an, Zentren für *area studies* einzurichten, wo Angehörige verschiedener Disziplinen mit Kenntnissen der Sprache, Kultur und Gesellschaft einer bestimmten Region in die Lage versetzt wurden, miteinander in einen geistigen Austausch zu treten.

Unter anderem wuchs sowohl bei europäischen als auch bei amerikanischen Wissenschaftlern das Interesse am sogenannten Volksislam, insbesondere an den Sufibruderschaften, die, zumindest seit Goldziher, mehr und mehr als die Hauptströmung muslimischer Geistigkeit erkannt wurden. Die Forschung wird von verschiedenen Seiten betrieben. Von den Islamwissenschaftlern anhand der Texte, in denen der mystische Weg zu direkter Gotteserfahrung und der damit verbundenen Vorstellung von Gott und dem Menschen erklärt wurde; Sozialanthropologen begannen den Volksglauben und die Bräuche, die im Dunstkreis der Bruderschaften entstanden, zu durchleuchten: die Heiligenkulte, die Wallfahrten zu den Heiligengräbern, den Glauben an die Fürsprache der Heiligen und deren Anrufungen und Erscheinungen. Sie erforschten die Bedeutung der Heiligengräber und deren Wächter als Kristallisationspunkt von Gemeinschaften und unter Umständen von politischen Bewegungen; und sie untersuchten die soziale Rolle der Bruderschaften als Bindeglied zwischen Regionen und sozialen Gruppen oder zwischen Männern und Frauen.

Eine Frage warfen die während der letzten zwei Generationen in diese Richtung unternommenen Bemühungen auf: Was wird jenseits der normativen Bestimmungen der Theologen und Juristen unter »islamischer Gesellschaft« verstanden? Kann angesichts der Mannigfaltigkeit der Gebräuche und Institutionen, der künstlerischen Formen und kollektiven Mentalitäten in der Welt des Islam vom Atlantik bis zu den Philippinen noch irgend etwas sinnvollerweise »islamisch« genannt werden? Diese Frage haben sich einige Sozialanthropologen gestellt. Clifford Geertz verwertete in *Islam Observed* sein Material aus Java und Marokko, um die Frage zu beantworten, inwiefern zwei Gesellschaften am jeweils entgegengesetzten Ende der Welt des Islam als islamische Gesellschaften bezeichnet werden können. Worin liegt die »Familienähnlichkeit«, die sie »islamisch« macht?[87] Michael Gilsenan weist in *Recognizing Islam* darauf hin, daß »Islam«, in seinem sozialen Kontext betrachtet, nicht ein einzelner und einheitlicher Gegenstand ist, der das Verhalten und die Sitten einer Gesellschaft allein bestimmt; es ist ein Begriff, der dazu dient, auf bestimmte Anschauungen, Symbole und Rituale zu verweisen, die dazu beigetragen haben, das kollektive Bewußtsein verschiedener Gesellschaften zu formen, die aber ihrerseits auch wieder von ihnen geformt wurden. Islam ist

> »ein Begriff, der sich verändernde Zusammenhänge der Praxis, der Repräsentation, des Symbols, der Anschauung und der Weltsicht innerhalb ein und derselben Gesellschaft und zwischen verschiedenen Gesellschaften bezeichnet. Diese Beziehungsmuster haben sich im Laufe der Zeit erheblich verändert.«[88]

Wie umsichtig auch immer der Begriff »Islam« definiert wird, so mag man sich doch stets fragen, inwieweit er als Kategorie zur Erklärung der Geschichte von Gesellschaften mit muslimischer Mehrheit taugt. Nur wenige Autoren würden ihn heute zu einer Kategorie machen, wie dies vor ein oder zwei Generationen einige noch getan haben mögen, da heute Autoren aus verschiedenen Fachgebieten die Geschichte jener Gesellschaften studieren. Vor gar nicht allzu langer Zeit – und zum Teil noch jetzt – waren praktisch die einzigen Gelehrten, die über Geschichte und die Gesellschaft der »muslimischen Welt« schrieben jene, deren wichtigste Aufgabe darin bestand, Arabisch, Persisch und Türkisch sowie die überlieferten Texte in diesen Sprachen zu studieren und zu lehren. Für ihre Schriften über allgemeinere Themen benutzten sie Kategorien, die ihnen vertraut waren. In der letzten Generation ließen sich auch Wissenschaftler aus anderen Disziplinen auf dieses Forschungsgebiet ein. Einige von ihnen, die von der Geschichtswissenschaft oder den Sozialwissenschaften her kamen, wandten ihre Aufmerksamkeit der Welt des Islam zu. Es gibt auch ein neues Interesse an der »Weltgeschichte« und an einer »vergleichenden Geschichtswissenschaft«, an Vorgängen und Bewegungen, die sich, über die »Welt des Islam« hinaus, auf die ganze Welt oder wenigstens auf weite Teile davon erstrecken. Die Veränderung vollzieht sich allerdings langsam; in den meisten Universitäten der englischsprachigen Welt zumindest liegt das Hauptgewicht in der Lehre nach wie vor auf der westlichen Zivilisation, die sich aus dem antiken Griechenland in Richtung Westen zur Atlantikküste hin bewegt und sich schließlich in ihrer modernen Form über die ganze Welt ausgebreitet haben soll. In einer für Lehrzwecke weitverbreiteten Universalgeschichte sind der Geschichte von 600 n. Chr. an auf neunhundert Seiten ganze fünfzig Seiten der islamischen Welt gewidmet (wiewohl einfühlsam und äußerst sachkundig geschrieben).[89]

In einigen Ländern, besonders in Frankreich und den Vereinigten Staaten, bringen Historiker und Sozialwissenschaftler allerdings ihre eigenen Interpretationskategorien mit, die sich vom historischen oder soziologischen Zeitgeist herleiten: insbesondere marxistische und postmarxistische Kategorien oder die subtileren der mit der französischen Zeitschrift *Annales* verbundenen Historiker beziehungsweise – in den letzten Jahren – Auffassungen, die aus der modernen Literaturtheorie abgeleitet wurden. Um einige bekannte Beispiele zu nennen: Fernand Braudel versuchte in *La Méditerranée et le monde méditerranéen à l'époque de Philippe II* die Eigenart und Entwicklung der ganzen Mittelmeerwelt zu erklären und führte zu diesem Zweck ein Konzept vor, das einesteils weiter, andernteils enger gefaßt war als jenes einer nur »muslimischen Welt«.[90] Desgleichen zeigten sich in dem von Julian Pitt-Rivers herausgegebenen Buch *Mediterranean Countrymen* eine Anzahl Anthropologen mehr an den Ähnlichkeiten als an den Unterschieden zwischen Ländern interessiert, in denen katholisches oder orthodoxes Christentum beziehungsweise der Islam die überlieferte Religion war; ihr Augenmerk ist auf die Werte von Ehre und Scham in bäuerlichen Gesellschaften gerichtet.[91]

In André Raymonds *Artisans et commerçants au Caire au 18ème siècle*, eines der grundlegenden Werke der heutigen Generation, kommt die Kategorie »Islam« kaum vor: Die wesentlichen Erklärungsfaktoren sind das Verwaltungs- und Steuersystem des Osmanischen Reiches und seiner lokalen Statthalter in Ägypten sowie das Produktionssystem und sein Verhältnis zum internationalen Handel; »Islam« taucht in der Analyse nur als Nebenfaktor hinsichtlich des Erbes und der Verteilung von Eigentum im islamischen Recht auf.[92] Maxime Rodinson unterzieht in *Islam und Kapitalismus* die verbreitete Ansicht, daß gewisse Aspekte in den Vorschriften, den Gesetzen und im traditionellen Verhalten muslimischer Gesellschaften die Entwicklung eines modernen Kapitalismus verhindert haben, einer kritischen Prüfung. Das Buch ist ein Ergebnis der Debatte, die mit Max Webers *Die protestantische Ethik und der Geist des Kapitalismus* ihren Ausgang nahm. Rodinson versucht nachzuweisen, daß, obwohl der Kapitalismus sich zuerst in Ländern entwickelte, in denen das Christentum und nicht der Islam die beherrschende Religion war, die Erklärung dafür nicht in der Wesensart einer der beiden Religionen zu suchen sei.[93] Ein internationales Kolloquium im Jahr 1965 über »die islamische Stadt« befaßte sich mit der Vorstellung, daß muslimische Städte sowohl eine charakteristische physische Anlage als auch soziale Struktur hätten, die den islamischen Vorschriften sowie dem islamischen Recht entsprängen; man kam zum Schluß, daß der Begriff »islamische Stadt« als erklärende Kategorie weniger dienlich sei als zum Beispiel die Begriffe mittelalterliche, vorindustrielle, nahöstliche oder nordafrikanische Stadt.⁹⁴

Ein solcher Wechsel in der Gewichtung kann jedoch auch zu weit führen. Besonders jene, die sich mit den frühesten Perioden der sogenannten »islamischen Geschichte« befassen, können schwerlich das Aufkommen einer neuen Religion, ihre Verbreitung über die Länder antiker Zivilisation, ihre Verbindung mit Theologie und Recht durch das Medium der arabischen Sprache und die Gründung eines Imperiums im Namen dieser Religion ignorieren. Selbst in späteren Zeiten neigten muslimische Länder zu einer gewissen Absonderung von anderen. Der ehrgeizigste Versuch, den Begriff des Islam mit anderen geschichtlichen Begriffen zu verbinden und damit die Welt des Islam mit der Weltgeschichte zusammenzubringen, wurde von Marshall Hodgson in *The Venture of Islam* unternommen.⁹⁵ Der zweite Teil des Titels lautet *Conscience and History in a World Society*, was bezeichnend für das Interesse Hodgsons an den Beziehungen zwischen dem Individuellen und dem Kollektiven ist und auch für sein Bewußtsein von der Stellung der islamischen Welt in einer größeren Einheit, der Ökumene, der gesamten Welt der Städte und des seßhaften Ackerbaus vom Atlantik bis zum Pazifik. Auch sieht er die Geschichte des Islam in einem größeren zeitlichen Rahmen als die Fortsetzung einer älteren kulturellen Tradition, nämlich der des fruchtbaren Halbmondes, Irans und Ägyptens, die bis nach Babylon und in das alte Ägypten zurückreicht, sich nun jedoch in einer neuen Sprache, dem Arabischen, und durch eine intellektuelle und künstlerische Antwort auf ein neues heiliges Buch artikuliert.

In diesem weiten Kontinuum von Raum und Zeit stellt Hodgson eine bestimmte Sicht des historischen Prozesses als dem Zusammenwirken von drei Kräften vor: die schrittweise Herausbildung von kulturellen Quellen und Traditionen in den Grenzen einer bestimmten physischen Umgebung, Entstehung und Fortbestand eines kollektiven Zusammengehörigkeitsgefühls und das subtile Wirken individuellen Denkens und Bewußtseins, das –

unter Umständen – der kulturellen Tradition und dem kollektiven Zusammengehörigkeitsgefühl eine neue Richtung geben kann. Eine solche Geschichtsbetrachtung hat weitreichende Folgen. Hodgson brach mit der allgemein anerkannten Vorstellung von einer islamischen Geschichte, die, mit dem Medium der arabischen Sprache und dem fruchtbaren Halbmond als Zentrum, über etwa drei Jahrhunderte Großes vollbracht hatte, worauf eine lange Periode der Stagnation und des Niedergangs folgte. Er siedelte den Höhepunkt der islamischen Zivilisation viel später, in der frühen Moderne, an und viel weiter östlich, im Gebiet der persischen Hochkultur, die von Zentralasien über Persien bis nach Nordindien reichte. Diese Sichtweise hatte auch in Hinblick auf die Weltgeschichte Folgen: Hodgson rückte von der gängigen Vorstellung (wie sie etwa im Denken Hegels zum Ausdruck kommt) von einer Geschichte auf dem Marsch nach Westen ab. Bis zum 18. Jahrhundert, so behauptet er, dominiere die muslimische Zivilisation die Welt der Städte und des seßhaften Ackerbaus mit der Sprache einer Hochkultur, mit ihren Gesetzen, die den Rahmen für gleiche Aussichten im Handel und bei anderen Arten des Austausches schufen, und mit ihrer Literatur und Kunst, die eine Vision von dieser und der jenseitigen Welt symbolisch zum Ausdruck brachte. Er weist darauf hin, daß erst ab dem 19. Jahrhundert die Macht und kulturelle Unabhängigkeit der muslimischen Welt als Folge einer Umformung der menschlichen Gesellschaft, die am westlichsten Ende der zivilisierten Welt ihren Ausgang nahm, ernsthaft in Frage stand.

11

Nach und nach wurden in dieser Diskussion auch andere Stimmen laut. In Europa und Amerika begann man nun die Forschung und das Denken über den Islam in Gegenwart derer zu betreiben, über die westliche Gelehrte und Denker schrieben. Dies in mehr als einer Hinsicht: Wir alle sind uns einer lebendigen und sich verändernden muslimischen Welt bewußt, die nicht nur etwas weit in der Geschichte Zurückliegendes darstellt und jetzt – wie Hegel es ausdrückt – »in orientalische Gemächlichkeit und Ruhe« zurücksinkt. Forschung und Denken vollziehen sich heute in Zusammenarbeit und im Dialog; die internationale Gemeinde der Islamwissenschaft ist eher eine offene Gemeinde. Vergleichen wir eine Konferenz der sechziger Jahre mit einer von heute: Auf dem 17. internationalen Orientalistenkongreß im Jahre 1928 in Oxford waren kaum mehr als ein Dutzend der eingetragenen Teilnehmer Muslime, und sie spielten in den Sitzungsberichten eine nebensächliche Rolle[96]; bei heutigen Konferenzen der Middle East Studies Association of North America ist ein Gutteil der Teilnehmer aus muslimischen Ländern, und manche unter ihnen gehören zu den aktivsten und prominentesten.

Die meisten Studien sind insofern neutral, als sie von Wissenschaftlern unterschiedlicher kultureller Herkunft mit denselben Methoden betrieben und unter denselben begrifflichen Kategorien verstanden werden können: Es handelt sich um das Edieren von Texten, um die Erforschung von Regierungsarchiven, um die Geschichte wirtschaftlichen Wandels oder die Kunstgeschichte. Auf einigen Gebieten beginnt sich das Gewicht tatsächlich von den Gelehrten in Europa und Amerika auf diejenigen in der muslimischen Welt zu verlagern. So stehen zum Beispiel alle Spezialisten in osmanischer Geschichte unter dem Einfluß des Werkes von Halil Inalcık und anderer türkischer Historiker. Dennoch gibt es wohl bei heikleren Themen Unterschiede in der Herangehensweise, wie etwa bei der Interpretation einer religiösen Tradition und der eng mit ihr verknüpften Kultur.

In den letzten Jahren wurden zwei Arten der Kritik an der Islam-, oder allgemeiner Orientkunde, laut: Die eine kommt von ergebenen Anhängern des Islam, für die der Koran buchstäblich das vom Engel Gabriel dem Propheten geoffenbarte Wort Gottes ist, und denen es unmöglich ist, jegliche Art wissenschaftlicher Analyse zu akzeptieren, die den Koran auf ein reine Hervorbringung des Geistes Muhammads eingrenzt oder die Person Muham-

mads in einer Weise darstellt, die Zweifel an der Behauptung
erheben ließe, er sei von Gott als Verkünder Seines Wortes auser-
wählt worden. Solche Bedenken sollten von denen respektiert
werden, die sie nicht teilen; sie sind Ausdruck eines Glaubens, für
den Männer und Frauen lebten und starben, sowie einer Denk- und
Lebensweise, die sowohl deren individuelle als auch kollektive
Persönlichkeit geformt hatten. Auf den Umfang dieser Bedenken
wies Wilfried Cantwell Smith mit einer Analogie hin. Für Muslime, so betont er, ist der Koran nicht einfach ein Dokument der
göttlichen Offenbarung, sondern er ist die Offenbarung selbst:

> »Wenn jemand zwischen den zwei Religionen Parallelen hinsichtlich
> ihrer Struktur ziehen will, so ist, was im Christentum dem Koran
> entspricht, nicht die Bibel, sondern die Person Christi; denn Christus ist
> für die Christen die Offenbarung Gottes. Und was im Islam der Bibel
> (dem Zeugnis der Offenbarung) entspricht, das ist die Überlieferung
> (*hadith*) [...] das Gegenstück zur Bibelkritik ist *hadith*-Kritik, die noch
> an ihrem Anfang steht. Eine historische Korankritik zu erwarten, wäre
> etwa das gleiche, wie nach einer Psychoanalyse Jesu zu suchen.«[97]

Eine Entscheidung über solche Zweifel und Anfechtungen kann
nicht von außen kommen, sondern nur auf dem Weg einer Diskussion zwischen »Modernisten« und »Traditionalisten«, die in jeder
muslimischen Gesellschaft seit ungefähr hundert Jahren stattgefunden hat. Der Stand dieser Debatte wurde vor einiger Zeit von
Fazlur Rahman, einem hervorragenden pakistanischen Gelehrten
an der Universität von Chicago, in *Islam and Modernity* gut
dargestellt. Er betont, daß die historiographische Arbeit über den
Islam hauptsächlich von westlichen Gelehrten geleistet wurde,
jetzt jedoch Aufgabe der Muslime selbst sein sollte. Es sei wichtig,
so glaubt er, den Koran als Grundlage des Glaubens, des Verste-
hens und des moralischen Verhaltens zu erhalten, doch sollte er als
ein Buch der Anleitung für die Menschheit (*huda li'l-nas*) verstanden werden. Die Rechtsgelehrten irrten, als sie einzelne Aussagen
des Korans isolierten und von ihnen in strenger Analogie ewige
Gesetze und Regeln ableiteten; man muß den Koran als Einheit im

Licht der modernen Wissenschaft betrachten und »Leitgedanken« unterscheiden, von denen man den örtlichen und zeitlichen Umständen angepaßte konkrete Anweisungen ableitet. Ebenso muß der *hadith* einer kritischen Prüfung unterzogen werden; dies »sollte nicht nur eine große geistige Sperre lösen, sondern dem Denken über den Islam frischen Wind zuführen«.[98] Es besteht also eine Notwendigkeit für eine neue Form muslimischer Erziehung, um Wissenschaftler auszubilden, die den Koran, den *hadith* und das Recht im Licht der Vernunft prüfen.

Auf einer anderen Ebene ist die Kritik angesiedelt, die von den Gelehrten selbst kommt – und nicht nur von denen, deren Kultur der Islam ist. Die Kritik am »Orientalismus«, die seit einiger Zeit Schule macht, ist teils Ausdruck eines Konflikts zwischen verschiedenen Generationen, teils Ausdruck einer unterschiedlichen geistigen Entwicklung. Es scheint hier drei Hauptstoßrichtungen zu geben: Erstens soll die westliche Wissenschaft »essentialistisch« ausgerichtet gewesen sein, das heißt, daß sie dazu neigte, alle Erscheinungen muslimischer Kultur und in muslimischen Gesellschaften mit dem Begriffe einer einzigen, unveränderbaren Natur des Islam und dessen, was es bedeutet, Muslim zu sein, zu erklären. Für die frühe Periode der Islamwissenschaft ist dies teilweise richtig, und ein Echo davon kann in populären Schriften und in den Massenmedien noch immer vernommen werden, doch war dies nicht die vorherrschende Haltung derer, die – zumindest seit Snouck Hurgronje – in der Haupttradition der Wissenschaft standen. Die meisten würden folgende Aussage von ihm übernehmen: Daß der Islam, wie er in den Gesetzen, in den Ritualen und Institutionen zum Ausdruck kommt, eine Norm schuf, die sich dort auf die Gesellschaft auswirkte, wo er die dominierende Religion war; daß aber das Wesen einer jeden Gesellschaft nur im Sinne einer Wechselwirkung zwischen dieser Norm und den je eigenen Traditionen und dem Zustand eben dieser Gesellschaft erklärt werden kann; die Norm selbst verändert sich je nach Ort und Zeit.

Zweitens wird behauptet, daß die westliche Wissenschaft politisch bestimmt war; daß sie in der Periode europäischer Machtentfaltung – und heute in einer anderen Form westlicher Überlegenheit – dazu benützt wurde, die Herrschaft über muslimische Gesellschaften zu rechtfertigen, indem ein Bild der Stagnation, Unwandelbarkeit und Rückständigkeit muslimischer (oder allgemein orientalischer) Gesellschaften, unfähig, sich selbst zu regieren und grundsätzlich feindselig, entworfen wurde. Furcht vor einer »Erhebung des Islam« quälte die Vorstellung Europas in der Zeit des Imperialismus und heute wieder von neuem. Auch hier ist, für eine bestimmte Periode, etwas Wahres an der Beschuldigung, dennoch war die Haltung, auf die sie zielt, nicht einfach nur verwerflich, noch war sie allgemein gültig. Es war naheliegend, daß britische, französische und holländische Wissenschaftler ein gewisses Verantwortungsgefühl für die Art der Herrschaftsausübung ihrer Regierungen entwickelten. Ohne Zweifel akzeptierten manche von ihnen die tiefe Spaltung der Menschheit in Ost und West, Christentum und Islam, Fortschrittliche und Rückschrittliche, die für eine Rechtfertigung westlicher Vorherrschaft herhalten konnte, was durch die Anwendung solcher unscharfen Bezeichnungen wie »entwickelte« und »unterentwickelte Länder« noch auf die Gegenwart ausgedehnt wurde. Aber nicht alle Orientalisten haben solche Unterscheidungen und die daraus sich ergebenden Folgerungen übernommen. Einige waren scharfe Gegner der imperialistischen Politik ihrer Länder: E. G. Browne in England unterstützte die konstitutionelle Revolution in Iran, Louis Massignon die Unabhängigkeitsbewegung in Algerien. Andere, wie Hurgronje, nutzten ihren Einfluß zugunsten einer einfühlsameren und verständnisvolleren Haltung denen gegenüber, die von ihren Ländern beherrscht wurden. Die deutschsprachige Islamwissenschaft, die im 19. Jahrhundert zur Hauptrichtung wurde, war weniger tief von dieser Haltung geprägt, da weder Deutschland noch Österreich direkt Herrschaft über muslimische Länder in Asien oder Afrika ausübten. Allerdings sind auch hier Unterscheidungen oben erwähnter Art – etwa in den Vorstellungen Hegels über die Weltgeschichte – anzutreffen.

Die dritte Stoßrichtung der Kritik läuft darauf hinaus, daß westliches Denken und westliche Wissenschaft ein sich selbst erhaltendes System von allgemeingültigen Wahrheiten geschaffen habe, das im intellektuellen und akademischen Leben Gewicht, jedoch wenig Bezug zur Wirklichkeit des Forschungsgegenstandes habe. Auch hier ist zweifellos etwas Wahres daran. Vielleicht müssen Gelehrte und Denker so arbeiten. Bei dem Versuch, ein Thema zu verstehen, müssen gewisse erklärende Kategorien geschaffen werden, die zumindest als Auswahlprinzipien und zur Verdeutlichung dienen; sie werden unvermeidlich aus unserer eigenen geistigen Tradition bezogen, wobei sie eine Neigung zur Selbstbestätigung haben. Es gibt keinen anderen Weg für eine wirkungsvolle Arbeit, doch muß vielleicht erwähnt werden, daß die von manchen Islamwissenschaftlern benützten Kategorien nicht die der wichtigsten modernen Denkrichtungen sind und wahrscheinlich kaum Wirkungen hervorbringen werden, die außerhalb des Fachspezialistentums auf großes Interesse stoßen werden. Die von Goldziher formulierten, vom spekulativen Denken und aus der Philologie abgeleiteten Kategorien sind zu einem großen Teil immer noch grundlegend. Verglichen mit der Geschichte Chinas und Südostasiens ist die der muslimischen Länder noch immer ein unterentwickeltes Forschungsgebiet. Dies, weil ernsthafte Untersuchungen muslimischer Geschichte und Gesellschaften als spezifischer Diskurs der Mitglieder dieser Gesellschaften vergleichsweise neu sind, teils auch, weil Denker und Wissenschaftler aus diesen Gesellschaften selbst bis auf wenige Ausnahmen nicht in der Lage waren, ihre eigenen Kategorien mit Nachdruck durchzusetzen.

Dies mag sich nun ändern, da mehr Wissenschaftler der jungen Generation auf diesem Gebiet zu arbeiten beginnen und von Kategorien eines neuen Gedankensystems Gebrauch machen. Klar ist jedoch, daß wir nicht dieselbe Art von Übereinstimmung erwarten dürfen wie in der Vergangenheit. Es werden sich unterschiedliche Herangehensweisen zwischen den verschiedenen wissenschaftlichen Richtungen herausschälen, und es wird auch zu einer unterschiedlichen Gewichtung kommen zwischen denen, die von innen auf die Welt des Islam blicken, und jenen, die sie vom Standpunkt westlicher Kultur her betrachten. Zum Beispiel ist bei westlichen Gelehrten das Interesse an einem Islam als Zwischenstadium zwischen klassischer Zivilisation und der europäischen von der Renaissance an wahrscheinlich größer als bei denen muslimischer Länder. Als der deutsche Gelehrte C. H. Bekker bemerkte, »ohne Alexander den Großen keine islamische Zivilisation«[99], schlug er einen Ton an, der in den Köpfen westlicher Gelehrter sicher größere Resonanz fand als bei den Angehörigen der islamischen Kultur, für die ihre Kultur nicht eine Brücke zwischen zwei verschiedenen Angelegenheiten, sondern etwas Eigenständiges und einen Höhepunkt darstellt.

Westliche Wissenschaftler interessieren sich womöglich mehr für Ursprünge als für Entwicklungen. In der *hadith*-Forschung zum Beispiel wurden seit Goldziher die besten europäischen Arbeiten der Art und Weise gewidmet, wie sich das System der Überlieferungen (*hadith*) in seinen Ursprüngen entwickelt hatte, sowie der Entstehung und Gestaltung eines allgemein anerkannten Corpus von Überlieferungen über die Jahrhunderte hinweg. Es gibt aber auch eine andere, für muslimische Gelehrte vielleicht sinnvollere Art, dieses Thema anzugehen, nämlich durch die Betrachtung der Rolle des *hadith* im Denken und in der Gesellschaft der Muslime. Welche Bedeutungen waren zu verschiedenen Zeiten mit ihm verknüpft? Welche Überlieferungen wurden für welchen besonderen Zweck benützt? Als 1798 die mameluckischen Herrscher in Ägypten von der Landung der Franzosen hörten, befahlen sie den Schaichs der Azhar, den *Sahih* des al-Buchari, der wichtigsten sunnitischen *hadith*-Sammlung, zu lesen.[100] Weshalb taten sie das? Welche *hadithen* wurden gelesen? Welche Auswirkung hatte dies auf die Mobilisierung der Bevölkerung von Kairo angesichts der Invasion? Solche Fragen finden wahrscheinlich eine größere Resonanz bei jemandem, der am kollektiven Bewußtsein, aus dem dieses Verhalten und diese Vorstellungen entstanden sind, teilhat, als bei anderen.

Diese Meinungsverschiedenheiten in der Gewichtung sind in einem Wissenschaftsgebiet, in dem sich Wissenschaftler unterschiedlicher geistiger Herkunft zusammenfinden, unvermeidlich. Sie müssen nicht, wenn wir uns des Wortes »die Nächstenliebe, die wir einander schuldig sind« von Papst Gregor VII. erinnern, zum Konflikt führen.

II.
MARSHALL HODGSON
UND DAS UNTERNEHMEN ISLAM

Als Marshall Hodgson 1968 starb, wußte man, daß er an einem größeren Buch über den Islam arbeitete; Freunde und Kollegen hatten schon Entwürfe zu verschiedenen Abschnitten zu sehen bekommen. Bereits vor seiner Veröffentlichung ging dem Buch ein gewisser Ruf voraus, doch nur wenige hätten vermuten können, wie ungewöhnlich und originell es war.[1] Das heißt nicht, daß jede Idee darin ausschließlich seinem eigenen Kopf entsprang. Auf jeder Seite findet man Beweise einer umfassenden Lektüre sowohl der Quellen als auch der Sekundärliteratur, und die Anmerkungen sind ein Kommentar zum Werk anderer Historiker. Auch der fruchtbare Ideenaustausch mit den Kollegen wird deutlich, und man könnte fast sagen, daß dieses Buch nirgendwo sonst als an der Universität Chicago der fünfziger und sechziger Jahre hätte geschrieben werden können. Es gibt Anklänge an Nef zur industriellen Zivilisation, an McNeills *The Rise of the West*, Eliades Untersuchungen zur Religion, Adams *Land behind Baghdad* sowie an die Diskussionen der Soziologen und Anthropologen. Im Bereich des Islam wird der Einfluß von Grunebaum und jüngeren Kollegen zusammen mit dem von Massignon, Cahen und vor allem von Gibb sichtbar. An einigen Stellen des Buchs werden tatsächlich bestimmte von Gibb angeregte Vorstellungen weiter ausgeführt.

Ideen zu übernehmen und sie in eine neue Richtung zu führen oder bekannte Tatsachen neu zu ordnen, ist kennzeichnend für originelle Geister. Hodgson gelang dies dank seiner großen Darstellungskraft in Verbindung mit der seltenen Gabe des Einblicks in das Wesen der Menschen. Bei seiner Beschäftigung mit dem menschlichen Geist und seinen Schöpfungen wendet er die von Massignon übernommene Methode an, das,

> »was Massignon die psychologische ›Wissenschaft vom Mitleiden‹ nennt. Der gelehrte Beobachter muß das geistige und praktische Verhalten einer Gruppe in Begriffe seiner eigenen mentalen Quellen übertragen [...] er muß seine Perspektive erweitern, um Platz für das andere zu schaffen [...] wie riskant die Methode auch sein mag, so ist sie es dennoch weniger als jede mehr äußerliche Methode« (Bd. 1, S. 379, Anm. 6).

Einige seiner Beschreibungen menschlicher Leistungen kann man nicht mehr vergessen, wie zum Beispiel die Darlegungen zu al-Ghazali und Dschalaluddin Rumi, die Untersuchungen zur Entwicklung des sufischen Denkens und die Erklärungen über die Anstrengungen der Dichter und Schriftsteller. Hodgson erklärt uns, wie »islamitische« (*islamicate* – den Begriff werde ich später erklären) Dichtung zu lesen ist. Da sie für den öffentlichen Vortrag bestimmt war, sollte nichts Unerwartetes den Genuß der Virtuosität stören und keine private Anspielung den öffentlichen Anstand verletzen (Bd. 2, S. 297); selbst in der Liebesdichtung, im Bereich privater Gefühle, herrschte die Etikette, und das Ziel des Poeten bestand darin, das Ansehen des Publikums mit Takt zu behandeln und mit Glanz zu versehen (Bd. 2, S. 303). In seinen Schriften über islamitische Kunst erinnert Hodgson daran, daß nur die anschaulichste Kunst und nicht die symbolischste die Vorstellungskraft anregen kann:

> »die Moschee, wie jeder andere Kunstgegenstand auch, durfte nicht als repräsentatives Symbol dienen [...] Daher sprach alles dafür, daß die Architektur der Moschee – und auch die anderer Bauten [...] – sich wie die figürliche Kunst in die Richtung der reinen Anschaulichkeit und der Autonomie der sichtbaren Äußerlichkeit zu bewegen hatte« (Bd. 2, S. 523).

Die Gestaltung war alles, und bei manchen Bauten konnte sie nur in Bewegung erfaßt werden:

> »islamitische Architektur betont im allgemeinen weniger die statische Einheit der Anlage eines Monuments als vielmehr das, was die Einheit des Ablaufs, die Einheit beim Durchschreiten, genannt werden könnte« (Bd. 2, S. 529).

Einige von Hodgsons Ideen mögen vielleicht dem Gewicht, das er ihnen verleiht, nicht standhalten; wir erwähnen sie hier, nicht, um unser Einverständnis oder unsere Einwendungen kundzutun, sondern, um eine gewisse Eigenart seines Denkens deutlich zu machen. Trotz einiger äußerst abstrakter Stellen, ist das Buch im Ganzen überhaupt nicht abstrakt oder trocken. Es hat den besonderen Reiz eines wachen Geistes, der auf alles, was ihm begegnete, lebhaft einging und auf alles eine freie und freundliche Erwiderung fand.

Hodgson selbst gab eine Beschreibung von der Art des Buchs, als er über die islamitische Literatur der mittleren Periode schrieb. Es handelt sich um ein »mythisch-visionäres« Buch, um eines dieser

> »beschwörenden Werke, wie meistens – im Gegensatz zur Wissenschaft – die moralische Interpretation bereits gemachter Erfahrung; doch unternimmt es – im Gegensatz zu den mehr bruchstückhaften rhetorischen Schriften oder der Lyrik – den Versuch einer umfassenden Schau des gesamten Lebens« (Bd. 2, S. 313).

Schließlich haben solche Einsichten mit den Erfahrungen einzelner Menschen zu tun. Hinter der großartigen Vision des »Unternehmens Islam« wird die Gestalt von Hodgson selbst sichtbar: Einer, der Glanz und Elend des Lebens nur ertragen konnte, indem er all seinen Mut zusammennahm und seinen klaren Verstand darauf richtete, um darin Ordnung zu schaffen, und der dennoch wußte, daß es immer noch Unwägbarkeiten von anderer Seite gab, denen mit Ordnung nicht beizukommen war:

»In der mystischen Überlieferung erscheint Gott oftmals in der Gestalt des Widersachers oder zumindest im Gegensatz zum unmittelbaren Geschehen [...] Sündhaftigkeit kann beinahe zu menschlicher Größe werden, eine reale und sehr gefährliche Nebenerscheinung der Tatsache, daß der Mensch Gott näher ist als andere Tiere oder vielleicht sogar als die Engel [...] Nur der König (das ist Gott) ist stark genug, ihn zur Strecke zu bringen; die Beute eines solchen Jägers zu werden, darin liegt der wahre menschliche Triumph« (Bd. 2, S. 254).

Das Ergebnis von Hodgsons Vision wurde von seinem engen Mitarbeiter Reuben Smith ediert und in den Veröffentlichungen seiner eigenen Universität mit viel Sorgfalt und sehr gewissenhaft publiziert. Im Vorwort skizziert der Herausgeber mit wenigen kundigen Strichen die Persönlichkeit des Autors und macht auf die Schwierigkeiten aufmerksam, ein nahezu – aber eben doch nicht ganz – fertiggestelltes Buch zu edieren. Hodgson war ein gründlicher Schriftsteller; sein Stil mochte bisweilen unbeholfen wirken und wies Züge auf, die ein Herausgeber vielleicht verändern möchte, doch brachte er jede Schattierung seines Denkens zum Ausdruck. Er hätte jeden Versuch, ihn in die gängige korrekte Form zu bringen, strengstens mißbilligt, und seine Wünsche wurden respektiert. Herausgeber und Verlag haben sich auf »äußerliche« Veränderungen beschränkt, und ganz besonderes Lob gehört den Karten und Plänen, die aus den Notizen des Autors zusammengestellt wurden. In einer Hinsicht hätte mehr getan werden können: Die Bibliographie ist zwar bewundernswert, doch hätte sie vielleicht um einige Titel von Büchern und Artikeln, die seit dem Tod des Autors erschienen sind, ergänzt werden sollen.

Hodgsons Vision ist nicht die von einer imaginären Welt, sondern sein Blick richtet sich auf das, was mit dem Menschen in Raum und Zeit geschieht, und er hat eine dezidierte Auffassung von der Aufgabe des Historikers und davon, was sich in der Geschichte ereignet hat. Das Buch kann nur in einem größeren Rahmen verstanden werden. Er beabsichtigte, eine Weltgeschichte zu schreiben, hinterließ jedoch nur unpublizierbare Teile davon. Dennoch gibt das Buch Hinweise auf sein allgemeines Geschichtsbild, und der Leser sollte es nicht versäumen, Hodgsons eigene Ausführungen zu seinem Versuch zu studieren, die sich in einem vom Herausgeber sinnvollerweise dem ersten Band vorangestellten Anhang befinden und als *Muqaddima* (Einleitung) zu Hodgsons Werk angesehen werden können (es gibt so viele Anklänge an Ibn Chaldun in diesem Buch, daß man nicht umhin kommt, an ihn erinnert zu werden).

Obwohl Hodgson Spengler und Toynbee gelesen und viel von ihnen gelernt hatte, war seine Vorgehensweise doch eine andere. Sie glaubten mit Prozessen zu tun zu haben, die stets auf dieselbe Weise abgelaufen waren, während er von »befristeten und abgeschlossenen Ereignissen« (Bd. 1, S. 23), Teilen eines einmaligen und unumkehrbaren Prozesses, der die Menschheitsgeschichte ist, ausging. Sozialwissenschafter knüpfen an diese Vorgänge jeweils bestimmte Fragestellungen, Historiker jedoch wiederum andere. Damit wird die Geschichtswissenschaft zu einem eigenen Fachgebiet: Sie verfügt über ein »System unabhängiger Fragestellungen, die relativ autonom von anderen diskutiert werden können« (Bd. 1, S. 23). Manche Fragen beginnen mit »wie«; sie haben die Beziehungen zwischen verschiedenen Ereignissen und Prozessen zum Thema. Andere heben mit »warum« an. Warum geschah dies oder jenes, warum nicht? »Solche Fragen nach dem ›Warum – Warum nicht‹ sind – ob explizit oder nicht – ein Bestandteil der Forschung eines jeden Historikers« (Bd. 1, S. 26, Anm. 16). Es gibt aber noch eine Reihe anderer Fragen zur Bedeutung der Geschichte, die der Historiker stellen sollte: Was hat jedes Zeitalter, jede Gesellschaft, jede »Zivilisation« unternommen, »um das sittliche Umfeld menschlichen Lebens zu verändern«, um »unverrückbare Maßstäbe und Normen« zu setzen, um Menschentypen unterschiedlicher Ausprägung hervorzubringen, die bei all ihrer Unterschiedlichkeit alle anderen Menschen irgendwie beeinflußt haben müssen?

»Der humanistische Historiker muß sich mit den großen Verpflichtungen und Bindungen, die Menschen eingegangen sind und in denen alle Arten von Normen und Idealen zum Vorschein kommen, beschäftigen; und er muß auf die Wechselbeziehungen und Gespräche eingehen, in denen diese zum Ausdruck kamen« (Bd. 1, S. 26).

Eine solche Auffassung von der Aufgabe des Historikers setzt eine bestimmte Sicht des historischen Prozesses voraus. Hodgson behauptet, daß die Geschichte des Menschen durch die Wechselwirkung dreier Faktoren gestaltet wurde: durch Ökologie, Gruppeninteresse und durch schöpferische Individuen. Mit Ökologie meint er die gesamte kulturelle und physische Umwelt, die durch einen immer größeren Einsatz an menschlichen Ressourcen geschaffen wurde. »Gruppeninteressen« sind die mehr oder weniger beständigen Bestrebungen von Menschengruppen innerhalb der Grenzen ihrer Umgebung und ihres sozialen Machtbereichs. Schöpferische Individuen sind jene, die in den Nischen der Geschichte, wenn »gewohnheitsmäßiges, eingefahrenes Denken nicht mehr funktioniert«, neue Möglichkeiten aufzeigen, welche wiederum zur Gestaltung einer neuen kulturellen Umgebung führen können und zur Verfolgung neuer Interessen durch dieselbe oder andere Gruppen (Bd. 1, S. 26).

Der Prozeß der Wechselwirkungen ist endlos, und die Einflüsse gehen in alle Richtungen. Ein Faktor allein läßt die anderen niemals völlig wirkungslos werden. Hodgson deutet hier eine Kritik an einem von Max Weber hergeleiteten Vorstellungssystem, das auf einer weitgehenden Unterscheidung zwischen »Tradition« und »Modernität« beruht: »Traditionale« Gesellschaften haben das Bestreben, ein bestehendes System überkommener Handlungen und Beziehungen, selbst auf Kosten der Rationalität, zu bewahren; nur die »moderne« westliche Gesellschaft ist der Rationalität, selbst auf Kosten der Gewohnheit, verpflichtet. Hodgson glaubt, daß »jede Generation ihre eigenen Entscheidungen trifft [...]; eine Generation ist nicht an die Verhaltensweisen ihrer Vorfahren gebunden, wiewohl sie deren Auswirkungen in

Betracht ziehen muß« (Bd. 1, S. 37). Jedes Zeitalter hat die Rationalität, die ihm in den Grenzen seiner Umgebung gegeben ist; in jedem Zeitalter muß eine Gesellschaft ihre eigenen Entscheidungen über Tempo und Richtung des Wandels treffen.

Hodgson neigt dazu, dem dritten Faktor, den schöpferischen Individuen und der von ihnen geschaffenen und veränderten kulturellen Umgebung, die meiste Aufmerksamkeit zu schenken. Er kann diese Betonung mit seiner Definition von der Aufgabe des Historikers rechtfertigen. Nach seiner Meinung sind es die schöpferischen Individuen, welche die bedeutendsten Werke hervorbringen:

»Wenn wir von einer großen Zivilisation sprechen, so meinen wir vor allem ein mit vollem Bewußtsein bewahrtes kulturelles Erbe [...]; beim Studium einer Zivilisation gilt unser Hauptinteresse den hervorstechendsten Merkmalen einer Kultur. Dies waren, zumindest während eines großen Teils der Geschichte, das künstlerische, philosophische und wissenschaftliche Leben, die Religion und die politischen Institutionen – im allgemeinen also alle mehr imaginativen Tätigkeiten im kultivierteren Teil der Bevölkerung« (Bd. 1, S. 92).

Die Ergebnisse dieser Tätigkeiten sind nicht nur für sich selbst bedeutsam, sie sind auch eng mit den Gruppeninteressen verknüpft, die sich insgesamt im politischen und sozialen Leben selbst geltend machen:

»Vielleicht ist es die sogenannte ›politische Idee‹, die bei Individuen und Gruppen eine historische Basis für die Erwartung schafft, daß der Staat als Macht, mit der trotz einer möglichen aktuellen Krise gerechnet werden muß, überdauern wird. Dies schließt nicht nur das subjektive Prestige der Legitimität (so wichtig es ist) mit ein, sondern auch geographische, ökonomische, militärische und soziokulturelle Komponenten, welche bestehende Gruppeninteressen wirksam genug zusammenhalten, um den meisten betroffenen Gruppen konkreten Anlaß zur Hoffnung zu geben, daß der Staat überleben werde, oder um zumindest zu akzeptieren, daß andere diese Hoffnung hegen. Auf dieser Basis werden sie bereitwillig – oder vorsichtshalber – kurzfristige Interessen hintanstellen, wenn diese mit den längerfristigen der staatlichen Gewalt kollidieren.« (Bd. 1, S. 12).

In einer Aussage wie dieser lassen sich zwei Einflüsse auf Hodgsons Denken erkennen. Die Vorstellung von einer schöpferischen Minderheit stammt von Toynbee, obwohl dieser nie genau erklärt hat, wie die Minderheit imstande war, ihre Vorstellungen der gesamten Gesellschaft zu vermitteln. Die Vorstellung von einem Ideensystem als Verbindungsglied zwischen der herrschenden Macht und den Interessen der Gesellschaft erinnert daran, was Ibn Chaldun über die Rolle der *schari'a* bei der Machterhaltung einer Dynastie sagt.

In welchem Kontinuum von Raum und Zeit kann die Wechselwirkung dieser drei Faktoren untersucht werden? Hier weicht Hodgson von Spengler und Toynbee ab. Sein erkennbares Untersuchungsgebiet ist nicht die »Zivilisation«, sondern die »Ökumene«, der gesamte afro-eurasische Geschichtskomplex vom Beginn der aufgezeichneten Geschichte bis auf den heutigen Tag (Bd. 1, S. 50). Die Folgen sind weitreichend. Es muß vermieden werden, die islamische und jede andere Geschichte von einem westlichen Standpunkt aus zu betrachten; mit anderen Worten: zu meinen, daß einzig jene Geschichte von Bedeutung sei, mit der sich der moderne Westen – inklusive der Geschichte des Mittelmeerraumes zu gewissen, wenn auch nicht allen Zeiten – identifiziert; oder zu glauben, daß die moderne Geschichte, die um 1800 herum begann, etwas grundlegend Westliches sei und nicht gänzlich von denen übernommen werden könne, die in anderer kultureller Umgebung aufgewachsen sind. (Die Frage, warum das moderne Zeitalter in Westeuropa und nicht anderswo begann, ist eine dieser »Warum, warum nicht«-Fragen, denen das besondere Interesse der Historiker gilt.) Selbst wenn besagte Gefahr vermieden wird, bleibt noch eine andere: das Geschehen in anderen Weltteilen mit Hilfe von Begriffen, die von der europäischen oder amerikanischen Erfahrung geprägt sind, zu interpretieren. Bei der Anwendung von Begriffen ist höchste Vorsicht geboten, da sie unser Denken in eine bestimmte Richtung lenken. Hodgsons Gefühl für die genaue Bedeutung der Worte läßt ihn neue erfinden; vermutlich werden nicht alle allgemein akzeptiert werden, doch hat jedes seine exakte Bedeutung, die von älteren oder gebräuchlicheren weniger gut zum Ausdruck gebracht werden.

Nicht weniger gefährlich wäre es nun allerdings für einen Autor, der über den Teil der Ökumene mit dem Islam als dominierende Kulturtradition schreibt, sich eine allzu ausschließlich islamische Sichtweise anzueignen und davon auszugehen (wie es muslimische Autoren selbst taten), daß mit dem Auftauchen des Islam etwas vollkommen Neues begonnen, und nicht, daß der Islam einer bereits bestehenden Zivilisation eher eine neue Form und Richtung gegeben habe. Gefährlich wäre es auch, für alles, was in dieser Region geschah, nur nach internen Erklärungen zu suchen. Die Beziehungen der Region zu der übrigen Ökumene sollten stets mitbedacht werden. Solange sie über die moderne Epoche oder über den sogenannten »Einfluß des Westens« schreiben, vergessen die Historiker dies wahrscheinlich nicht; sie könnten aber etwas anderes, was Hodgson stets im Gedächtnis behielt, vergessen, nämlich die Beziehungen zwischen der islamischen Welt und China. Während eines großen Teils der islamischen Geschichte war China die mächtigste und kreativste Region der Ökumene: Zur Zeit des abbasidischen Chalifats »begann [dort] eine lange Periode zwar begrenzter, jedoch unverkennbarer kultureller chinesischer Überlegenheit in der gesamten Ökumene« (Bd. 1, S. 233); und zwei Jahrhunderte später erreichte die chinesische Ökonomie »die frühe Stufe einer größeren industriellen Revolution« (Bd. 2, S. 4).

Es gibt aber noch eine andere Gefahr, zu der Hodgson einiges zu sagen hat: Sie besteht darin, die arabische Geschichte vom Standpunkt des Arabisten zu betrachten und davon auszugehen, daß die arabischen Länder am östlichen Ende des Mittelmeers immer das Zentrum der islamischen Welt waren. Eine von Hodgsons Hauptthesen läuft darauf hinaus, daß der Kern der islamischen Welt nicht aus diesen allein noch aus allen arabischsprechenden Ländern besteht, sondern aus einer »irano-semitischen« Region, von der sie ein Teil sind. In späteren islamischen Zeiten lag das Hauptzentrum islamischer Zivilisation im Osten dieses Kernlandes; das iranische Hochland war eher eine Hochkultur mit persischer als arabischer Sprache. Diese Entstellung kam nach seiner Meinung dadurch zustande, daß westliche Gelehrte dazu neigten, von Kairo aus auf die islamische Welt zu schauen und bis zu einem gewissen Grad mit den Augen eines modernen arabischen Schriftstellers, der die Vergangenheit unter dem Blickwinkel eines islamischen Modernismus in Richtung auf einen arabischen Nationalismus hin interpretiert.

Hodgson unterteilt die Geschichte der Ökumene vor dem Anbruch der Moderne in zwei Hauptphasen: Die erste begann mit an verschiedenen Punkten des afro-eurasischen Gebiets sich herausbildenden »städtischen agraristischen (*agrarianate*) Gesellschaften«, das sind Gesellschaften, in denen Städte das Land beherrschen und in der Lage sind, die Beziehungen mit diesem so zu gestalten, daß sie die Kontrolle über den landwirtschaftlichen Ertrag erlangen, um ihn in ihrem eigenen Interesse zu nutzen. Ob der Gewinn in Form von Steuern oder Pachtzinsen hereinkam, war nicht besonders wichtig; der Begriff des »Landeigentums« hat im Umgang mit Gesellschaften dieser Art nur beschränkte Bedeutung. (Das Auftreten solcher mit Nachdruck vorgebrachter Erklärungen im Werk eines Mannes mit einem anscheinend idealistischen Geschichtsbild mag überraschen, doch hatte Hodgson viel über ökonomische Geschichte nachgedacht, auch wenn er weniger darüber geschrieben hat als über Kulturgeschichte.)

In den Städten, die solche Gesellschaften beherrschten, entwickelte sich eine besondere städtische Lebensform. Die Stadt ergänzte den aus der landwirtschaftlichen Produktion erzielten Reichtum durch handwerkliche Erzeugnisse und deren Austausch über weite Gebiete. Der Reichtum aus dem Handel und der abhängigen Landwirtschaft ließ eine Regierungsform entstehen, wie sie auf dem Land nie möglich gewesen wäre: Regierungen, die über eine alles beherrschende militärische Macht und eine organisierte Bürokratie mit einem Rechtssystem sowie Rechtsgelehrten oder einer Priesterschaft zur Verwaltung und Auslegung verfügten. Herrscher, Experten in religiösen Angelegenheiten und Kaufleute traten in jeweils unterschiedlicher Form als Förderer einer »Hochkultur«, einer Bildungstradition und der Kunst auf, was wiederum jene politischen Vorstellungen beförderte, welche die Macht der Herrscher und die Interessen der sozial dominierenden Gruppen zu verbinden vermochten. Solche Verbindungen von staatlicher Macht, Gruppeninteressen und politischen Ideen waren jedoch zerbrechlich; früher oder später lösten sie sich auf, und es mußten wieder neue hergestellt werden. (Hodgson neigt dazu, den Vorgang der Auflösung vorwiegend mit dem Versagen politischer Ideen zu erklären, und vielleicht legt er zu viel Gewicht auf die rundherum erklärbaren Züge der Geschichte und zu wenig auf den irrationalen Faktor der reinen Macht.)

In der Periode von ungefähr 800 bis 200 v. Chr. traten alle agraristischen Gesellschaften der Ökumene, die untereinander Handel trieben und sich gegenseitig beeinflußten, in eine zweite historische Phase ein. Im Anschluß an Jaspers nennt Hodgson diese Periode des Wandels die »Achsenzeit«. Die Ökumene gliedert sich nun in vier Hauptregionen, jede von der anderen unterschieden durch eine Hochkultur, durch eine gewachsene Tradition des Dialogs und der selbstbewußten Betrachtung der kulturellen Denkmäler der Vergangenheit, die sich in verschiedenen Formen der Literatur und Kunst äußert. Da Kultur, politische Ideen und Formen sozio-politischer Macht so eng verknüpft sind, suchte jedes Gebiet einer Hochkultur, seine kulturelle Einheit in einer eigenen politischen Form zu verkörpern.

In jeder Region gab es ein »Kerngebiet«, wo sich die Hochkultur herausbildete und von wo sie ausstrahlte. Dies waren die nördliche Küstenregion des Mittelmeeres von Anatolien bis nach Italien mit Griechisch und Lateinisch als Hauptsprachen der Hochkultur, das Gebiet vom Nil bis zum Oxus, mit einer Kultur, die sich in verschiedenen semitischen und iranischen Sprachen artikulierte, Indien und die Länder südöstlich davon mit Sanskrit und Pali als Kultursprachen, schließlich China und seine Nachbarländer.

Hodgsons Hauptinteresse gilt dem Gebiet »zwischen Nil und Oxus«. Das Kulturgebiet Niltal – fruchtbarer Halbmond – iranisches Hochland bildet ein unsichtbares Ganzes, obwohl es Länder umfaßt, von denen heute manche als arabisch, andere als persisch betrachtet werden müssen. Schon zu Beginn der islamischen Zeit hatte dieses Gebiet eine unverwechselbare Gesellschaft und Kultur, Merkmale, die zur Erklärung der islamischen Geschichte hilfreich sind. Die vergleichbare Trockenheit eines großen Teils der Region bedeutete, daß die landwirtschaftliche Grundlage der Gesellschaft schwach war. Einige Gebiete konnten nicht kultiviert werden, andere nur, wenn genügend Regen fiel oder Bewässerungsanlagen unterhalten wurden. Andererseits war das städtische merkantile Element vergleichsweise stark, da das Gebiet zwischen anderen Regionen »städtischer Hochkultur« liegt und daher in der Lage war, aus dem Handel zwischen diesen Nutzen zu ziehen.

Die Hochkultur der »Achsenzeit« hat hier auch eine besondere Form angenommen. Es gab eine religiöse Überlieferung, die auf dem Glauben an einen Gott, der von seinen Geschöpfen Rechtschaffenheit verlangte, an ein Leben, worüber die Menschen Rechenschaft ablegen mußten, und an eine gerechte Gesellschaft, die zum »Glaubensstaat« strebte, beruhte. (Das Erkennen der Ähnlichkeiten zwischen den jüdischen und christlichen Überlieferungen im Hebräischen und Syrischen und der mazdäischen Überlieferung im Pahlavi ist hilfreich, doch geht der Autor vielleicht zu weit, wenn er Zusammenhänge zwischen diesen religiösen Überlieferungen und den Interessen städtischer merkantiler Gruppen herstellt.)

Die Region weist noch ein anderes wichtiges Merkmal auf: Weite Gebiete davon waren in besonderer Weise Eroberungen und Invasionen ausgesetzt. Nur im östlichen Teil – im iranischen Hochland und in der angrenzenden irakischen Ebene – nahmen die in der religiösen Kultur enthaltenen politischen Ideen in einem einheimischen, dem sasanidischen, »Glaubensstaat« Gestalt an. Im westlichen Teil fiel die Macht eindringenden Gruppen aus dem westlichen Gebiet zu, und die von der Regierung geförderte Kultur war griechisch und nicht semitisch geprägt. Jenseits des staatlichen Bereichs und außerhalb der Städte, wo die Macht ihre Wurzeln hatte, blieb die Gesellschaft allerdings »semitisch«, und als das Reich christlich wurde, wurde es zu der Art »Glaubensstaat«, wie er der Kultur seiner Umgebung entsprach.

Hodgsons Ansichten über Wesen und Entwicklung des Islam hing mit dieser Vorstellung einer irano-semitischen Gesellschaft und ihres Kernlands zwischen Nil und Oxus zusammen. Zu einem bestimmten Zeitpunkt nahm die Entwicklung dieser Gesellschaft eine neue Richtung, die nicht im Kernland begann, sondern vom Rand her kam. Hier erhebt sich eine Frage, die nach Hodgsons Meinung nicht nur mit der kulturellen und politischen Schwäche des Gebiets, in dem sich der Islam ausgebreitet hatte, beantwortet werden kann, obwohl dies auch schon ein wesentlicher Teil der Antwort ist. Die irano-semitische Zivilisation hatte ein Entwicklungsstadium erreicht, das nach einer schöpferischen Veränderung des Bewußtseins und der Vorstellungen verlangte. Die Richtung, aus der die Veränderung kam, und die Form, die sie annahm, muß jedoch im Zusammenhang mit dem Geschehen in West- und Zentralanatolien erklärt werden. Dort entstand auf einer mehr viehzüchterischen als agrarischen Basis eine besondere Gesellschaftsform. In drei Gebieten der Hochkultur (im byzantinischen Syrien, im sasanidischen Irak und im yemenitisch-äthiopischen Gebiet) begann sie, eine eigene Hochkultur auszubilden. Hinter dieser Erklärung gibt es allerdings noch eine andere: Die von Muhammad verkündete Botschaft, die von ihm und seinen Gefährten eine Reihe von Entscheidungen verlangte, in deren Folge eine Religion Gestalt annahm und ein Reich erobert wurde.

Hier erhebt sich eine zweite Frage: Was bedeutete die Eroberung für die eroberten Länder? Nach Hodgsons Meinung vermachten die arabischen Eroberer ihrem Reich zwei Dinge: eine Religion und eine Herrscherelite. Damit veränderten sie zwar den

Charakter der Gesellschaft, schufen aber nichts Neues. Die Ankunft des Islam und der arabischen Herrscher zerstörte die irano-semitische Gesellschaft nicht, sondern setzte ihre Energien frei oder leitete sie in eine neue Richtung. Die wichtigste Frage zu diesem Vorgang ist daher nicht, wie die neue arabische Elite sich die griechische und irano-semitische Kultur einverleibte, sondern wie und warum die bestehende Kultur den Islam und die neue Herrscherschicht übernahm. Diese Frage führt wiederum zu zwei weiteren: Wie können wir den Bruch in der Kontinuität, die vollständige Preisgabe der früheren Kultursprachen und statt dessen die Übernahme eines neuen sprachlichen Ausdrucksmittels erklären? Worin bestanden die einzelnen Schritte, durch die diese Kulturtraditionen den Forderungen des Korans angepaßt wurden?

Die stetige Weiterentwicklung der irano-semitischen Kulturtradition in einer islamischen Form und innerhalb eines bestimmten ökologischen Rahmens ist das zentrale Thema islamischer Geschichte. Hodgson unterscheidet dabei sechs Hauptabschnitte. Daß die Unterscheidung in einem weitgehend kulturhistorischen Buch im wesentlichen nach politischen Kriterien vorgenommen wird, mag seltsam erscheinen, doch hätte Hodgson dem entgegenhalten können, daß in seiner Geschichtsauffassung grundlegende politische Veränderungen auf vielfache Weise mit anderen Veränderungen in Zusammenhang stehen: durch die städtische Kontrolle über das rurale Hinterland mit seinen Reichtümern, durch Ausrichtung und Umfang des Handels, durch Förderung der Künste und die Ausbildung jener politischen Vorstellungen, welche die Struktur politischer Macht stützen oder herausfordern.

Die erste Periode reicht vom Beginn von Muhammads Auftrag bis zum Ende der ersten Generation des umayyadischen Chalifats (662–92). Es ist bezeichnend für Hodgsons Geschichtsauffassung, daß er, im Unterschied zu den meisten anderen Büchern, nicht mit einer isolierten Darstellung der westarabischen Gesellschaft beginnt, sondern mit einem Überblick über drei Hochzivilisationen, denen gegenüber die westarabische eine Randerscheinung darstellte. Er nennt diese Periode die des »islamischen Einsickerns«, der Schaffung einer neuen politischen Ordnung in einer schon bestehenden Gesellschaft.

Die zweite Phase ist das »Hochchalifat« (692–945); es erlebte die Bildung eines absoluten bürokratischen Reiches auf agrarischer Grundlage nach dem Vorbild des sasanidischen Reiches und einer »klassischen Zivilisation« in arabischer Sprache. Diese Zivilisation wurde durch den Koran und den islamischen Glauben geprägt, doch können nicht alle ihre Erscheinungen ausschließlich mit dem Islam erklärt werden. Hodgson weist daher auf die Notwendigkeit neuer und weniger vieldeutiger Begriffe als »Islam« und »islamisch« für die mit der Religion des Islam verbundene Gesellschaft und Kultur hin. Die Gesellschaft, in der Muslime und ihr Glaube überwiegen und sozial beherrschend sind, nennt er – analog zum Christentum – »Islamtum«, die »Kultur mit einer historisch vom ›Islamtum‹ geprägten Bildungstradition« nennt er »islamitisch« [*islamicate*]. Die Begriffe sind zwar seltsam, er benützt sie jedoch, um seine Vorstellungen zu verdeutlichen.

In diesem zweiten Teil ist vieles der Analyse der aus der klassischen islamitischen Kultur übernommenen Formen gewidmet, insbesondere den verschiedenen Antworten auf die Herausforderung durch den Koran. Eine dieser Antworten war die korrekte Gesetzestreue gemäß der *schari'a*, die zu einem ständig wiederkehrenden Thema der islamitischen Kultur werden sollte. Eine andere Antwort war die persönliche Frömmigkeit, welche zwei Formen annahm: Eine, die sich der Gemeinde im Glauben anschließt, daß die Wahrheit normalerweise die Menschheit regiert, und eine, die sich den Imamen anschließt, im Glauben, daß die Wahrheit wohl besiegt und zum Verschwinden gebracht, jedoch nie zerstört werden kann. Hier liegen die, obzwar noch nicht scharf voneinander geschiedenen, Ursprünge zwischen der dschama'itischen (Hodgson zieht diesen Begriff der Bezeichnung sunnitisch vor) und der schi'itischen Haltung. Zu dieser Zeit tauchen auch neue Formen der Welterklärung durch Mystiker und Philosophen auf, und neben der religiösen Kultur entwickelt sich der *adab*, eine Kultur der Staatsschreiber, die sowohl weltliche als auch religiöse Regeln einschloß und die auf einen eleganten Gebrauch des Arabischen abzielte.

In diesen Kapiteln über die Entwicklung der islamitischen Kultur treten einige methodische Probleme zutage. Führt das Verlangen nach umfassender Erklärung Hodgson zu weit, wenn er zum Beispiel bestimmte Formen der Frömmigkeit mit der Händlerklasse und *adab* mit der Oberschicht gleichsetzt? Bedient er sich bei der Erklärung der unterschiedlichen Formen der Frömmigkeit mit Begriffen wie »Antworten« auf die »Herausforderung« des Korans einer Methode der dramatischen Konfrontation, und was ist mit Kategorien wie »Entscheidung« und »Verantwortung«, die im Zuge moderner protestantischer Interpretationen im Christentum entstanden sind? Solche Fragen drängen sich auf, bevor Hodgsons Werk endgültig bewertet werden kann. Wie auch immer das Urteil ausfallen mag: Die Kapitel über Frömmigkeit und religiöse Kultur sind wohl die einprägsamsten in diesem Buch. Basierend auf einem gründlichen Studium einzelner Schriftsteller, sind sie von einem ungewöhnlichen psychologischen Verständnis, von seltener philosophischer Klarheit und einer treffenden Ausdrucksweise.

Die charakteristische politische Form dieser zweiten Periode war das allumfassende Chalifat, das zum Absolutismus strebte und – nach Hodgson – schließlich versagte, zum einen Teil wegen seiner schwachen landwirtschaftlichen Grundlage und des Verfalls des Bewässerungssystems im Irak, zum anderen Teil, weil der *adab* der Schreiber keine politische Idee hervorbrachte, welche die sozial beherrschenden Gruppen zur Unterstützung des Chalifats zu vereinen und damit eine übergreifende herrschende Klasse zu schaffen vermochte. Die anschließende dritte Periode (945–1258) ist von politischer Zersplitterung, aber auch vom Aufkommen einer allumfassenden sozialen und kulturellen Ordnung geprägt.

Die politische Zersplitterung hatte mehrere Formen. Eine ganze Anzahl praktisch unabhängiger, oft kurzlebiger Staaten entstand, in denen es meist eine Trennung zwischen zwei Oberschichten, den *umara* und den *a'yan*, gab, die theoretisch vielleicht zusammenarbeiten konnten, zwischen deren Vorstellungen und Interessen sich jedoch eine Kluft auftat. Auf der einen Seite wurden die politisch-militärischen Gruppen meist türkischer Herkunft, die aus dem militärischen Reservoir an der nordöstlichen Grenze auf dem Wege der Nomadenzüge oder durch Rekrutierung in die Armeen kamen, in die politischen Kämpfe des Islamtums verwickelt, weil die Städte eine außenstehende Macht zur Aufrechterhaltung der städtischen Ordnung und zur Kontrolle des Umlandes benötigten; dennoch standen sie in einem gewissen Sinn außerhalb der städtischen Gesellschaft. Auf der anderen Seite waren die dominanten Gruppen dieser Gesellschaft religiöse Experten (*'ulama*), Großhändler und Handwerksmeister. Sie unterstützten die militärischen Herrscher und verschafften ihnen die Legitimation, wahrten jedoch als Teil einer internationalen sozialen Ordnung, die von jedem politischen Regime unabhängig war, Distanz zu ihnen. Diese Gesellschaft verfügte über eine politische Idee, die allen Regierungen eine Legitimation verschaffen konnte, sowie über ein dem Willen des Herrschers übergeordnetes Recht und über ein weltumspannendes System des Handelsaustausches.

Die Trennung zwischen *umara* und *a'yan* zeigte sich auf allen Ebenen. Es gab eine Spaltung zwischen denen, die ihren Reichtum aus der Kontrolle über das Land bezogen, und denen, die ihn aus dem Handel zogen, das heißt zwischen der »Gentry« (den Notabeln oder der militärischen Oberschicht) und den Kaufleuten (einmal mehr könnten vielleicht Zweifel an einer so glatten Erklärung angemeldet werden) sowie zwischen zwei Arten der Kultur. Die arabische Kultur der *'ulama* bildete sich in der Vervollkommnung des Rechts, der Frömmigkeit und kosmischer Erklärungen; die bedeutendste Entwicklung dabei war der Sufismus. Die höfische Kultur der Herrscher und des Hofes war, jetzt in islamitischer Form, hauptsächlich persisch. Sehr zu Recht betont Hodgson die Wichtigkeit dieser Unterscheidung, denn von diesem Punkt an gibt es eine zumindest zweifache islamitische Kultur:

Religiöses Denken äußerte sich vorwiegend auf arabisch, höfische Literatur dagegen auf persisch oder in einer der persianischen (*persianate*) Sprachen wie das osmanische Türkisch, Dschaghatay oder Urdu, die unter dem Einfluß des Persischen entstanden sind. Der schöpferische Fortschritt ging von diesen Sprachen aus, und wer in den arabischen Ländern sie nicht sprach, hatte keinen Anteil daran. An diesem Punkt schenkt Hodgson den Regionen außerhalb des kreativen Kerns der späteren islamitischen Kultur – nicht nur Spanien und dem Maghreb, sondern auch Ägypten und Syrien – weniger Beachtung als andere Autoren.

In der vierten Periode (1258–1503), in der die turko-mongolische Herrscherelite eine Vormachtstellung innehatte, wird der Umfang des von Hodgson behandelten Themas schmaler. Dies rührt zum Teil daher, daß die Periode nicht so gründlich untersucht ist: »von Verallgemeinerungen [...] kann man nicht erwarten, daß sie besser sind als gelehrte Vermutungen« (Bd. 2, S. 373). Es gibt aber noch einen anderen Grund: Zu dieser Zeit war die »islamische« Weltordnung stark und gefestigt genug, um neue Herrscher zu absorbieren, ohne selbst von ihnen grundlegend verändert zu werden. Die Auswirkungen des Einfalls der Mongolen in die irano-semitische Welt war sehr verschieden von der arabischen Invasion: die Leistungskraft der neuen Elite stand jetzt der Gesellschaft zur Verfügung; dies verlieh den darstellenden Künsten und anderen Formen der Kultur eine neue Richtung, brachte jedoch keine radikale Veränderung in der sozialen Ordnung mit sich. Das heißt nicht, daß es keine Veränderung gab, noch weniger, daß es einen sogenannten kulturellen Niedergang gab; doch eine Gesellschaft mit einer festgefügten Struktur verändert sich auf andere Art als eine, die auf neue Herausforderungen antwortet.

In diesem Zeitabschnitt kann Hodgson daher von einer gegebenen überlieferten Struktur ausgehen und die Betonung auf das Neue legen. Als erstes: Warum bildete sich eine neue politische Elite – die mongolische, oder besser, die turko-mongolische – heraus? Detaillierte Untersuchungen dazu gibt es noch nicht, doch weist Hodgson darauf hin, daß die Antwort zum Teil im Niedergang der Landwirtschaft besonders im Irak, dem einzigen Land mit einem ausgedehnten Bewässerungssystem, und zum Teil im Überhandnehmen einer von den türkischen Pferdenomaden dominierten pastoralen Wirtschaftsform in Zentralasien zu suchen ist. Dabei stellt sich allerdings eine Frage: Wie konnten Nomaden, die auf einem relativ niedrigen technologischen Stand und in kleinen sozialen Einheiten lebten, sich zu einem festen, geordneten und rational organisierten Verband zusammenfinden, der in der Lage war, Städte und festgefügte Staaten zu überrennen? Wir haben es hier mit etwas anderem zu tun als dem langsamen Einsickern von Nomaden in besiedelte Gebiete entlang des Steppenrandes oder deren Anwerbung in Sklavenarmeen. Hodgson scheint von einem spontanen Prozeß auszugehen:

> »Bei diesen großen umherschweifenden Bevölkerungen konnten mächtige Stammesvereinigungen unter einer einheitlichen Führung, wie sie manchmal aus intertribalen Auseinandersetzungen hervorgehen, lawinenartig anwachsen, indem sie die potentiellen Militärverbände weiter Gebiete vereinten, um Raub- und Plünderungszüge gegen ganze seßhafte Völkerschaften zu unternehmen« (Bd. 2, S. 401).

Dies bedeutet nun aber eher, die Frage zu stellen als sie zu beantworten.

Einmal an der Macht, kreierte diese Herrscherelite einen Staatstypus, der hier »Militärpatronatsstaat« genannt wird, das heißt einer, der »von Männern geleitet wird, welche die Einzelleistung – die ›Tat‹ im Sinne des Hinterlassens eines, im Guten oder Schlechten, großartigen Eindrucks – zu ihrem Ziel erklärt haben« (Bd. 2, S. 403). Die neuen Herrscher schützten die Zivilisation der Städte, schlossen zum Teil die Lücke zwischen *umara* und *a'yan* und förderten die bildenden Künste. Die hauptsächliche Auseinandersetzung mit der islamitischen Kunst findet daher in diesem Abschnitt statt.

In dieser Periode breitete sich das Islamtum über das Kerngebiet hinaus nach Anatolien, auf den Balkan, nach Indien, Südostasien und in das subsaharische Afrika aus. In der folgenden Periode (1503–1800) wurde der größere Teil von drei großen Staaten, dem safawidischen, osmanischen und timuridischen (ein Begriff, den Hodgson dem »mogulischen« vorzieht) und einigen kleineren vereinnahmt. Diesen Prozeß erklärt er mit der Aneignung von Neuerungen in der Kriegskunst; so nennt er die neuen Staaten »Schießpulverreiche«, in einer riskanten Verallgemeinerung von Ayalons Studie über den Gebrauch von Feuerwaffen bei den Mamelucken und Osmanen. Alle drei größeren Staaten wurden von einer türkischen Elite regiert, alle drei waren auf ihre Weise bürokratisch, und alle widmeten den Investitionen im Land besondere Aufmerksamkeit. Auch verfügten alle in den Augen der beherrschenden sozialen Gruppen über eine gewisse Legitimität: es gab eine Art »Integration der politischen Macht des Islam im öffentlichen Bewußtsein«, wie dies seit den frühen Zeiten nicht mehr vorgekommen war (Bd. 3, S. 111).

Die meisten Autoren, die über diese Zeit arbeiten, hätten wahrscheinlich dem Osmanischen Reich die größte Aufmerksamkeit gewidmet. Für Hodgson steht jedoch das safawidische Reich im Zentrum, nicht nur seiner zentralen geographischen Lage wegen, sondern weil die zu ihm gehörenden Gebiete noch immer die Zentren schöpferischer Leistungen in der Architektur, der Dichtkunst und auf dem Gebiet metaphysischer Auslegung der späten sufischen Denker waren. Trotz ihrer Prachtentfaltung stellten das Osmanische und Timuridische Reich demgegenüber nur einen matten Abglanz dar: ihre höfische Kultur war persianisch, und die Länder des Balkans sowie Indien, in denen die Wurzeln ihrer Macht waren, kamen erst spät zum Islamtum und besaßen große nichtmuslimische Bevölkerungsteile.

Die meisten Schriftsteller sehen diese Epoche wohl auch als eine, in der sich die Kräfte bildeten, die zur westlichen Vormachtstellung in der Welt führten. Hodgson erinnert jedoch daran, daß es eine Periode war, in der das Islamtum seine wichtigste Rolle in der Geschichte der Ökumene spielte:

MARSHALL HODGSON UND DAS UNTERNEHMEN ISLAM

»Obwohl die Muslime wahrscheinlich weniger als ein Fünftel der Weltbevölkerung ausmachten, waren sie doch über so weite Gebiete verstreut und strategisch so günstig plaziert, daß ihre Gesellschaft gewissermaßen den größten Teil der seßhaften städtischen Menschheit umfaßte; ›Mikrokosmos‹ ist nicht mehr länger der richtige Begriff für Islamtum. Weltgeschichte und islamische Geschichte ist kaum noch zu trennen« (Bd. 3, S. 11).

In weiten Teilen der Welt gab es beinahe eine muslimische Hegemonie. Trotz der sich vertiefenden Kluft zwischen Dschama'iten (Sunniten) und Schi'iten bildeten die muslimischen Staaten »eine einzige, ausgedehnte diplomatische Welt« (Bd. 3, S. 18). Die Ausdehnung europäischer Seemacht im 16. Jahrhundert erschütterte sie wenig, und die europäische Renaissance, so sehr sie die Kultur des Abendlandes auf einen hohen Stand erhob, berührte die übrige Ökumene kaum.

Im 18. Jahrhundert macht Hodgson einen gewissen Niedergang sowohl in der kulturellen Schaffenskraft als auch in der Stärke der bürokratischen agraristischen Reiche aus. Dies fiel mit dem ganz neuen Prozeß des »großen westlichen Wandels« zusammen. Die Ausdehnung des abendländischen Kulturraums nach Norden und Westen, die Renaissance, die Expansion des Seehandels und andere Faktoren waren mit einem menschlichen Einsatz von solchem Umfang verbunden, daß sie einen fundamentalen Wandel mit sich brachten. Das landwirtschaftliche Zeitalter ging zu Ende, und von ungefähr 1800 an trat die Welt in ein neues Zeitalter ein. Dessen charakteristische Merkmale zeigten sich zuerst im Okzident, und über ein Jahrhundert lang beherrschte Europa die Welt. Auf die Dauer jedoch hinterließ der Wandel in der ganzen Welt seine Spuren. Er brachte in einem gewissen Sinn das Islamtum zum Verschwinden, so wie er auch andere Bereiche der Ökumene zerstörte:

»In der sechsten Periode hörte die islamitische Gesellschaft zu bestehen auf [...] Die gemeinsame Grundlage von Bildung und Kultur [...] wird heute zum größten Teil [...] [von Muslimen] mit Nichtmuslimen geteilt [...] bis zu dem Maße, daß die muslimischen Länder zwar immer noch als eine aktive kulturelle Gruppe studiert werden können, jedoch nicht als eine islamitische *Gesellschaft*, sondern als [Länder], die das islamitische *Erbe* teilen« (Bd. 3, S. 166–67).

Das wichtigste Element in diesem Erbe ist die »Religion und das religiöse Bewußtsein« (Bd. 3, S. 412), das sich durch die Begegnung mit anderen religiösen Überlieferungen neuen Herausforderungen gegenübergestellt sieht. Vielleicht könnte dies zu einer Neubewertung der *schari'a*, des Wesens der Gemeinde und der Bedeutung des Korans führen.

Das sind einige Themen dieses außerordentlichen Buchs, soweit sie einem Rezensenten nach einmaligem Durchlesen klar werden können; jeder Leser wird Zeit brauchen, damit fertig zu werden. Es sollte aber von allen, die sich mit der islamischen Geschichte befassen, ernst genommen werden, und eine Diskussion darüber könnte eine wichtige Rolle im Dialog (um ein Lieblingswort des Autors zu gebrauchen), der unserer Wissenschaft am Herzen liegen sollte, spielen.

Diese Diskussion kann auf zwei Ebenen stattfinden. Hodgsons Interpretation bestimmter Themen dürfte eine Kontroverse entfachen und muß vielleicht insofern geändert werden, als die Forschung Zweifel hinsichtlich seiner »gelehrten Vermutungen« anmeldet. Um einige willkürlich Beispiele herauszugreifen: Was er über Städte schrieb, zeigt den Einfluß von Massignons unhaltbaren Theorien; neuere Arbeiten zeigen die Wanderungen der Bani Hilal in einem neuen Licht, und nicht alle wären mit dem, was er über islamitische Kunst sagt, einverstanden. Über diese Einzelpunkte hinaus gibt es eine Menge über seine Erklärungskategorien zu diskutieren: die Analyse historischer Prozesse vom Standpunkt der Ökologie her, Gruppeninteressen und schöpferische Individuen; der Begriff der Ökumene, agraristische Gesellschaft, die »Achsenzeit« und die irano-semitische Zivilisation; die Zergliederung der islamitischen Gesellschaft in militärische Eliten, Bürokraten und Notabeln; die Unterscheidung zwischen verschiedenen Formen der Frömmigkeit und Kultur, schließlich die Betonung der persianischen Kultur. Können solche Vorstellungen und Methoden dazu beitragen, die islamitische Geschichte besser zu verstehen? Es ist zu früh für eine Antwort, doch schließt der Leser das Buch mit dem Eindruck, daß Marshall Hodgson uns ein Gerüst gebaut hat, das für das Verständnis nicht weniger nützlich ist als das seines großen Vorgängers Ibn Chaldun.

III.
ISLAMISCHE GESCHICHTE, GESCHICHTE DES NAHEN UND MITTLEREN OSTENS, MODERNE GESCHICHTE

Vorweg möchte ich meine Dankbarkeit, mit dieser Auszeichnung beehrt zu werden, zum Ausdruck bringen; eine Auszeichnung, über die ich sehr erfreut war, die mich tief berührte und die verdient zu haben ich mir nicht sicher bin.* Nichts kann mich davon überzeugen, daß ich mit den großen Gelehrten verglichen werden darf, die diese Medaille vor mir erhalten hatten, oder daß irgend etwas von dem, was ich geschrieben habe, ebensolange Bestand haben wird wie das, was diese geschrieben haben. In Augenblicken wie diesem muß ich an die Worte von Adlai Stevenson denken: »Lob ist nicht schädlich, solange man es nicht inhaliert«. Lassen Sie mich daher zu definieren versuchen, in welchem Sinn ich diese Auszeichnung ohne Gefahr annehmen kann. Ich nehme sie als ein Zeichen dafür, daß die modernen Studien, mit denen ich mich befasse, gesellschaftsfähig geworden sind und daß ich dabei vielleicht eine gewisse Rolle gespielt habe. Ich kann über meine Arbeiten etwas Ähnliches sagen wie das, was der Dichter Yeats über seine metaphysischen Theorien gesagt hat: daß er nicht unbedingt an sie glaube, daß sie aber ein Gerüst waren, mit dessen Hilfe anderes gebaut werden konnte.

Diese Auszeichnung bedeutet mir auch deshalb viel, weil sie mit den Namen von zwei hervorragenden Männern verbunden ist.

---

* Die Giorgio Levi Della Vida Medaille wurde dem Autor auf der Konferenz an der University of California am 27. April 1979 überreicht.

Der Geist von Gustave von Grunebaum ist an diesem Ort immer noch lebendig, und ich kann hier nur wenig über ihn sagen, was nicht bereits von seinen Freunden, Kollegen und Studenten gesagt wurde. Ich erinnere mich besonders an seine Großmütigkeit gegenüber jüngeren Kollegen, an seine Bereitschaft, Hoffnungen zu wecken, und an seinen Eifer, sie zu erfüllen; und ich erinnere mich auch an seinen Ideenreichtum in dem, was er sagte und schrieb. Sein lebenslanges Interesse an der Dichtung verriet eine Anteilnahme an den Bildern und Träumen der Menschen. Lassen Sie mich hier seinen Essay »Self-image and approach to history«[1] erwähnen und seine Einleitung zu *The Dream and Human Societies*, an dessen Mitherausgeberschaft er beteiligt war, und wo er mit viel Feingefühl die muslimische Auffassung von Träumen als ein Mittel der Kommunikation zwischen dem Menschen und den übernatürlichen Kräften analysiert.[2]

Giorgio Levi Della Vida bin ich nur einmal begegnet, doch habe ich einiges über ihn aus seinem Buch *Fantasmi Ritrovati*[3], das er gegen Ende seines Lebens schrieb, erfahren. Darin spricht er von seinen Jugendfreunden, seiner geistigen Entwicklung und davon, wie sich seine wissenschaftliche Berufung bemerkbar machte. Schon in frühem Alter war er sich der Größe der jüdischen Tradition bewußt, der er angehörte, die seine Familie zwar nicht weiter beachtete, von der sie sich aber nie förmlich losgesagt hatte; dennoch stand er dem Katholizismus nahe genug, um von ihm angezogen zu werden. Bevor er zwischen ihnen wählen konnte, wollte er beide – und auch andere Glaubensbekenntnisse – in ihren Originaltexten studieren. Auf diese Weise geriet er unter den Einfluß der deutschen Bibelexegese des 19. Jahrhunderts, die die eminent wichtige Frage nach der Authentizität und Autorität der Heiligen Schrift stellte. Dies führte ihn zum Philologiestudium. Renan, so berichtet er, wurde »zum Idol meiner Jugend und zur Schutzgottheit meiner ersten Schritte auf dem Weg zur Wissenschaft«.[4]

Seine Berufung verlief im Rahmen einer reichen und vielschichtigen Kultur. Zwei zentrale Themen der italienischen Kultur der ersten Hälfte des 20. Jahrhunderts ziehen sich durch das ganze Buch. Eines davon ist der katholische Modernismus in italienischer Form. Zu der Zeit, als er das Buch schrieb, stand er der modernen Betonung der Immanenz Gottes in der Welt, die das Christentum zu einer Art Menschheitsreligion verbog, kritisch gegenüber. Er begegnete dem auch im Denken seines ersten Lehrmeisters, des Orientalisten Caetani, für den Demokratie die Religion der Zukunft, die Manifestierung des Göttlichen im Leben des Menschen darstellte. Allmählich rang sich Levi Della Vida zu einer Anerkennung der Transzendenz als Antwort auf die großen Mysterien des menschlichen Lebens, die vom Wissen und Leiden, durch. Nichtsdestoweniger war ihm die historische Bedeutung des Modernismus im Leben der Kirche klar.[5]

Er schreibt auch über die Entstehung des Faschismus, das Kind der »Großen Angst« der Bourgeoisie, in den zwanziger Jahren. Er war selbst eines seiner frühen Opfer, da er den Treueeid, der den Universitätsprofessoren abverlangt wurde, verweigert hatte; schon da ist eine starke, wenn auch nachsichtige Autorität in seinem Urteil festzustellen. Wenn er über Gentile, den Philosophen des Faschismus, schreibt, so kritisiert er dessen Wunsch, dem Mittelpunkt des Geschehens nahe zu sein und einen Hang zur Selbsttäuschung, der ihn dazu führte, der Rhetorik des Faschismus eine Tiefe und Bedeutung beizumessen, die sie nicht hatte, anerkannte gleichzeitig aber auch die Würde und die Aufrichtigkeit seines Charakters. Als er nach der Weigerung, den Eid zu leisten, entlassen wurde, meinte er, die Tränen, die Gentile darob vergossen habe, seien Krokodilstränen gewesen, aber wenigstens die eines gutherzigen Krokodils, das bedauerte, daß der dialektische Prozeß die Geschichte dazu zwingt, ihre Opfer zu verschlingen.[6]

Das Buch weiß Interessantes zu dem, was damals »Orientwissenschaften« genannt wurde, zu berichten; sie hatten ihre Wurzeln in den großen Themen der Zeit und lieferten einen eigenen Beitrag dazu. Dieselbe Lektion läßt sich einem anderen Buch entnehmen, das als Ausdruck des Kollektivbewußtseins all derer, die sich mit »Orientwissenschaften« beschäftigen, gelten kann:

111

die *Proceedings of the Seventeenth International Congress of Orientalists* aus dem Jahr 1928 in Oxford.[7] Die Lektüre dieses Buches kann vielleicht einen klaren Eindruck davon vermitteln. Auf den ersten Blick fällt die Dominanz einer bestimmten Arbeitsmethode auf, die auf der Grundlage einer genauen Bedeutungsanalyse literarischer Texte verfährt. So legte etwa Farmer, um einige Beispiele zu nennen, ein Papier über griechische Musiktexte in arabischer Sprache vor, Mittwoch eines über arabische medizinische Texte und Lévi-Provençal eines über Ibn Bassam. Diese Methode war natürlich nicht im entferntesten so einfach und begrenzt, wie es Nichtkennern erscheinen mag. Um Licht in die Texte zu bringen und um weit mehr als nur die Geschichte einer literarischen und wissenschaftlichen Tradition zu erklären, machte sie von allen möglichen Hilfswissenschaften Gebrauch. Hier, im weiten Feld der Philologie, einer der grundlegenden Wissenschaftszweige des 19. Jahrhunderts, stoßen wir einmal mehr auf die Wurzeln der »Orientwissenschaften«. Sie war nicht einfach eine Wissenschaft der Sprachen und ihrer Beziehungen untereinander, sondern sie zielte auf eine Art Naturgeschichte der Menschheit ab: Die Beziehungen zwischen den Sprachen zu studieren bedeutete auch, Rassen, Kulturen, religiöse Systeme und die Mythen als Ausdruck des Denkens und Empfindens eines Volkes zu studieren. Wir sind uns heute der Gefahren dieses Denkens bewußt, das dahin führen kann, Vorstellungen von einer Überlegenheit und Minderwertigkeit zu entwickeln, doch damals war es eine befreiende Kraft: religiöse Systeme wurden als Hervorbringungen der Menschen gesehen oder als menschliches Bemühen, Gotteserfahrungen zum Ausdruck zu bringen, und sie konnten mit derselben Freiheit untersucht und beurteilt werden wie andere Äußerungen des menschlichen Geistes.

Mit dieser Vorstellung war eine andere eng verknüpft, die wissenschaftlichem Arbeiten eine bestimmte Richtung gab: die Vorstellung von der Geschichte der Kulturen; daß das wirklich Wertvolle an der Geschichte der Menscheit die Schaffung von Glaubens- und Denksystemen sowie von künstlerischen Formen und Einrichtungen ist, und daß jede historische Phase von einem bestimmten Geist geprägt ist, so daß alle ihre Kulturprodukte einander ähnlich und Manifestierungen derselben Wirklichkeit sind. Diese Vorstellung konnte in verschiedene Richtungen weiterentwickelt werden. Die moderne westliche Zivilisation konnte als Höhepunkt der Geschichte angesehen und alle früheren Kulturen dementsprechend nach ihrem Beitrag zu dem Prozeß, der den modernen Westen hervorgebracht hatte, beurteilt werden; oder aber die vom menschlichen Geist hervorgebrachten Kulturen konnten als voneinander getrennt auf derselben Ebene stehend und jede mit ihrem eigenen Wert gesehen werden.

Auf dem Kongreß von 1928 scheint dies tatsächlich die vorherrschende Auffassung gewesen zu sein. Man war allgemein der Ansicht, daß die Arbeit der Teilnehmer zum Verständnis der Menschheit beitrug und damit auch zum Frieden und zum Glück. Vielleicht gab es einen besonderen Grund für diese Anflüge von Selbstlob in den offiziellen Reden: es war der erste Kongreß, seit der Erste Weltkrieg die Wissenschaftsgemeinde auseinandergerissen hatte. Doch war noch etwas von allgemeinerer Bedeutung mit im Spiel: Die Anwesenden glaubten, daß sie daran arbeiteten, »dem Osten« sein wahres Selbst in Erinnerung zurückzurufen, und auch, daß sie der Menschheit für die Bewältigung ihrer gemeinsamen Probleme das Licht »des Ostens« brächten. Während des Banketts sagte Professor Breasted: »Es ist unsere Pflicht [...] unsere Hände in Verehrung und mit Ehrfurcht auf das geschundene und von Stürmen gezeichnete Gesicht der Geschichte zu legen, uns mit unendlichem Schmerz zu vergegenwärtigen, was für ehrwürdige Züge es einst hatte, und diese zur Verkündigung der Botschaft an die moderne Welt wiederherzustellen.«[8] In seiner Antwort rief Lord Chalmers, der Präsident des Kongresses, aus: »Das Einvernehmen der Nationen ist in den hilfreichen Händen der Orientalisten gut aufgehoben.«[9]

Unter den Anwesenden scheint ein freundliches Gemeinschaftsgefühl geherrscht zu haben. Sie waren alle Priester eines Mysteriums. Damals war dies, mit all ihren Beschränkungen, die einzige

Art von Zusammenkunft, bei der jeder Aspekt der Kultur, der Geschichte oder der Gesellschaft »des Ostens« kenntnisreich und mit wirklichem Interesse ernsthaft dikutiert werden konnte. Es gab praktisch keine Fachkonferenzen (die ersten ernstzunehmenden Treffen waren drei *Entretiens* 1936, 1937 und 1938 in Paris).[10] Darüber hinaus waren sich die meisten Anwesenden einer geistigen Verwandtschaft bewußt. Wie Sufis kannten sie ihre eigene *silsila*, die Kette der Lehrer, von denen sie initiiert worden waren. Die Mitglieder der fernöstlichen Sektion versammelten sich, um einen Kranz am Grab von James Legge, Übersetzer des klassischen Chinesisch[11], niederzulegen, und die islamische Sektion nahm mit Begeisterung den Antrag an, ein Telegramm an Theodor Nöldeke zu senden, in dem er als »der große Lehrer, den wir alle verehren« bezeichnet wurde.[12]

Was den besonderen Charakter dieser Wissenschaftsgemeinde am deutlichsten unterstreicht, ist die Abwesenheit derer, die nicht zu der *silsila* gehörten, und ganz besonders jener, deren Kultur und Geschichte erforscht wurde. Wohl waren von letzteren einige von ihnen anwesend: K. Z. M. Fouad Bey, später besser bekannt unter dem Namen Fuat Köprülü, aus der Türkei, Taha Husain und ʿAli ʿAbd al-Raziq aus Ägypten, einige wenige aus Indien. Aber es waren wenige, und der Rahmen der Gespräche, in den sie sich einzufügen hatten, entsprach vielleicht nicht gerade dem, den sie selbst gewählt hätten. Fouad Bey legte ein Papier zu einem türkischen Wörterbuch vor, Taha Husain bot zwei Papiere an: eines über den Gebrauch des Pronomens im Koran und ein anderes zu einigen eigentümlichen Ähnlichkeiten zwischen Leibniz und den Muʿtaziliten. Muhammad Kurd ʿAli rief keinen Widerspruch hervor, als er über muslimische Studien in Europa sprach.[13] Der indische Gelehrte Yusuf Ali sprach auf dem Bankett mit ehrerbietigen Worten, wenn auch vielleicht mit einem Unterton der Verwunderung:

»Als Mann des Ostens wollte er jenen großen und vortrefflichen Männern und Frauen Bewunderung zollen, die sich mit der Erforschung des Ostens zu einer Zeit befaßt haben, als der Osten selbst kaum daran interessiert war [...] Im Westen wurden die klassischen Wissenschaften mehr im Sinn einer Erforschung des Wirkens menschlichen Geistes als nur einer Archäologie alter Zivilisationen betrieben; er hielt es für möglich, daß die Orientwissenschaften von einem ähnlichen Geist erfaßt würden [...] ›Ich glaube‹, schloß der Sprecher, ›daß der Osten sich selbst nicht verstehen kann, bevor er nicht demütig seinen Platz zu Füßen des Westens eingenommen hat, ebenso wie ich glaube, daß der Westen so lange seine eigene Lebensanschauung unvollständig findet, als er nicht zu Füßen des weisen Mannes des Ostens sitzt.«[14]

Ein solches Zitat mag uns daran erinnern, wie sehr sich das Denken und das wissenschaftliche Klima in den letzten fünfzig Jahren verändert haben. Die Kritik, die sich heute gegen die Tradition der Orientwissenschaften – und insbesondere gegen die Islamwissenschaften – richtet, ist mittlerweile allzu bekannt, als daß sie lang und breit ausgeführt werden müßte; da sie aber in gewisser Weise Ausgangspunkt unserer Diskussion ist, mag es sich lohnen, sie kurz zusammenzufassen.[15] Es scheint angeraten, mit der Feststellung zu beginnen, daß die Methode des Orientalisten – die Analyse einer bestimmten Art von geschriebenem Text, Produkt der Kultur einer Hochreligion – unzureichend ist, sobald ein Wissenschaftler etwas Bedeutsames über das Wesen des Menschen, über Geschichte, Gesellschaft oder Literatur sagen möchte. Zumindest muß diese Arbeitsweise durch Einbeziehung anderer Fachgebiete, die für den Gegenstand der Untersuchung wichtig sind, erweitert werden. Mehr noch: die ältere Methode kann sogar gefährlich sein, wenn sie uns dazu verführt, zu glauben, daß den islamischen oder »orientalischen« Gesellschaften ein unveränderliches Wesen anhafte, das in den Schriften der Kulturen der Hochreligionen zum Ausdruck gebracht wird und nur durch deren Studium verstanden werden kann, und wenn wir glauben, dieses Wesen wäre so unveränderlich, daß diese Gesellschaften sich niemals wirklich entwickeln können.

Von den Kritikern ist ebenfalls darauf hingewiesen worden, daß

Gelehrte aus dem muslimischen Osten die schöpferischen Ideen unserer modernen Kultur nicht voll nutzen konnten, selbst wenn sie die Notwendigkeit von geisteswissenschaftlichen Spezialgebieten über die reine Textanalyse hinaus erkannten und das Bedürfnis hatten, ihre Arbeit in eine lebendige Denktradition einzubringen. Sie stehen noch immer im Bann bestimmter Traditionen der vergleichenden Sprachwissenschaft oder hängen altmodischen Ansichten über Literatur und Geschichte an; daher ist, was sie hervorbringen, für das wissenschaftliche Leben unserer Zeit nebensächlich. Für die Kritiker ist diese Schwäche mit der Tatsache verknüpft, daß westliche Wissenschaftler die von ihnen untersuchte Welt als passiv oder leblos ansehen, unfähig, ein Selbstbild zu entwerfen, das sie dazu brächte, die übernommenen Vorstellungen zu ändern. Dies wiederum steht im Zusammenhang mit Machtverhältnissen, die sich im 19. Jahrhundert herausgebildet hatten und, wenn auch in anderer Form, noch immer bestehen, ein Zusammenhang, der – wie immer – den Inhabern der Macht weniger einsichtig ist als jenen, über die sie ausgeübt wird.

Ich habe nicht vor, auf diese Vorstellungen weiter einzugehen. Mit einigen stimme ich überein, mit anderen nicht – und einige verstehe ich nicht. Aber ich bin sicher, daß sie ernst zu nehmen sind. Die Stimmen derer aus dem Nahen und Mittleren Osten oder aus Nordafrika, die uns vorwerfen, daß sie sich in den von uns entworfenen Bildern nicht wiedererkennen, sind zu zahlreich und eindringlich, als daß sie einfach mit akademischer Rivalität oder mit Stolz erklärt werden können. Wenn die Araber und die Perser die Vorstellungen von sich selbst denen, die sie studieren, nicht zu vermitteln vermochten, so muß die Erklärung dafür sowohl in ihrer eigenen Kultur und Gesellschaft als auch in der der Europäer und Amerikaner gesucht werden. Und vielleicht ist auch wahr, daß, wenn unsere Forschungen im Verhältnis zur allgemein anerkannten Kultur der Zeit nebensächlich sind, es einer komplexen Erklärung dafür bedarf. Zumindest lohnt es sich, solche Fragen zu stellen, besonders in Hinblick auf unseren Leitgedanken – den Islam selbst, die islamische Zivilisation und Gesellschaft. Dies ist der Ausgangspunkt unserer Diskussionen, die einige Wissenschaftler dazu geführt haben, darüber nachzudenken, was sie tun – oder tun sollten – und was andere, die in der *silsila* unserer großen Lehrer standen, in der Vergangenheit zu tun versucht haben.

Natürlich müssen diejenigen, welche die sogenannten Islamwissenschaften betreiben, ihre Arbeit nur vor sich selbst rechtfertigen. Wenn wir eine Religion untersuchen, die auf dem Glauben beruht, daß Gott seinen Willen dem Menschen in einem Buch offenbart hat, dann ist es für uns wichtig und richtig, zu versuchen, die Auslegung dieses Buchs und seine Lehre, der in formalen Denksystemen Ausdruck verliehen wurde, zu verstehen. Dies ist die Haupttradition der Islamwissenschaft. Sie brachte die großen Werke von Goldziher und anderen seiner Generation hervor und befindet sich heute in einer Phase der Erneuerung, wobei die wichtige und eigenständige Arbeit weitergeführt wird: Untersuchungen über die Ursprünge des islamischen Denkens und besonders der muʿtazilitischen Richtung darin; eine neue Vergegenwärtigung der Bedeutung der hanbalitischen Tradition; eine subtilere Behandlung des Prozesses der Spaltung von Sunniten und Schiʿiten; eine angemessenere Behandlung der islamischen Philosophie als einer Denkweise, die von Muslimen in der Verfolgung islamischer Ziele eingesetzt wurde, bis hin zu den großen metaphysischen Systemen der frühen Moderne. Diese Forschungen üben mittlerweile einen Einfluß aus auf die Art und Weise, wie Muslime über ihre eigene Vergangenheit denken: Eine Richtung modernen arabischen Denkens beruft sich – ob korrekt interpretiert oder nicht – auf das Beispiel der Muʿtaziliten; Philosophie kam als eine lebendige Glaubensform wieder zum Vorschein.

Außerdem ist es möglich, eine Geschichtsauffassung zu vertreten, die im Weitergeben des Wissens von Gott von einem Individuum zum anderen den einzig wichtigen Vorgang sieht, der sich daher am ehesten zu erforschen lohnt. Louis Massignon, dessen überragendes persönliches Genie diesem Forschungsgebiet verpflichtet war, glaubte dies. Seine Geschichtsauffassung kommt in den Briefen an den Dichter Paul Claudel[16], die seine Persönlichkeit besonders deutlich hervortreten lassen, zum Ausdruck. Der Sinn der Geschichte, so glaubte er, sollte nicht in der unpersönlichen sozialen Entwicklung gesucht werden, sondern im göttlichen Werk eines individuellen Keims[17], wobei dieses Werk durch menschliche Vermittlung geschieht. Die transzendente Gestalt Gottes kann in der Begegnung mit dem »anderen« erscheinen. Solche Begegnungen können sowohl im geordneten Rahmen einer bestehenden Tradition stattfinden als auch plötzliche Begegnungen sein. Das unerwartete »andere« bricht in das normale Leben ein, erschüttert und verändert es. In einem Moment der Erleuchtung kann ein Mensch über seine diesseitigen Vorstellungen und Bilder hinaussehen und jenseits davon eine andere Schönheit erblicken. Geschichte ist eine Kette von Zeugen, die als Überbringer einer Wahrheit außerhalb ihrer selbst jeweils in das Leben anderer treten; eine solche Kette kann die üblichen Grenzen zwischen unterschiedlichen Religionen überwinden.

Massignon glaubte anläßlich eines Vorfalls, dessen Einzelheiten nach seiner Beschreibung schwer zu glauben sind, daß er selbst ein Glied in dieser Kette wäre. Das Mysterium der Transzendenz traf ihn durch das menschliche Zeugnis von Muslimen wie ein Schwert: »In arabischer Sprache [...] habe ich Gott zum erstenmal erkannt, auf arabisch betete ich zum erstenmal zu Ihm.«[18] Dieses Ereignis war seine Initiation als Zeuge, als Teilhaber am Mysterium der Substitution, durch die ein Mensch anderen verschaffen kann, was sie selbst für sich nicht erlangen können. Wie aber konnte er der Zugang sein, durch den Muslime zum Wissen von der Inkarnation gelangen sollten, wenn er selbst von ihnen das Wissen von der Transzendenz erworben hatte? Seine Korrespondenz mit Claudel dreht sich um die Suche nach einer sicheren Berufung, um die Notwendigkeit zwischen Weltverzicht, der möglicherweise im Märtyrium endete, oder einem Leben als Gelehrter in einer anerkannten wissenschaftlichen Disziplin zu wählen. Es ist Massignon, der in diesen Briefen insistiert. Claudel zögert. Zwar drängt er den anderen in einem gewissen Sinn zu einem heroischen Schicksal, getrieben von dem Gedanken, daß er selbst diesem den Rücken gekehrt hat. Er weist darauf hin, daß dies die einzige Antwort auf die Gnade einer überwältigenden Bekehrung sei: Eine Bekehrung sei eine Art Katastrophe, beinahe wie eine Umwandlung des Geschlechts. Doch beunruhigt ihn Massignons geistige Erregung, und als ein Mann der Vernunft und der Vorsicht nimmt er die Entscheidung des anderen, Gelehrter bleiben zu wollen, mit einer gewissen Erleichterung auf: »Sie sind nun nicht mehr länger romantisch und interessant, Massignon, doch ist es gut, weder das eine noch das andere zu sein.«[19]

Es ist dies eine mögliche Geschichtsauffassung, wenn auch nicht für jedermann. Die meisten von uns arbeiten an »der unpersönlichen sozialen Entwicklung« oder versuchen im besten Fall, der Verbindung zwischen ihr und dem »göttlichen Werk im individuellen Keim« nachzugehen. Für uns muß sich die Frage stellen, in welchem Umfang und auf welche Weisen die Geschichte und das Wesen der Gesellschaften, in denen der Islam den überlieferten Glauben der Mehrheit darstellt, als islamische verstanden werden können.

Soweit sich diese Frage für jemanden stellt, der über moderne Geschichte arbeitet, möchte ich mir eine Bemerkung dazu erlauben. Ich habe kürzlich eine Sammlung von Essays von mir aus verschiedenen Zeiten zur Veröffentlichung vorbereitet und habe dabei über die von mir darin benützten Vorstellungen und Methoden nachgedacht.[20] Heute kommt es mir vor, als wären sie im Rahmen von drei verschiedenen, einander jedoch überlappenden Ideensystemen geschrieben worden, die man »Geschichte des Nahen und Mittleren Ostens«, »moderne Geschichte« und »islamische Geschichte« nennen kann.

1. Mit »Geschichte des Nahen und Mittleren Ostens« meine ich die Geschichte einer Region, die durch etwas anderes als durch sich selbst, nämlich – besonders in der modernen Epoche – durch ihre Verbindung mit Aufstieg und Niedergang europäischer Macht definiert ist. Ihr Hauptgegenstand ist daher die Expansion Europas und die besonderen Beziehungen zwischen den europäi-

schen Mächten nach der Auflösung der großen muslimischen Reiche am Beginn der Moderne. In einer solchen Geschichte erscheinen die Völker der Region entweder als passive Objekte, die auf das, was mit ihnen geschieht, mit gelegentlichen Aufwallungen von Zorn reagieren, oder in einer Abhängigkeitsbeziehung eingebunden, wobei sie der Expansion Europas durch die Schaffung einer reformierten Autokratie zu begegnen versuchen; oder auch, indem sie eine besonders günstige Position im imperialistischen System beziehungsweise politische Autonomie innerhalb eines Systems ökonomischer Abhängigkeit zu erlangen suchen.

2. Meine Vorstellung zu dem, was ich »moderne Geschichte« nenne, beruht auf dem Prozeß der sogenannten Modernisierung, bei der sich eine Stufe aus der anderen in natürlicher Folge entwickelt: Modernisierung ist durch Begriffe aus den Sozialwissenschaften definiert, wie zum Beispiel die Erweiterung bürokratischer Herrschaft über die Gesellschaft, die Ausdehnung städtischer Kontrolle über das Land, die Kommerzialisierung der Landwirtschaft, die Anfänge der Großindustrie, das Aufkommen gleicher Klassen wie in den westlichen Industrieländern oder die Entstehung einer wie auch immer ausgebildeten Elite.

3. »Islamische Geschichte« im modernen Sinn kann über die Kontinuität der Überlieferung einer Schriftkultur, die um den Kern einer religiösen Doktrin und der Gesetze entstanden ist, definiert werden und über ihre allmählich entfaltete Interaktion mit Ideen von außen, besonders mit dem sogenannten »Nationalismus«.

Mir scheinen alle drei Vorgehensweisen berechtigt zu sein, und es fragt sich nur, in welchen Grenzen sie jeweils mit Gewinn angewendet werden können. Die Gefahr der ersten oder zweiten besteht darin, daß sie bis zu dem Punkt strapaziert werden, an dem der besondere Charakter der Region und ihrer Bewohner verschwindet und sie nur noch als Beispiele eines einzigen, unabwendbaren weltweiten Prozesses angesehen werden. Diese Gefahr läßt sich nur durch sorgfältige Differenzierungen vermeiden. Die Geschichte britischer und französischer Machtentfaltung im Nahen und Mittleren Osten und in Nordafrika zum Beispiel muß von der britischen in Indien unterschieden werden, weil sie sich zu einem großen Teil in den Grenzen der Überreste des osmanischen Reiches, Persiens und Marokkos vollzog. Die Großmächte mußten ihre Interessen innerhalb dieses Rahmens verfolgen; sie schufen nicht anerkannte Protektorate, und traten zu bestimmten Zeiten gemeinsam als ein Block – als das »europäische Konzert« – auf, zu anderen als Rivalen. Ihre Rivalitäten trugen sie über lokale Klientelstaaten und -gemeinden aus, so daß die Geschichte des Nahen und Mittleren Ostens in dieser Perspektive zur Geschichte einer komplizierten Beziehung zwischen den Großmächten und kleineren lokalen Kräften wurde, eine beunruhigende, tragische Beziehung, die bisweilen mit der Zerstörung alter Gemeinschaften endete.

Desgleichen müssen wir, wenn wir die Geschichte des Nahen und Mittleren Ostens im Lichte der »Modernisierung« betrachten wollen, auch ihren besonderen Charakter in Rechnung stellen: als erstes das labile, sich verändernde Gleichgewicht zwischen seßhaftem Ackerbau oder nomadischer Viehzucht in den semi-ariden Gebieten der Welt, das heißt, wie Marshall Hodgson erinnerte, daß die landwirtschaftliche Grundlage der zivilisierten Gesellschaft schwach ist und ihre kulturellen Errungenschaften leicht abhanden kommen können[21]; zweitens die sozialen Verhaltensweisen besonders von Gesellschaften ohne formale und dauerhafte Institutionen, welche die Art und Weise definieren, wie Macht erlangt, gebraucht und übertragen wird. In solchen Gesellschaften muß das soziale Verhalten im Lichte der Allianzen, Patronatsysteme und der Wechselbeziehung von politischer Manipulation und bürokratischer Kontrolle analysiert werden sowie anhand der Vermittlerrolle nicht eindeutig zu definierender Gruppen wie der sogenannten Notabeln. Sie sind gleichzeitig Führer, Meinungsmacher und Agenten der Macht.

Die Gefahr der dritten Vorgehensweise, die ich »islamische Geschichte« genannt habe, ist eher anderer Art. Sie besteht darin, Geschichte als eine endlose Wiederholung bestimmter Verhaltensmuster anzusehen, die ihren Ursprung in einem unabänderlichen Glaubenssystem haben. So wird, um ein Beispiel heute gängiger Ansichten heranzuziehen, im modernen Nationalismus nicht mehr als eine Neuauflage eines »islamischen« Ideals politischer Herrschaft gesehen, und bestimmte Schwächen moderner nahöstlicher Gesellschaften werden mit der Abwesenheit einer Staatsidee oder der schwachen rationalen Tradition im islamischen Denken erklärt.

Ich möchte mich nun mit den Problemen dieser dritten Vorgehensweise befassen: Ist es möglich, moderne Geschichte mit spezifisch islamischen Begriffen zu definieren, ohne in die Falle zu geraten, die der Glaube an ein unveränderliches, durch niedergeschriebene Formulierungen definiertes Wesen des Islam darstellt?

Ansatzweise können wir eine Antwort in den bereits bekannter gewordenen Ideen von Sozialwissenschaftlern wie Clifford Geertz finden.[22] Vom Standpunkt eines Soziologen oder Historikers ist eine Religion nicht einfach ein System von Lehrsätzen über die Natur Gottes und des Menschen, sondern ein System (wenn dieses Wort nicht allzu formal ist) von Symbolen, das heißt von Vorstellungen, Objekten, Worten oder Zeremonien, die dazu dienen, eine bestimmte Auffassung des Universums zum Ausdruck zu bringen, die Vorstellung einer letzten Harmonie zwischen der eigentlichen Realität und unserem gewohnten Handeln, Denken und Vergegenwärtigen. Diese Symbole geben dem sozialen Handeln Sinn und damit eine Richtung, da sie niemals nur einfache Reflexe auf alles Bestehende sind, sondern auch gewisse Prinzipien in sich schließen, nach denen Handlungen als lobenswert oder tadelnswert beurteilt werden können; damit definieren sie die Grenzen dessen, was zu tun und was zu lassen ist. Diese Symbole sollten deshalb nicht isoliert behandelt werden, sondern in Verbindung mit den sozialen Handlungen, die sie darstellen und denen sie eine Richtung geben. Verändern sie sich, muß geprüft werden, ob dies einen wichtigen sozialen Wandel anzeigt. Es gibt auch Momente sozialer Verschiebungen und Auflösungsprozesse, in denen sich die Symbole auflösen und durch bloße Ideen und Ideologien ersetzt werden, die noch nicht genügend anerkannt sind, um die Gestalt fester und allgemein bekannter Symbole angenommen zu haben. Selbst wenn sie unverändert erscheinen, müssen wir immer noch fragen, ob sie dieselbe soziale Wirklichkeit darstellen wie in der Vergangenheit. Hier können wir vielleicht eine Analogie zu den Stammesnamen sehen, die über Jahrhunderte bestehen und, solange wir nicht über sie hinausschauen, die Realität des Wandels verdecken. Wenn wir daher von palästinischen Dörfern im 19. Jahrhundert hören, die ihre Streitigkeiten in Begriffen der alten Stammeskonflikte der Qais und Yemen austragen, oder von zwei Gruppen im Sudan des 18. Jahrhunderts, die um Land und Wasser streiten und behaupten, von den Umaiyaden und Abbasiden abzustammen, dann sollten wir uns davor hüten, dies auf eine Kontinuität zurückzuführen, die in Wirklichkeit nicht existiert.

Daraus folgt, daß es gefährlich wäre, eine scharfe Trennlinie zwischen dem »wahren« Islam und einem anderen zu ziehen oder den formalen Darlegungen der Lehrbücher der Theologie und des Rechts eine bevorzugte Stellung einzuräumen. In dieser Perspektive *ist* alles Islam, von dem Menschen glauben, es sei Islam, und dem, was für gewöhnlich »Volksislam« genannt wurde, kommt eine besondere Bedeutung zu, wie sehr die Rechtsgelehrten oder die Theologen diesen auch verdammen mögen. Diese Einsicht zog eine wichtige Erweiterung der Islamforschung nach sich. Volksreligion kann nicht länger als eine verwerfliche Neuerung oder als eine Ansammlung merkwürdiger abergläubischer Praktiken abgetan werden. Ländliche Heiligenschreine und heilige Lineages wurden zur Klärung der Dynamik ländlicher Gesellschaften untersucht. Wir beginnen langsam zu verstehen, wie wichtig jene Volksbewegungen, die die Sprache des *dschihad* gebrauchten, waren, und daß sie mehr als nur Bewegungen eines ziellosen »Fanatismus« waren, sondern vielgestaltige Bewegungen, da die Sprache des *dschihad* viele unterschiedliche Realitäten ausdrücken kann.[23]

Meine Absicht besteht hier jedoch nicht darin, diese Volksbewegungen zu untersuchen, sondern ich will mich auf die städtische Schrifttradition des Islam beschränken. Sie bleibt für den Historiker noch immer wichtig, auch wenn dieser sie nicht für den einzig »realen« Islam halten sollte. Noch einmal: Wenn wir eine Religion untersuchen, die dem Glauben entspringt, daß Gott sich dem Menschen durch sein Wort offenbart hat, sowie eine von Städten – Ort der Regierung und der sozialen Kontrolle – beherrschte Gesellschaft, sollten wir die Bedeutung der sittlichen Ideale in der Literatur nicht unterbewerten oder gar ignorieren, besonders nicht in jener Literaturgattung, die in Verbindung mit dem geoffenbarten Wort Gottes steht. In solchen Schriften können wir bei genauem Hinsehen nicht nur Gesetzesregeln und moralische Vorschriften finden, sondern – was wichtiger sein dürfte – bestimmte Idealtypen des menschlichen Charakters, bestimmte Denk- und Handlungsweisen, die als eine Weise, Gottes Absichten in der Welt der Menschen zu dienen, aus irgendeinem Grund für geheiligt erachtet werden.

Ein gutes Verfahren, sich der Erforschung dieser Idealtypen im historischen Kontext zu nähern, führt über biographische Handbücher. H. A. R. Gibb weist in einem berühmten Artikel darauf hin, daß die wesentliche Absicht der Handbücher darin bestand, die wahre innere Geschichte des Islam, jene der Entfaltung und Verbreitung einer in sich geschlossenen Wahrheit und Kultur durch eine ununterbrochene Kette von Männern und Frauen – Zeugen der Wahrheit – zu erinnern.[24] Dem müßte freilich noch etwas hinzugefügt werden: Aus den Aufzeichnungen der Handbücher, wie auch aus den Auslassungen und den charakteristischen Ausdrucksweisen, geht ein bestimmtes Menschenbild, ein Idealtypus des bemühten, gebildeten, gesetzestreuen Muslims, so wie er sein sollte, hervor. Dieses Bild beschreibt nicht nur eine historische Wirklichkeit, sie hat sie auch mitgeformt; sie hat als eine von jenen Kräften gewirkt, welche die Selbsteinschätzung der Menschen und damit deren Leben gestalten.

Solche Werke müssen natürlich mit Vorsicht aufgenommen werden. Das Bild, das sie wiedergeben, entwickelte sich langsam über eine lange Periode und in verschiedenen Ländern, so daß die

Unterschiede von Ort und Zeit nicht vernächlässigt werden dürfen. Ich werde mich hier nur mit der spätesten Phase der Entwicklung etwa der letzten zwei Jahrhunderte beschäftigen und auch nur mit jenen Ländern von Tunesien bis Irak, die eine tiefgreifende und lange Erfahrung mit der osmanischen Herrschaft gemacht haben; über Marokko, Iran und Nordindien mag man vielleicht anders denken.

Außerdem hat jeder Schriftsteller seine eigenen Auswahlprinzipien und setzt eigene Akzente. Wir sollten uns vergegenwärtigen, daß jeder mit einer bestimmten Absicht schreibt. Um zwei Beispiele aus dem 19. Jahrhundert anzuführen: Der Tunesier Ibn Abi'l-Diyaf schreibt vom Standpunkt der inneren Gruppe von Staatsmännern und hohen Beamten aus, und seine Betonung liegt auf dem Staatsdienst und dem weltlichen Erfolg.[25] 'Abd al-Razzaq al-Baitar schrieb die *Vitae* gelehrter und frommer Männer in und um Damaskus aus der Sicht der Provinzhonoratioren mit religiöser Kultur auf und liefert einige Aufzeichnungen über lokale Einrichtungen; er betont mehr die Gelehrsamkeit und die soziale Führung.[26]

Es ist etwas Doppelsinniges in dem, was diese Schriftsteller äußern. Sie beschreiben nicht nur, wie Menschen waren und was sie taten, sie beschreiben sie auch – ob bewußt oder nicht – nach einem Muster, wie sie sein und was sie tun sollten. Dieselben Lobsprüche wiederholen sich andauernd. Um ein Beispiel von Baitar zu geben: Unter den Lebensläufen von Heiligen und Gelehrten findet sich auch einer von Ahmad Pascha, zur Zeit des Christenmassakers im Jahr 1860 Gouverneur von Damaskus und von der osmanischen Regierung unter dem Verdacht der Komplizenschaft hingerichtet. Baitar gehörte zu der Gruppe von Notabeln aus dem Maidanviertel, welche das Massaker verurteilten, und bestimmt war er davon überzeugt, daß Ahmad Pascha sich zumindest einer Vernachlässigung seiner Pflichten schuldig gemacht hatte; dennoch äußerte er seine Kritik nur in versteckten Andeutungen, beinahe in der konventionellen Form von Lobreden. Er beginnt die Biographie mit einer Beschreibung der religiösen Herkunft Ahmad Paschas: Er war im *fiqh* ausgebildet und in die Chalwatibruderschaft initiiert. Seine Frömmigkeit entschuldigte ihn bis zu einem gewissen Grad für seine Unfähigkeit. Er war so eifrig mit Fasten, Beten und seiner Gottergebenheit beschäftigt, daß er die diesseitigen Dinge vernachlässigte und schlechte Taten von schlechten Menschen zuließ. Als er starb, wurde auch sein Tod nach vertrautem Muster behandelt: Er wurde als Märtyrer, *al-schahid*, bezeichnet.[27]

Aus den Biographien läßt sich aber – unter den erwähnten Vorbehalten – ein Bild der menschlichen Persönlichkeit herauslesen, das nicht nur die Sicht des Autors über das Leben derer, die er beschrieb, beeinflußte, sondern die Art und Weise, wie die Subjekte von sich selbst gedacht und ihr Leben gestaltet haben mögen. Es ist ein komplexes, vielschichtiges Bild, das in mancher Hinsicht einer Definition bedarf. Als erstes entspricht es eher dem Bild des »Doktors« als dem des »Heiligen«. Diese Unterscheidung ist unterdessen üblich.[28] Sie bezieht sich auf zwei Arten, Gotteserkenntnis zu erlangen und weiterzugeben, und dementsprechend auf zwei soziale Rollen. Der »Doktor« ist einer, dessen Rolle im wesentlichen darin besteht, das System der religiösen, vom Koran und dem *hadith* (Überlieferungen des Propheten) hergeleiteten Wissenschaften zu entwickeln und weiterzugeben, und der deshalb bestimmte gesellschaftliche Funktionen als Lehrer, Richter (*qadi*), Rechtsgelehrter (*mufti*) oder Vorbeter in der Freitagsmoschee ausübt, aber auch ganz allgemein als Meinungsführer und Sprecher der städtischen Bevölkerung wirken kann. Der »Heilige« ist der Mystiker oder Sufi, dessen wesentliches Ziel es ist, den Weg der geistigen und sittlichen Vervollkommnung zu verfolgen, der über anerkannte Stufen führt und in der Gotteserfahrung gipfelt. Er nimmt auch bestimmte soziale Funktionen als Lehrer auf diesem Weg wahr und als geistiger Führer all jener, die sich auf diesen Weg begeben wollen, und indem er die göttliche Gnade zu den Menschen leitet. In ländlichen Gegenden kann ein Heiliger oder die Familie, die nach seinem Tod sein Grab unterhält, auch weitreichende Funktionen als neutraler Ort ausüben, wo sich verschiedene soziale Gruppen treffen, Meinungsverschiedenheiten beigelegt werden können und, in Notzeiten, durch Überwindung der Differenzen zwischen den Gruppen eine Führerschaft sich herausbilden kann. Diesen zwei Typen entsprechen zwei Wortfamilien, die unterschiedliche Konzeptionen der Art und Weise, wie Gott sich den Menschen zu erkennen geben kann, in sich schließen: eine, die von der Wurzel '-l-m ('ilm, 'ulum, 'alim, 'ulama) abgeleitet ist, und eine, die von der Wurzel '-r-f (ma'rifa) kommt.

In der späteren Periode, mit der wir uns hier befassen, wurde die Unterscheidung weniger deutlich als sie einst gewesen war. Die meisten Doktoren ('alim, pl. 'ulama) waren Mitglieder von Sufibruderschaften (tariqa, pl. turuq), wobei einige darin eine hohe Stellung innehatten. Die meisten gehörten zu jenen turuq, die auf der strikten Befolgung des Gesetzes (schari'a) bestanden, von einem tunesischen 'alim ist aber bekannt, daß er zu einer wilderen Bruderschaft, der 'Isawiya, gehörte.[29] Als vorwiegend städtische Literaturgattung legen die Biographien mehr Gewicht auf den »Doktor« als auf den »Heiligen« und eher Wert auf die Errungenschaften der Gelehrsamkeit als auf außerordentliche geistige Zustände und das Wirken von Wundern. Dies bringt eine Seite der Wirklichkeit städtischen Lebens zum Ausdruck: Mitglieder von Sufibruderschaften integrierten sich nachgerade in dem Ausmaß in das System von 'ilm, daß sie vollwertiger Teil der städtischen Gesellschaft wurden.[30] So berichtet Abi'l-Diyaf die Geschichte einer mit einem Heiligengrab verbundenen Familie in Bab Suwaiqa, einem volkstümlichen Viertel von Tunis: Der Enkel des Gründerheiligen besuchte die Zaitunamoschee, studierte den *fiqh* bis zu einer hohen Stufe und wurde dann nach seiner Rückkehr Schaich der *zawiya* (des Schreins).[31] Ein Sufilehrer, der die zurückhaltende städtische Gelehrsamkeit nicht akzeptierte, hätte Ablehnung hervorgerufen. Ein Historiker berichtet von dem Schock der Damaszener Gesellschaft über die Ankunft eines kurdischen Heiligen, dessen Lehre die Kompromisse des städtischen Lebens zurückwies und dessen Einfluß auf den Provinzgouverneur – ebenfalls ein Kurde – für schlecht erachtet wurde.³²

Der Idealtyp des »Doktors« kann auf einer anderen Ebene, die von Dienstleistungen für den Herrscher bis zur Distanzierung von der Macht reicht, angesiedelt werden. In Gesellschaften, wo alle sozialen Rollen einen Hang zur Ambivalenz aufwiesen, befanden sich die Experten des *hadith* und des *fiqh* in einer prekären Situation. Zu einem großen Teil akzeptierten sie die Gedanken der späteren sunnitischen Sozialehre, wozu der Gehorsam gegenüber der Obrigkeit und die Zusammenarbeit mit ihr gehörte, als unumgänglich zur Aufrechterhaltung einer geordneten und zivilisierten Gesellschaft, hielten aber dennoch einen gewissen moralischen Abstand gegenüber den Herrschern ein. Ein ʿ*alim* zeigte zumindest ein förmliches Zögern, das Amt des *qadi* anzunehmen, allerdings weniger, wenn es sich um das Amt des *mufti* handelte. Dies spiegelte eine soziale Wirklichkeit wider: Als Inhaber einer Führungsposition und aufgrund ihres Ansehens in der städtischen Gesellschaft, wünschten die ʿ*ulama* eine Stellung beizubehalten, in der sie nicht gezwungen waren, all das zu tun, was die Herrscher von ihnen verlangten, oder unmittelbar in die Auseinandersetzungen zwischen Herrschern und Beherrschten oder zwischen einer Partei beziehungsweise Familie und einer anderen verwickelt zu werden. Manchmal äußerten sie ihr Mißfallen über Handlungen des Herrschers, wenn auch vorsichtig und auf behutsame Art, um nicht den Zugang zur Obrigkeit aufs Spiel zu setzen, ohne den sie als soziale Führer nichts ausrichten konnten.³³

Diese Haltung gegenüber der Obrigkeit war nur ein Aspekt einer ambivalenten Beziehung zur Gesellschaft und ihren Anliegen. Das ideale Leben des ʿ*alim* bestand in seiner Hingabe an die Gelehrsamkeit und in einer Verachtung für weltliche Angelegenheiten – oder doch einem gewissen Mißtrauen ihnen gegenüber. Dieses Ideal kam in einer bestimmten Sprech- und Handlungsweise zum Ausdruck: Der ʿ*alim* mied Orte volkstümlicher Vergnügungen, er vermied lautes Reden oder Gelächter, er hatte würdige Umgangsformen und befleißigte sich einer gehobenen

Sprache. Dennoch war er unentrinnbar in das Leben der Stadt verstrickt. Inhaber von religiösen Ämtern kontrollierten einen Gutteil des städtischen Reichtums. Sie bezogen ein Gehalt oder erhielten eine Vergütung und sie verwalteten religiöse Stiftungen. Diejenigen, die aus Familien mit einer langen Tradition religiöser Gelehrsamkeit und mit einer Amtstradition in der Stadt stammten, unterhielten womöglich Heiratsbeziehungen mit Händlerfamilien oder Familien von Handwerkermeistern; sie konnten auch zum Zweck der Nutzung städtischer und ländlicher Ressourcen mit lokalen Beamten und Händlern in einem partnerschaftlichen Verhältnis stehen. Ihre Haltung zur Stadt mochte daher zwischen distanzierter, von moralischen Prinzipien geleiteter Beobachtung einerseits und Teilnahme an den Interessen einer Familie beziehungsweise der sozialen Ordnung andererseits schwanken. Die Haltung der städtischen Bevölkerung ihnen gegenüber war ebenso schwankend. (Auch auf dem Land konnte die Familie eines Heiligen oder die Wächter seines Grabes sich in einem gewissen Sinn so verhalten, als ob sie außerhalb der Pflichten und Bindungen der Gesellschaft stünden, doch wenn sie zu Wohlstand und in angesehene gesellschaftliche Stellungen gelangten, konnten sie sich eng mit den Herren eines Bezirks verbinden oder selbst diese Herren werden, und die Leute dürften mit einer Mischung aus Respekt und Zynismus zu ihnen aufgeschaut haben.)

Dieses komplexe, vielschichtige Menschenbild lieferte die Vorlage nicht nur für die Biographien der professionellen ʿulama. Tatsächlich ist der Begriff ʿalim nicht eine soziologische Kategorie *pers se*. Mindestens drei soziale Gruppen hatten bis zu einem gewissen Grad an der religiösen Hochkultur teil. In der Hauptstadt einer Dynastie, die stark und tief genug verwurzelt war, um die städtische Gesellschaft zu kontrollieren, gab es eine kleine Gruppe hochprofessionalisierter ʿ*ulama*, *qadi*s, *mufti*s und Lehrer, die ein Bestandteil des Regierungsapparates waren: da waren erstens diejenigen, welche die höchsten Ämter in Istanbul innehatten und die kleine Gruppe der höfischen ʿ*ulama* in Tunis. Sie neigten gemäß ihrer Zugehörigkeit zu bestimmten Schulen oder

Verwandtschaftsgruppen und auch aufgrund ihrer möglichen Heiratsbeziehungen zu hohen Beamten und der Herrscherdynastie zur Bildung privilegierter und geschlossener Gemeinschaften. In Tunis unterschieden sie sich durch ihre Zugehörigkeit zur hanifitischen Rechtsschule vom Großteil der Bevölkerung. Zweitens gab es die Inhaber von Rechtsämtern und religiösen Ämtern unterhalb der höchsten Ebene, insbesondere stellvertretende *qadi*s, *mufti*s, Lehrer und Prediger in den Provinzstädten. Drittens noch alle jene, die keine Vollzeit-*'ulama* waren, jedoch bis zu einer bestimmten Stufe dieselbe Ausbildung genossen hatten und daher demselben Typus entsprachen. Dazu konnten Händler, Handwerkermeister, Schreiber und Sekretäre der örtlichen Regierung, Wächter von Heiligengräbern oder einer *zawiya* gehören. Der Begriff '*alim* bezeichnet daher einen sozialen Stand oder Rang, nicht aber eine Klasse.

Im 18. Jahrhundert scheinen die hier beschriebenen Idealtypen eine gewisse Stabilität erreicht zu haben: Es ist der im Rahmen der *schari'a* in eine Sufibruderschaft initiierte gebildete Mann der Überlieferung und des Rechts, bereit, der Obrigkeit mit Respekt zu dienen und gleichzeitig auf Distanz zu ihr bedacht, mit einer Führungsposition innerhalb der städtischen Bevölkerung, der aufgrund seiner Interessen auf die Erhaltung des geordneten und blühenden städtischen Lebens angewiesen ist und mit einer Mischung von Furcht und Verachtung der Landbevölkerung gegenübersteht. Dieser Typus hielt sich mehr oder weniger unangefochten bis in die Mitte des 19. Jahrhunderts. In gewisser Weise ist unsere gewohnte Periodisierung der Geschichte sogar falsch und der Beginn des 19. Jahrhunderts vielleicht nicht die wichtige Wende, wie es auf den ersten Blick scheinen mag. Allerdings hatte zu dieser Zeit »die große westliche Umwandlung«[34], wie Marshall Hodgson sie zu nennen pflegte, stattgefunden, jene Aneignung technischer Fähigkeiten, die Europa in die Lage versetzte, sich von den Fesseln der Landwirtschaft zu befreien. Dieser Wandel führte zu einer immensen Ausdehnung des europäischen Handels und zu einem Vorgang, der sowohl für die Geschichte Europas als auch Asiens auf die Dauer entscheidend war: Die Errichtung britischer Herrschaft in den sechziger Jahren des 18. Jahrhunderts in Bengalen. Ein halbes Jahrhundert später, nach dem Ende der Napoleonischen Kriege, führte die Ausdehnung des Handels in neuer Form zu einem unumkehrbaren Prozeß: zur weltweiten Arbeitsteilung zwischen den europäischen Industrieproduzenten und den Lieferanten von Rohstoffen. Auf den ersten Stufen fand dieser Prozeß allerdings noch größtenteils im administrativen und gesetzlichen Rahmen einheimischer Herrschaft statt. Für ungefähr ein weiteres halbes Jahrhundert konnte das politische Leben des Nahen und Mittleren Ostens noch immer im Sinne des alten Spannungsverhältnisses zwischen Zentralregierungen und Provinzkräften dargestellt werden; abgesehen von kleinen Gruppen höherer Beamten, die im Dienst der Autokraten standen, hatten die Veränderungen in Europa die Gemüter der Menschen noch kaum bewegt. Selbst ein Ereignis wie die französische Besetzung Algiers im Jahre 1830, das uns heute so entscheidend vorkommt, mochte auf den ersten Blick nicht mehr als eine weitere Episode im langen Kampf um die Kontrolle nordafrikanischer Häfen erscheinen; es war gerade vierzig Jahre her, seit der Dey von Algier Oran von den Spaniern erobert hatte.

In der ersten Hälfte des 19. Jahrhunderts konnte das Wechselspiel der sozialen Kräfte mit dem von ihnen sowohl wiedergegebenen als auch mitgestalteten Selbstbild zunächst also unverändert weiterbestehen. Wir können ein zwar nicht ganz typisches, aber dennoch bedeutsames Beispiel dafür in den Biographien des algerischen Helden 'Abd al-Qadir finden. Wenigstens zwei davon sind bekannt, niedergeschrieben von Gelehrten in Damaskus, wo er seine späteren Jahre im Exil verbrachte. Eine ist von Baitar und eine andere von 'Abd al-Madschid al-Chani, dem Historiker der Naqschbandi-Bruderschaft in Damaskus.[35] Sie vermögen seinen Werdegang in traditioneller Perspektive zu sehen. Als erstes wird sein geistiger Stammbaum erstellt: Nachkomme des Propheten, Studium des *fiqh*, Initiation in Sufibruderschaften – in die Qadiriya in Baghdad durch die Nachkommen des Heiligen und Wächter des Schreins und in die Naqschbandiya in Damaskus durch Mawlana Chalid, den er auf der Pilgerfahrt kennengelernt hatte. Sein Kampf gegen die Franzosen wird als *dschihad* angesehen, daher die Anerkennung seiner Herrschaft (*bay'a*) und die Annahme des Titels *amir al-mu'minin*, der eine göttlich sanktionierte Autorität enthält. Dasselbe gilt für seine Jahre in Damaskus: der Biograph spricht von seinen Pilgerfahrten, von der Initiation in eine weitere Bruderschaft, die Schadhiliya des Schaich Muhammad al-Fasi, von seinen Studien über Ibn 'Arabi mit einer Gruppe Studenten und von seinem Begräbnis in der Nähe von Ibn 'Arabis Grab. In alledem gibt es ohne Zweifel ein konventionelles Element, doch scheint 'Abd al-Qadir selbst sein späteres Leben tatsächlich nach traditionellem Muster geführt zu haben. Obwohl es in seiner Politik in den Jahren des Kampfes gegen die Franzosen Elemente der Erneuerung gegeben haben mag, scheint ihn seine Begegnung mit der europäischen Macht nicht sonderlich tief erschüttert zu haben. In Damaskus lebte er das Leben eines städtischen Notabeln, wenngleich zu den Kräften, zwischen denen er das Gleichgewicht wahrte – den Herrschern und der städtischen Gesellschaft –, nun noch eine dritte, die der europäischen Konsuln, hinzukam. Seine öffentlichen Handlungen, die auch nicht sein ganzes Leben ausmachten, können leichter mit seiner Rolle des Notabeln erklärt werden als mit den politischen Ambitionen, die ihm bisweilen zugeschrieben werden. Die langen Sufimeditationen, die er im Exil schrieb, die *mawaqif* oder »geistigen Stationen«, bringen die Wirklichkeit seines Lebens, wie er es später sah, vielleicht besser zum Ausdruck als seine Taten in den von ihm so genannten »Jahren, als ich mich selbst nicht kannte«.[36]

Der Zeitpunkt sozialer und moralischer Erschütterungen, an dem dieses Bild ins Wanken geriet, kam – zumindest in einigen Teilen des Nahen Ostens – in den sechziger und siebziger Jahren des letzten Jahrhunderts, Jahrzehnte, welche die historische Scheidelinie in der Region darstellten. Es vollzog sich ein tiefgreifender Kräftewandel: entscheidende Veränderungen in der Militärtechnik und eine Akkumulation des Kapitals, welche die Kontrolle der

Märkte und der Rohstoffe notwendig machte, führte zu europäischer Machtentfaltung. Europa war nicht mehr gewillt, seine Geschäfte im administrativen und gesetzlichen Rahmen einheimischer Autokratien zu führen, so daß es zu einer Reihe von entscheidenden Interventionen kam: 1860 der spanische Angriff auf Marokko, die Einsetzung einer finanziellen Kontrolle über das osmanische Reich, 1881 die Besetzung Tunesiens und 1892 Ägyptens. Zur selben Zeit wuchs eine gebildete Klasse neuer Art heran. Neue Schulen wurden gegründet: Galatasaray in Istanbul, Sadiqiya in Tunis. Denen, die dort studierten, standen neue Kommunikationsmittel zur Verfügung. In den sechziger Jahren erreichte die Telegraphie den Nahen Osten und öffnete die Region dem Weltmarkt und den Vorgängen in der Welt: die »Krise des Ostens« von 1870 und andere Vorkommnisse des Jahrzehnts waren die ersten großen Ereignisse, die, kaum geschehen, in der ganzen Welt bekannt wurden. Die ersten politischen Zeitungen und kulturellen Zeitschriften auf arabisch und türkisch erschienen; es bildete sich etwas heraus, was wir als »öffentliche Meinung« bezeichnen könnten, und eine neue Gruppe, welche diese zu artikulieren versuchte: die Intelligenz.

Um diese von den raschen Veränderungen verursachten Störungen verstehen zu können, müssen wir die Wechselwirkung von sozialem Wandel und religiösen oder nationalen Symbolen der großen Volksbewegungen der Zeit untersuchen; die Unruhen in den großen osmanischen Städten, die 1860 ihren Höhepunkt in den Ereignissen von Damaskus fanden, die tunesische Revolte von 1864, der algerische Aufstand von 1871, der zur endgültigen Einrichtung des kolonialen Systems führte. Auf einer anderen Ebene können wir im Leben der gebildeten Männer, nicht nur bei denen, die in den neuen Schulen ausgebildet worden waren, sondern auch bei denen, die in der traditionellen Denkweise erzogen worden waren, eine tiefgreifende Störung ausmachen. Nicht nur nahm ihr Leben einen anderen Verlauf, sondern auch die Art und Weise, wie sie ihr Leben sahen, begann sich zu verändern.

Lassen Sie uns noch zwei Lebensbeispiele betrachten, die zwar in keiner Weise typisch, aber dennoch lehrreich sind. Das erste ist das von Muhammad Bairam, dessen Leben wir sowohl aus seinen eigenen Schriften als auch aus einer von seinem Sohn geschriebenen Biographie kennen.[37] Er wurde 1840 als fünftes Kind einer tunesischen Familie osmanischer Herkunft geboren, welche die Ämter der hanafitischen Obermuftis und des *naqib al-aschraf* (Rangältester der Nachkommen des Propheten) während des größten Teils des Jahrhunderts innehatte, in nächster Nähe zum Hof stand und mit der herrschenden Dynastie verschwägert war. Seine frühe Laufbahn vollzog sich im konventionellen Rahmen: Studium des *fiqh* sowohl bei hanafitischen als auch bei malikitischen Lehrern, wie in Tunesien unterdessen üblich, ein Lehramt an der Zaituna in frühen Jahren, schnelle Beförderung durch die Gunst des Bey. Dann können wir eine Veränderung im Schema bemerken: er stellt sich gegen seine Familie und die meisten *'ulama*, indem er die Reformen von Muhammad Bey unterstützt und die Vergeltungsmaßnahmen der Regierung mißbilligt; es findet sich hier eine Spur eines Bewußtseins von der Unterdrückung, unter der die Bauern zu leben hatten. 1873 beginnt eine kurze Episode an der Macht; der Premierminister Chair al-Din bietet ihm ein Amt an. Zuerst lehnt er ab und erklärt, keine Verpflichtung eingehen zu wollen, die ihn davon abhielte, zu tun, was er für richtig hält (die übliche Ausdrucksweise, die für ihn vielleicht mehr war); dann nimmt er an, hat verschiedene Posten und wird auf Missionen nach Frankreich geschickt. 1879 wird sein Gönner Chair al-Din jedoch gestürzt, und er gerät unter Verdacht. Er geht nach Istanbul, fordert die osmanische Regierung zu einer Intervention in Tunesien auf, um einer französischen Besetzung zuvorzukommen; als diese stattfindet, verkauft er sein Eigentum und bricht seine Verbindungen mit Tunesien ab. 1884 verläßt er Istanbul und geht nach Kairo, wo er als Parteigänger Riaz Paschas eine kleine Rolle spielt, erhält einige Ämter, arbeitet jedoch hauptsächlich als Journalist.

Die meisten *Vitae* sind vielschichtig, und auch Bairams Biographie kann auf mehr als eine Art gelesen werden. Sie könnte als das

Leben eines Politikers gelesen werden, der die falsche Seite unterstützte und verlor, doch er selbst sah es nicht so. In seinen Schriften klingt eine Ahnung vom Niedergang des Islam an; an einem bestimmten Punkt lehnte er das Familienamt des Obermuftis ab, weil »die Zeiten für eine Wiederherstellung des Glanzes dieses Amtes nicht günstig sind«.[38] Er beabsichtigte, sein großes Geschichts- und Reisewerk *Safwat al-i'tibar* mit einem Epilog nach dem Vorbild der *Prolegomena* von Ibn Chaldun (die hauptsächlich durch die osmanische Herrscherschicht in Istanbul, Kairo und Tunis wieder in das kollektive Bewußtsein der Araber und Türken zurückgefunden haben) fertigzustellen. In diesem Werk wollte er zeigen, unter welchen Bedingungen das »Jugendalter des Islam« wiederhergestellt werden könnte.[39] Seine Haupttätigkeit im Exil war der Journalismus; der erbliche *'alim* wurde Mitglied der neuen Intelligenz, benützte ein neues Medium, um das Volk aufzuklären, und drängte auf eine Reform des islamischen Rechts und der Gesellschaft durch Wiedereinführung des *idschtihad* (Bildung einer eigenen Meinung mit Hilfe des Analogieschlusses). Aus seinen Schriften und aus dem, was andere über ihn schreiben, wird klar, daß er ein Fremder in einer ihm fremd gewordenen Welt war: »Er schaute mit Trauer auf eine Welt, die, wie ihm schien, verrückt geworden war; er sah alles Edle in seinem verehrten Glauben von wuchernden Parasiten erstickt. Er bemerkte, daß der Islam durch inneren Verfall seinem Sturz entgegenwankte.«[40]

Das nächste Beispiel stammt aus der folgenden Generation und aus einer anderen Umgebung. Muhammad Raschid Rida wurde 1865 in einem libanesischen Dorf geboren. In einer Fragment gebliebenen Autobiographie beschrieb er seine Familie und sein frühes Leben.[41] Er stammte aus einer Familie armer *sayids* (Nachkommen des Propheten) mit einer Gelehrtentradition, jedoch ohne Stiftungsgüter für ihren Lebensunterhalt. Sein Dorf befand sich in der Nähe von Tripolis, seit mameluckischer Zeit ein Zentrum sunnitischer Gelehrsamkeit. Was er von seine Familie erzählt, weist die üblichen Züge des Lebens der *'ulama* auf. Sie zogen die Gesellschaft der Gelehrten derjenigen der Herrscher von Tripolis vor, und es gibt verschiedene (auch einige weniger überzeugende) Geschichten, wie sie den Versuchungen der Macht widerstanden; sie entsagten der Welt bis zu einem gewissen Grad und waren stolz darauf. Raschids Großonkel, Vorstand der Familie, verkehrte nur mit *ulama* und Freunden, zog die Einsamkeit und das Gebet der Gesellschaft vor und ließ keine lauten Stimmen und kein Gelächter in seinem *madschlis* (Empfangszimmer) zu; er hinterließ einige unbedeutende dichterische Fragmente, in denen er sich brüstet, niemanden besucht zu haben und von niemandem besucht worden zu sein.[42]

Schon als Knabe, so erzählt Raschid Rida, gab es bei ihm Anzeichen für eine geistige Begabung, zeigte er einen Hang zur Einsamkeit, zur Gleichgültigkeit gegenüber Essen und Trinken, die bis zur Selbstvernachlässigung ging, und war als Empfänger besonderer Gnadenbeweise bekannt: er hatte Todesvisionen, war imstande, Kranke zu heilen und die Zukunft vorauszusagen; und es war bekannt, daß jeder, der ihm Schaden zufügte, in diesem Leben dafür bestraft wurde. In seinem Rückblick auf seine Jugend vierzig Jahre später glaubte er, für fast alle diese Erscheinungen eine natürliche Erklärung zu haben, doch waren einige vielleicht wirklich Visionen und Gnadenbeweise, über die aber ein frommer Muslim nicht offen sprechen sollte. Jedenfalls hielten ihn damals seine Familie und die Leute im Dorf für einen kommenden Heiligen. Alles verschwor sich, ihn seiner Berufung zuzuführen, und er war selbst bereit, diese Richtung einzuschlagen. Er wurde in die Naqschbandibruderschaft aufgenommen und fand Befriedigung in ihren schweigsamen Ritualen (*dhikr*), welche dort in der stillen, mit geschlossenen Augen durchgeführten, fünftausendfachen Wiederholung des Namen Gottes bestand, im Herzen mit dem Schaich und durch ihn mit den Ordensmeistern zurück bis zum Propheten verbunden.[43] Nach und nach sagte er sich jedoch von dieser Berufung los. Das Studium von al-Ghazali lehrte ihn, daß ein Mann frei aus aufrichtiger Überzeugung handeln und niemandes Tadel fürchten sollte. Die Tänze und die Musik führten ihm die Gefahren der Erscheinungen weltlicher Schönheit vor Augen;

er verurteilte sie öffentlich gegen den Rat seiner Lehrer, die ihn aufforderten, vorsichtig zu sein.[44] Von da an begann sich sein Leben zu ändern. Er begann von der Bedeutung des strikten Gehorsams gegenüber der *schari'a* zu predigen und von der Verwerflichkeit, die Gräber der Toten zu verehren. Sein Gespür für den Niedergang des Islam wurde durch Nachrichten aus Europa über Zeitungen und Zeitschriften noch verstärkt. Eine Ausgabe von *'Urwa al-wuthqa*, einer in Paris von Dschamal al-Din und Muhammad 'Abduh herausgegebenen Zeitschrift, die zu islamischen Reformen aufrief, wies ihn auf einen anderen möglichen Weg hin. Schließlich entschied er sich dafür, Tripolis zu verlassen und nach Kairo zu gehen, um das Leben eines *'alim* für das eines Journalisten aufzugeben.

Auch dieses Leben kann auf unterschiedliche Weise verstanden werden. Manches von dem, was uns erzählt wird, steht in Einklang mit dem bekannten Vorgang, daß ein *'alim* dem Aberglauben (*churafat*) auf dem Land den Rücken kehrt und seine weitere Karriere in der Stadt fortsetzt. Raschid Rida selbst sah es jedoch anders: Es war eine bewußte Verweigerung einer Berufung, die überlegte Wahl eines neuen Weges, ein Zeichen der Störung bei ihm selbst und in seiner Welt.

Bairam und Rida sind nur zwei von einer ganzen Anzahl Männer, die im 19. Jahrhundert aus traditionellen Denk- und Lebensmustern ausbrechen. Mit ihnen vollzieht sich, in symbolischer Verknüpfung mit der Figur von Muhammad 'Abduh, eine Art Mutation im Idealtypus des *'alim*. Wenn wir diese Mutation und ihre Bedeutung für die folgenden zwei Generationen verstehen wollen, müssen wir die Frage stellen, was diese Männer zu tun glaubten und was sie in Wirklichkeit taten; und wir werden sehen, daß das, was sie taten, nicht genau das war, was sie zu tun hofften.

Ihre Absicht war die Gründung einer neuen Schule für *'ulama*, die sowohl bei der Regierung als auch in der Gesellschaft die Stellung einnehmen sollten, die *'ulama* immer eingenommen hatten. Viel Zeit widmeten sie der sorgfältigen Pflege der Religionswissenschaften. Oft wurden sie »Modernisten« genannt, doch zielt der Begriff nicht auf Veränderung der Lehre wie bei den katholischen Modernisten. Sie versuchten stets die Verbindung mit dem aufrechtzuerhalten, was sie für die zentrale Tradition des islamischen Denkens hielten, und nur eine sehr ausgefeilte Analyse wie die von J. Jomier zu den Korankommentaren *Tafsir al-Manar*[45] von 'Abduh und Rida sowie die jüngeren Datums von Christian Troll zu Sayyid Ahmad Khan[46] könnte deutlich machen, an welchen Stellen sie von ihren Vorgängern mit einer neuen Interpretation eines Koranverses oder der Anwendung eines *hadith* anstelle eines anderen abwichen.

Wie umsichtig sie auch vorgehen mochten, ihre Arbeit stieß bei der Gemeinschaft der *'ulama* auf harten Widerstand. Rida hatte immer ein schlechtes Verhältnis zur Azhar; auch 'Abduh war dort verdächtig, und bei seinem zweiten Besuch in Tunis wurde er von den Lehrern der Zaituna sehr kühl empfangen;[47] die späteren algerischen Reformisten wirkten nicht im Rahmen etablierter religiöser Schulen. So groß der Einfluß ihrer Ideen unter den *'ulama* war, so blieb er doch partiell und kam spät, zu einer Zeit, als die traditionelle Erziehung der religiösen Schulen immer weniger im Mittelpunkt des gesellschaftlichen Lebens stand, da sie die Menschen nicht mehr das lehrte, was nötig war, um die moderne Welt zu verstehen, und nicht mehr in Stellungen brachte, die Reichtum, Ruhm und Macht versprachen. Was die *'ulama* betrifft, so zeigte sich die nachhaltigste Wirkung des Reformismus vielleicht in der Vertiefung der Kluft zwischen ihnen und den Sufibruderschaften; in späteren Generationen wurde die aktive Mitgliedschaft von *'ulama* in einer *tariqa* seltener.

Die Hauptwirkung der Reformer liegt eher in ihrer Fähigkeit, Menschen mit einer anderen Erziehung und anderen Zielen als den ihren – jene, die in der Sphäre weltlichen Denkens lebten – eine Art islamischer Legitimation zu verschaffen. In dieser Stellung lag eine gewisse Ambivalenz, die für die *'ulama*, deren Erbe die Reformer angetreten hatten, typisch war. In der ersten Phase – in den letzten Jahren des 19. und den ersten des 20. Jahrhunderts – wurden sie von ihren Feinden beschuldigt, selbst fremden und absoluten Herrschern zu nahe zu stehen: 'Abduh wurde den Engländern gegenüber für zu dienstbeflissen gehalten, Bairam war sicherlich der Meinung, daß die Ägypter versuchen sollten, aus der Anwesenheit der Briten Nutzen zu ziehen, die tunesischen Reformer arbeiteten eine Zeitlang mit den Franzosen zusammen,[48] und Rida wurde des Verrats an 'Abduhs Andenken bezichtigt, weil er die Gunst des Chediven 'Abbas Hilmi zu gewinnen suchte.[49] Später entwickelten sich jedoch engere Verbindungen zu den Nationalisten der ersten Generation, die in den siebziger, achtziger und neunziger Jahren des 19. Jahrhunderts geboren und in weltlichen Schulen erzogen worden waren und bürgerliche Berufe ergriffen hatten. Der Nationalismus dieser Phase, ob türkisch, arabisch, ägyptisch oder tunesisch, kann tatsächlich als Zusammenfluß zweier unterschiedlicher Strömungen angesehen werden: dem der Ideen europäischen Ursprungs und dem der Gruppe reformistischer *ulama*, die den Nationalisten, wollten diese über den kleinen Kreis von Gebildeten hinaus gehört werden oder mit sich selbst ins reine kommen, eine Legitimation verschafften. Die Allianz zwischen den beiden Gruppen war zeitweise schwierig: Die *ulama*, so modern sie sich gaben, mochten einiges Mißtrauen gegen gewisse Tendenzen des Nationalismus hegen; sie erhielten und übernahmen keine zentrale politische Rolle, doch wurde ihnen während etwa einer Generation der höchste Ehrenrang zugestanden.

Das Zusammentreffen dieser beiden Denkströmungen kann im Bild wiedergefunden werden, das Schriftsteller dieser und der folgenden Generation von ihrer geistigen Entwicklung entwarfen. Im zweiten Band seiner Autobiographie *al-Ayyam* erzählt Taha Husain, was das Beispiel des »Imam« Muhammad 'Abduh für jemanden bedeutete, der mit den Regeln der Azhar gebrochen hatte und dessen Geist sich der modernen Wissenschaft und der Weltliteratur öffnete: 'Abduh gab ihm die Sicherheit, kein Verräter an der Vergangenheit zu sein.[50] Das gleiche Bild erscheint eine Generation später in *Mémoirs d'un témoin du siècle* des Algeriers Malek Bennabi.[51] Das Buch beschreibt die Erziehung eines jungen

Algeriers in den ersten Jahrzehnten dieses Jahrhunderts. Von europäischer Literatur durchdrungen, sieht er seine Gesellschaft mit den Augen eines Pierre Loti. Er verwirft den Islam der Sufimeister vom Land, die nach seiner Meinung die Religion in Verruf gebracht und den Zielen der Kolonialmacht gedient haben. Sein Geist ist den weltlichen Ideen des Nationalismus gegenüber offen, zu dem er über die Gruppe der »Jungalgerier« und durch das Beispiel Mustafa Kemals fand, doch zögert er, sie ganz zu übernehmen. Erst als der »algerische Geschmack ägyptisiert«[52] wurde und die ersten Grammophonaufnahmen von Salama Hidschazi in den Läden auftauchten, sah er sich aus dem Dilemma erlöst. Neuigkeiten über Sa'ad Zaghlul und den Wafd wurden verbreitet; die Gruppe der algerischen *ulama* fing an, Zeitungen herauszugeben, durch die – mit einer Verzögerung von einer Generation – die Ideen des Reformismus nach Algerien gelangten. »Was ich in diesem Moment empfand«, schreibt der Autor, »war ein neues Gefühl, das mich zeit meines Lebens nicht mehr verließ [...] Ich war Nationalist [...] Ich konnte mich von diesem Moment an politisch als Revolutionär und psychologisch als Konservativer definieren.«[53]

Die entscheidende Bedeutung der Reformer bestand in der Vorbereitung einer moralischen Grundlage für einen Wandel, den sowohl modernistische Regierungen – ob einheimische oder fremde – als auch nationalistische Bewegungen herbeiführen wollten: die Ausweitung bürokratischer Kontrolle über die gesamte Gesellschaft und damit verbunden die Stärkung der sozialen Kontrolle der Stadt über ihr Hinterland. Dieser Prozeß brachte die Auflösung ländlicher Obrigkeiten mit sich, insbesondere jener, die religiöse Sanktionen in Anspruch nahmen. Nur ein Typ des Islam, der einfach und allumfassend war, der Achtung vor dem Gesetz predigte, jedoch Änderungen daran erlaubte und der im Gegensatz stand zu der moralischen Vorherrschaft des Landes mit Heiligengräbern und deren Wächtern, konnte einen solchen Wandel religiös sanktionieren.[54]

Es war dies nur ein kurzer Augenblick in der modernen Geschichte. In den vierziger und fünfziger Jahren gelangen wir an eine andere Scheidelinie, an den Anfang einer neuen Phase, die vielleicht mit anderen Begriffen erklärt werden muß. Doch zumindest während der zwei oder drei Generationen davor, gibt es im historischen Prozeß etwas, was immer noch eine »islamische« Geschichte genannt werden kann.

IV.
T. E. LAWRENCE UND
LOUIS MASSIGNON

Auf einer Photographie vom Einmarsch der alliierten Truppen in Jerusalem am 11. Dezember 1917 sieht man zwischen großgewachsenen britischen Offizieren mit ihrer selbstgewissen Ausstrahlung die kleine Gestalt von T. E. Lawrence mit niedergeschlagenen Augen stehen und neben ihm die eines straff aufrecht dastehenden, schlanken französischen Offiziers, die Augen gerade nach vorn gerichtet, so, als ob er jenseits der Gebäude, die vom Jaffa-Tor zum Heiligen Grab und zum Felsendom führten, die Erscheinung eines anderen Jerusalem erblickte.

Es ist die Gestalt von Louis Massignon, stellvertretender politischer Offizier der Mission Georges-Picot, dem französischen Hochkommissar für die besetzten Gebiete in Palästina und Syrien. Massignon war damals vierunddreißig Jahre alt, Lawrence neunundzwanzig. Das Zusammentreffen in Jerusalem war das Ende einer kurzen Episode, während der sich zwei ungewöhnliche Lebenswege kreuzten. Lawrence befand sich mitten in einem Abenteuer, das in der Geschichte seiner Zeit einige fragwürdige Spuren hinterlassen sollte. Massignon hingegen war in der Gelehrtenwelt bereits als ungewöhnlich begabter Arabist bekannt; er war nach seinem Militärdienst bei den Dardanellen und in Mazedonien zur *Mission Picot* gestoßen. Zum ersten Mal trafen die beiden im August 1917 im »Arabischen Büro« in Kairo zusammen, und es war geplant, Massignon zur »Arabischen Legion« abzukommandieren, einer Truppe von Arabern, die sich der Revolte Husains, des Scharifen von Mekka, gegen das osmanische Reich angeschlossen hatte und in der Nähe von Ismailia in Ägypten von britischen und französischen Instruktoren ausgebildet wurde.[1]

In den Veröffentlichungen von Lawrence findet sich kein Hinweis auf dieses Zusammentreffen. Seine breit gestreuten Interessen reichten nicht weit in die Geschichte und Kultur der Araber, und der Name Massignon sagte ihm wahrscheinlich damals wie auch später nicht viel. Den Franzosen im Nahen Osten hingegen war der Name von Lawrence mittlerweile wohlbekannt. De Saint-Quentin, der französische Militärattaché in Kairo, Diplomat und ein Mann mit großer Wahrnehmungsgabe und Urteilskraft, nannte ihn »die wahrscheinlich fesselndste Gestalt der britischen Armee oder Verwaltung im Osten«, einen Mann, dessen auffallend helle Augen von der Intensität des Gedankens erleuchtet wurden und der einen äußerst energischen und intelligenten Eindruck machte.[2] Massignon beschrieb ihn in einem seiner letzten Artikel mit ähnlichen Worten:

> »Mit Erstaunen erblickte ich einen noch immer jungen Engländer, so frei von allen Konventionen, beinahe ein Gesetzloser, und dennoch so zurückhaltend, weich und bitter zugleich, mit der Schüchternheit eines jungen Mädchens, dann wieder mit hartem Ton und leiser Stimme, wie die eines Gefangenen.«[3]

In diesem Artikel behauptete Massignon, daß das Generalhauptquartier die Absicht hatte, ihn zusammen mit Lawrence der nordarabischen Armee unter Faisal, die auf der Ostflanke von Allenbys Armee operieren sollte, zu unterstellen, daß Lawrence jedoch gedroht habe, die Armee zu verlassen, sollte ein Franzose ernannt werden, der seinen bestimmenden Einfluß auf Faisal in Frage stellen könnte. Daher wurde Pisani, ein Berufssoldat, an Massignons Stelle ernannt. Nachforschungen in britischen und französischen Archiven werden diese Version vielleicht eines Tages bestätigen, doch sollten sie, bis dies geschehen ist, mit Vorsicht aufgenommen werden, bestand doch ein gemeinsamer Charakterzug der beiden Männer in einer blühenden Einbildungskraft, die den Ereignissen ihres Lebens in der Erinnerung ihre eigene Ordnung aufzuzwingen vermochte. Massignon wurde sicherlich vom Gedanken an ein Schicksal, das sein eigenes hätte sein können, heimgesucht, jedoch auch von der Vorstellung, daß es ein falsches gewesen wäre; er dachte sein ganzes Leben lang darüber nach und vergegenwärtigte sich die Türen, die er aufgestoßen, jedoch nie durchschritten hatte. Am Morgen des Einmarsches nach Jerusalem, so erzählt er, soll Lawrence sein Herz geöffnet und »seinen Widerwillen« darüber zum Ausdruck gebracht haben, »den aufständischen Arabern, mit denen wir verbündet sind, nur deshalb zugeteilt zu sein, um sie zu benützen und danach im Stich zu lassen«.[4] Auch diese Erinnerung mag stimmen oder nicht, jedenfalls hatte Lawrence gegen Ende das Gefühl, in eine Situation gebracht worden zu sein, »aus der kein ehrenhafter Weg mehr herausführte«.[5] Dieses Gefühl fand bei Massignon einen Widerhall, der sich selbst und seinen Landsleuten »den weltlichen Wahn, zu verstehen, zu erobern, zu besitzen« als einen Mißbrauch der »heiligen Gastfreundschaft« vorwarf.[6] Ihrer Generation entsprechend legten beide Männer den Unternehmungen ihrer jeweiligen Länder das Maß der nationalen Ehre, ein Leitgedanke imperialer Sendung, an.

In dem, was Massignon über Lawrence schrieb, können wir vielleicht eine gewisse Affinität erkennen. Beider Leben, das sich für einen kurzen Augenblick berührte, war das Leben von Pilgern in einer Welt, die nicht für sie geschaffen war. Sie waren selbstbewußte, gebildete Männer, welche der Schönheit äußerer Formen in Worten Ausdruck zu verleihen vermochten. *Die sieben Säulen der Weisheit* sind voller lebendiger und kraftvoller Bilder, welche die Wirkung auf eine Landschaft, eine Stadt oder eine Person in dem Augenblick beschreiben, da »die Hitze Arabiens wie ein gezogenes Schwert hervorbrach«[7]. Massignon, Sohn eines Künstlers, konnte die herzbewegende Schönheit der sichtbaren Formen, die »ich so sehr geliebt habe«[8], beschwören. Dennoch war diese Welt für beide irgendwie etwas Verbotenes: Sie fühlten sich im

Exil, einsam in einem öden Land, auf der Suche nach etwas, was die Welt der sichtbaren Formen nicht zu geben vermochte. Lawrence schrieb von seinem »einsamen Anderssein, das mich nicht zum Gefährten machte, sondern nur zu einem Bekannten, verschlossen, eckig und unbequem«.[9] Es wurde schon viel zu viel über die Ursprünge dieses Gefühls des Andersseins in seinem Leben geschrieben, und allzu häufig vielleicht wurde sie mit seiner Sexualität, zu selten jedoch mit seiner Klassenzugehörigkeit erklärt. Im England seiner Zeit konnte die Klassenzugehörigkeit ebensosehr zur Qual werden wie die Sexualität. Vielleicht hat das Gefühl, durch die Umstände seiner Geburt den Platz in der Welt verloren zu haben, der ihm zustand, mit zu seinen körperlichen Qualen beigetragen. In einem anderen Artikel über Lawrence spricht Massignon vom »unheilbaren ›Krebsleiden‹ des Fleisches«[10], und es bedarf keines großen Scharfblicks, sondern nur etwas Aufmerksamkeit, um zu erkennen, daß auch Massignon seine Leiden hatte: Sowohl in Briefen als auch in veröffentlichten Schriften sprach er vom »Schrecken vor mir selbst«, von dem er besessen war.[11]

Herauszufinden, welche Gestalt das »Krebsleiden des Fleisches« bei jedem von ihnen annahm, ist weniger wichtig als zu verstehen, welche Bedeutung sie ihm zuerkannten. Für beide waren Leben und Reisen in islamischen Ländern die Erfahrung, mit deren Hilfe sie sich ihrer selbst bewußt wurden und ihr Schicksal bestimmten. Dennoch war es für jeden eine eigene, unterschiedliche Welt. Lawrences Arabien ist die Wüste: »der arabische Osten ist für mich stets ein leerer Ort«[12]. »Ich wache jetzt oft in Arabien auf; der Ort blieb bei mir, weit mehr als die Menschen und die Taten.«[13] Seine Sicht auf Arabien reflektiert diejenige des Geologen C. M. Doughty, der die Wüste durchwanderte, um das nackte Antlitz der Welt zur Zeit ihrer Erschaffung zu finden, wie die Eremiten, die »freiwillig flohen [...] um den ersten Adam in ihrer Seele wiederzufinden«[14].

Für Doughty und Lawrence war die Wüste die sichtbare Form der urzeitlichen Welt; für Massignon hatte sie für sich selbst keine

Bedeutung, sondern war mehr ein Symbol für die unfruchtbare Einöde des unerlösten menschlichen Lebens, in die plötzlich eine Erleuchtung von außen einfallen kann: »Ich habe beinahe Sehnsucht nach der Wüste, diesem vollkommenen, ruhigen Meer, in seiner Unermeßlichkeit vom täglichen Lauf der Sonne gewiegt [...] denn dort wurde ich wirklich geboren, dort wurde ich mit meinem Namen gerufen von der *Vox clamantis in deserto*.«[15] Sein arabischer Osten ist aber nicht nur die Wüste: »Sie lieben die Araber mehr als ich«, soll Lawrence zu ihm gesagt haben.[16] Für ihn war der Osten mit Menschen, mit Vergangenheit und Gegenwart angefüllt; in seinem Zentrum lag Kairo, das größte Werk der arabisch-muslimischen Zivilisation. Lawrence mochte die Ägypter nicht: »Das Klima ist gut, das Land wunderschön, die Dinge bewundernswert, die Menschen aufdringlich und widerwärtig«, schrieb er an Robert Graves, der im Begriff stand, dort zu unterrichten.[17] Für Massignon dagegen bedeutete die Stadt tiefe Liebe und enge Freundschaft, die während seines ganzen Lebens durch viele Besuche und – im Laufe der Zeit – durch Generationen von Studenten immer wieder erneuert und gefestigt wurde. Sie war auch sichtbarer Ausdruck der Überlieferung einer von den Lehren des Propheten Muhammad hergeleiteten Kultur und eines moralischen Bewußtseins, ein Gegenstand, dem seine größte Sorge gelten sollte. Kairo war nicht nur eine Stadt der Lebenden; außerhalb der mittelalterlichen Mauern liegt die »Stadt der Toten«, wo sowohl Lehrer und Heilige als auch Herrscher begraben waren. In einem berühmten Artikel erinnerte er später an ihre Gräber und an die »Kette der Zeugen«, die für ihn die wahre Geschichte des Islam war.[18]

Sowohl für Massignon als auch für Lawrence war der arabische Osten auch der Ort, wo beide etwas so Tiefes erfahren hatten und derart herausgefordert worden waren, daß ihr wahres Selbst freigelegt und die Richtung ihres Lebens deutlich wurde. Für Lawrence war es die gesamte Erfahrung des »arabischen Aufstands«: Die Lebendigkeit des Abenteuers und zugleich das Gefühl, am falschen Platz zu sein, verstärkte seine Einsamkeit. Der symbolische Moment war jener Tag im November 1917 in Deraa, als er – nach seiner Darstellung – von Türken gefangengenommen, geschlagen und mißbraucht wurde, und er die »Zitadelle meiner Unversehrtheit unwiderruflich verloren« hatte.[19] In Massignons Leben war die Krise früher eingetreten, im Mai 1908, als er – nach seinem eigenen, oft wiederholten Bericht – während seiner Teilnahme an einer archäologischen Expedition im Irak der Spionage angeklagt, gefangengehalten und mit der Hinrichtung bedroht worden war. Er hatte »aus heiligem Schrecken vor mir selbst« versucht, Selbstmord zu begehen, verlor das Bewußtsein, erwachte dann plötzlich und wurde der Gegenwart eines Fremden gewahr, »der mich so nahm, wie ich war, am Tage Seines Zorns, bewegungslos in Seiner Hand wie der Gecko im Sand[20] [...] plötzliches Erwachen, die Augen geschlossen vor einem inneren Feuer, das mich richtet und mir das Herz verbrennt, Gewißheit einer reinen Gegenwart, unbeschreiblich, schöpferisch, meine Verdammung aufgehoben durch das Gebet unsichtbarer Wesen, Besucher meines Gefängnisses, deren Namen mein Denken erfüllten«[21]. Unter diesen »unsichtbaren Wesen« waren auch ihm bekannte Personen aus der Vergangenheit, deren Fürsprache ihm in diesem Augenblick klar wurde.[22]

Einmal mehr ist hier Vorsicht am Platz. Manche Autoren bezweifelten das von Lawrence beschriebene Vorkommnis in Deraa überhaupt. R. Meinertzhagen, kein sehr zuverlässiger Autor, behauptete, daß die Geschichte falsch wäre[23]; Bernard Shaw und seine Frau, beide glaubwürdiger und nachsichtiger, sagten dasselbe, und Shaws Frau nannte ihn einen »verteufelten Lügner«.[24] Vielleicht bezieht sich Lawrence auf diese Episode, wenn er über eine Passage in *Die sieben Säulen der Weisheit* schreibt: »Ich drückte mich vor der ungeschminkten Wahrheit und schrieb nur in Andeutungen.«[25] Auch die Geschichte eines französischen Bürgers, dem im osmanischen Reich zu jener Zeit mit der Hinrichtung gedroht wird, ist nicht ganz überzeugend. Weder die Berichte des französischen Konsuls in Baghdad noch der Kapitän und der Arzt des Flußschiffes, auf dem Massignon reiste, erwähnen eine solche

Bedrohung oder ein solches Urteil, weisen jedoch auf ein starkes Fieber hin, hervorgerufen durch eine Malaria oder einen Sonnenstich, was sich möglicherweise auf seine Sicht der Vorgänge um ihn herum ausgewirkt haben mag.[26] Letzten Endes spielt es keine große Rolle. Beide Männer versuchten, wie phantastisch auch immer, eine entscheidende Begegnung mit ihrem Selbst zu beschreiben. Wenn nicht in Deraa, dann hätte Lawrence eben woanders gemerkt, daß »die Zitadelle seiner Unversehrbarkeit« verloren war. Im Gefängnis oder im Fieberwahn erfuhr Massignon den Schrecken vor sich selbst und das Eindringen der Gnade.

Von da an waren beide Männer aufgerufen, eine gewisse Ordnung in das Chaos ihres Lebens zu bringen. Für Lawrence gab es keinen »Fremden«, keinen Einbruch eines anderen Lebens in sein eigenes. Die Härten einer evangelikalischen Kindheit scheinen bei ihm kein Gefühl für eine ewige Ordnung, welche in die zeitliche einbricht, hinterlassen zu haben, sondern nur eine Abneigung gegen den Klerus: »Ich wünschte, diese schwarzgefrackten Affen könnten das Licht sehen, mit dem sie leuchten.«[27] Dennoch verlangte es ihn brennend nach »dieser Vision von der Ganzheit des Lebens«, die »nicht ein Besucher für mich war, sondern immer da«.[28] Welches auch immer die Ordnung war, die sein Leben zusammenhalten konnte, sie mußte aus ihm selbst kommen – und gerade das war sein Problem. Die besten Erklärungen über ihn selbst sind stets seine eigenen. Er war sich der gefährlichen Verbindung eines außerordentlich machtvollen Willens und dem Fehlen eines festen Ziels durchaus bewußt: »Ich sah mich als eine Gefahr für gewöhnliche Menschen an, mit diesen Eigenschaften ihnen steuerlos zur Verfügung stehend«[29]; »weder habe ich den Ehrgeiz noch die Überzeugung, mein Vermögen, Menschen und Dinge zu formen, einzusetzen.«[30]

Das östliche Abenteuer war für ihn letztlich die Offenbarung dieser tragischen Disharmonie zwischen Wille und Verwirklichung. Er glaubte nicht »unwiderruflich [...] wohl aber zu ihrer Zeit und an ihrem Ort«[31] an die arabische Bewegung und vermochte daher »meinen Willen als Sterne in den Himmel«[32] zu schreiben. Doch bevor es zu Ende war, glaubte er schon nicht mehr daran – weder an Englands Rolle noch an seine eigene; und dies war, in einem tieferen Sinn, die »Zitadelle seiner Unversehrtheit«, die verloren war.

Dennoch war nicht alles verloren. Tiefer als alles andere in ihm war der literarische Ehrgeiz, der Wunsch, die ganze Erfahrung in Worte zu kleiden, ja sogar, diese Erfahrung nach literarischen Vorbildern zu gestalten. Als er zum ersten Mal in den Nahen Osten reiste, war sein Geist bereits von Büchern wie Homer, isländischen Sagen, mittelalterlichen französischen Romanzen, William Morris, die er in der Schule und während seiner Studienzeit in Oxford gelesen hatte, geprägt. Er wollte sich auf eine arabische Reise vorbereiten, aus der vielleicht ein zweites *Arabia Deserta* entstehen konnte. Der Krieg eröffnete ihm dann ein episches Thema. Danach war es vorbei; er glaubte nicht mehr länger an das, was er geleistet hatte, doch konnte er immer noch Literatur daraus machen. Für das nächste Jahrzehnt, bis *Die sieben Säulen der Weisheit* fertig waren, sollte dies sein Leitstern werden. Dann stellte sich die gleiche Frage noch einmal: Glaubte er letzten Endes an das, was er vollbracht hatte? Sein Verdikt über sein Buch ist hart, wahrscheinlich aber gerecht: Es ist »zusammengestellt aus Verweisen aus anderen Büchern, voll mit ihrem Echo, um meine Motive anzureichern, von ihnen abzulenken oder sie zu wiederholen«[33], »die Echos von Oxford und der akademischen Ehrbarkeit meiner Prosa«[34].

Der Untertitel von *Die sieben Säulen der Weisheit* heißt *Ein Triumph*, und Lawrence benützt ihn mit bewußter Ironie, ob er sich nun auf seine Taten bezieht oder auf das Buch selbst. In seinen Augen waren beides Fehlschläge, da es Versuche waren, ein Problem zu lösen, das so, wie er es stellte, unlösbar war. Wie sollte er durch Willensanstrengung der Tyrannei des Willens entkommen können? Es ist vielleicht bezeichnend, daß er in dem berühmten selbstanalytischen Kapitel der *Sieben Säulen* das Wort »Will« stets mit einem großen »W« schreibt, gerade so, als ob es sich um ein eigenständiges, von ihm getrenntes Wesen handelte.[35] (Auf dieses

Kapitel mag er sich beziehen, wenn er sagt, daß er nicht direkt, sondern in Andeutungen über etwas schreibt: Aus dem, was er über »Will« schreibt, sind möglicherweise Untertöne einer gefürchteten, drängenden Sexualität herauszuhören.)

In seinem letzten Lebensabschnitt versuchte er sich einer Ordnung zu unterziehen, die nicht von ihm selbst stammte, sondern die er freiwillig angenommen hatte, und durch ein »diszipliniertes und ergebenes Leben« – um einen scharfsichtigen Kritiker zu zitieren[36] – den geistigen Frieden zu erlangen. In diesen letzten Jahren war Thomas Hardy sein Vorbild für menschliches Verhalten, ein Leben, erfüllt, zurückgezogen von der Welt, frei von allen Leidenschaften. »So bleich, so still, so bis ins Innerste vergeistigt [...] Es ist eine unglaubliche Würde und Reife um Hardy: er wartet so ruhig auf den Tod, ohne daß ein Wunsch oder Ehrgeiz seinen Geist beunruhigte.«[37] (Ob dies nun der wahre Hardy war oder nicht, ist unwichtig.) In den letzten Briefen von Lawrence ist etwas von diesem Frieden zu finden, ein Abwenden von allen Bemühungen, andere zu beeindrucken oder der Welt zu imponieren. Wenn er fünf Tage vor seinem Tod schreibt, in seinem Werk gebe es »etwas Zerbrochenes [...] ich nehme an, mein Wille«[38], so spricht daraus nicht eine Niederlage, sondern vielleicht eher eine Art Befriedigung.

Für Massignon stellte sich das Problem auf eine andere, man wäre beinahe versucht zu sagen, genau entgegengesetzte Weise. Der Fremde, der ihn »am Tage Seines Zorns« in den Händen hielt, sollte hinfort Mittelpunkt seines Lebens sein, begehrt und geliebt nicht durch einen reinen Willensakt, sondern durch völlige Hingabe: Durch die Reinigung von Sünde und durch Verzicht auf die Freuden dieser Welt bestand Hoffnung, zu jener Wirklichkeit zu gelangen, die sich – ganz von selbst – in einem visionären Augenblick offenbart hatte. Auf welchem Weg dieses Ziel erreicht werden konnte, dies war der Hauptgegenstand des Briefwechsels mit Paul Claudel, der im August 1908, kurz nach seiner Krise im Irak, begann. In den Briefen geht es um die Wahl, zu der Massignon sich gezwungen sah: Sich von der Welt abzuwenden, Priester zu werden und Charles de Foucaulds Aufforderung Folge zu leisten, mit ihm zusammen in der Sahara ein Leben im Gebet und in Abgeschiedenheit zu führen oder seine weltliche Berufung als Gelehrter fortzusetzen.[39]

Es handelt sich um eine Korrespondenz zwischen zwei Männern von äußerst unterschiedlichem Temperament. Für Massignon ist die Welt eine von den Strahlen des Ewigen erleuchtete Wüste; für Claudel ist alles ausgewogen und symmetrisch angeordnet, alles hat seine eigene Ordnung und Schönheit, wird von der Sünde getroffen wie ein Gebäude vom Blitz, durch die göttliche Gnade jedoch wiederhergestellt. Jeder muß in diesem Gefüge seinen angemessenen Platz finden und dessen Begrenzung akzeptieren; letzten Endes gibt es nur zwei Stände, die zur Wahl stehen: der Stand der Ehe oder der Priesterstand. Ein Mann, der keinen von beiden erreicht hat, ist unvollkommen, seine Kräfte sind vergeudet.[40] Claudel war von Massignon sichtlich fasziniert, und manches von dem, was der andere ihm berichtete, rief ihm jene Liebesgeschichte, die in *Mittagswende* beschrieben ist, in Erinnerung. »Diese furchtbaren Geständnisse, die sie mir machten und die in meinem Herzen ein Echo finden« erinnern ihn an »das schreckliche Abenteuer, bei dem ich beinahe meine Seele und mein Leben verloren hätte«.[41]

Es war nicht nur eine Erinnerung, sondern das Gefühl einer verpaßten Berufung, die ihn dazu brachte, Massignon zum Priestertum zu drängen: »Ich betrachte mein Leben für vertan«[42]; »die Vorliebe für die Kunst hat mich vor dieser furchtbaren Sinneseinfalt bewahrt, ohne die es keine intime Freundschaft mit Gott gibt«[43]; »wenn wir einige Artikel geschrieben haben oder, wie ich, einige Stücke voller künstlicher Gefühle verfaßt, *quid hoc ad aeternitatem*?«[44] Massignons Bekehrung war ein Zeichen dafür, daß etwas Besonderes von ihm verlangt wurde: »Gott hat Sie durch ein unerhörtes Wunder vom Tod des Körpers und der Seele errettet [...] Sie gehören Ihm und nicht mehr Ihnen selbst.«[45]

In Massignons Natur gab es einen Zug in dieselbe Richtung. Er war sich dieser Kräfte in ihm, die zum »Tod des Körpers und der

Seele« führen konnten, bewußt; die Bekehrung im Irak kam nach einer Periode »wüster Eskapaden, unter Gesetzlosen verkleidet als *fellah*«.[46] Für ihn war irdische Schönheit eine Versuchung:

> »daß es zwei Arten von Schönheit in dieser Welt gibt, und daß man die erste in sich selbst auslöschen muß, um die Reinheit des Blickes zu haben, der allein es erlaubt, die zweite zu werden«.[47]

Er erklärt sich für gelähmt »vom Schrecken vor mir selbst und von der Unfähigkeit zur reinen Liebe zu anderen«.[48]

Am Ende fiel die Entscheidung anders aus, und als Massignon Claudel mitteilte, daß er heiraten werde und der Welt als Wissenschafter erhalten bleibe, war aus Claudels Antwort ein, wenn auch leiser, Unterton des Bedauerns herauszuhören:

> »Ich empfinde nur eine selbstsüchtige Enttäuschung. Ich hoffte, Sie wüchsen über mich hinaus, und es kommt mich hart an, Sie auf derselben Stufe wie mich zu sehen [...] ich begrüße Ihre Heirat von ganzem Herzen und wünsche Ihnen Gottes Beistand. Sie sind nun nicht mehr länger romantisch und interessant, Massignon, doch ist es gut, weder das eine noch das andere zu sein.«[49]

Vielleicht drückte die Wahl Massignons die Überzeugung aus, daß – zumindest für ihn – der weltliche Weg beschwerlicher war als der Verzicht, doch entsprang sie auch einem Gefühl der Schuld gegenüber den Arabern und den Muslimen. Seine Bekehrung hatte im arabischen Osten stattgefunden, das erste Gebet, das er zu sprechen imstande war, sprach er auf arabisch, eine arabische Familie in Baghdad brachte ihm in der Stunde der Not Freundlichkeit entgegen und gewährte ihm Gastfreundschaft. Was auch immer die Beweggründe sein mochten, der gewählte Weg mußte zu Ende gegangen werden. In den Jahren der Korrespondenz mit Claudel suchte er auch nach einem Weg, bei dem das weltliche Leben – in seinem Fall das eines Gelehrten, der arabische Manuskripte studierte – dem Dienst Gottes geweiht werden konnte.

Das Werk, in dem er sich diesem Problem stellte, war seine

Doktorarbeit (1914 abgeschlossen, 1922 veröffentlicht) über Mansur al-Halladsch, einen 922 in Baghdad hingerichteten Sufi-lehrer.[50] Al-Halladsch war angeklagt, verbreitet zu haben, daß die rituellen Vorschriften des Islam überflüssig wären; die Kaaba in Mekka solle zerstört werden, und ein Muslim könne seine Pilgerreise in den eigenen Räumen absolvieren, ohne nach Mekka zu gehen. Hinter der Anklage stand allerdings der Verdacht, seine Lehre laufe darauf hinaus, daß am Ende des mystischen Wegs die Trennung von Mensch und Gott in einer Wesenseinheit überwunden werden könne. Massignon glaubte, daß diese Anschuldigungen falsch waren: Al-Halladsch lehrte nicht die Einheit der Wesen, sondern die Liebe zwischen dem Menschen und Gott im Herzen. Er war sich seiner besonderen Übereinstimmung mit al-Halladsch bewußt, dessen Worte ihm den Sinn für die Sünde und damit den Wunsch nach Reinheit zurückgegeben hatten. Al-Halladsch war einer der Fürsprecher, der ihm im Augenblick der Krise erschien.[51]

Die Doktorarbeit, *La passion de Husayn ibn Mansur al-Hallaj*, ist ein ganz anderes Buch als *Die sieben Säulen der Weisheit* von Lawrence, und dennoch gibt es eine gewisse Ähnlichkeit in der Zielsetzung: In beiden gelangt ein literarisch begabter Künstler durch die Beschreibung von etwas außerhalb seiner selbst zu einer Art Selbsterkenntnis. Es handelt sich, in einem tieferen Sinn, um geistige Autobiographien, und dies ist ein gefährliches Unterfangen: Der Künstler arbeitet mit Material, das nicht formbar ist; harte Fakten setzen der Imagination, die ihnen eine einheitliche Form geben will, Widerstand entgegen. Über Lawrences Interpretation des »arabischen Aufstandes« sind viele Zweifel geäußert worden, dennoch bleibt sie für die Geschichte jener Periode eine wertvollere Quelle als ihre schärfsten Kritiker zugeben wollen, und ein, wenn auch nicht makelloses, Meisterwerk der Selbstoffenbarung. Die Tiefe und Originalität von Massignons Gelehrsamkeit, seine außerordentliche Bildung und das Gewicht seiner Einsichten sind über jeden Zweifel erhaben, dennoch wird es für andere Wissenschaftler, die nicht in seinem Bann stehen, früher oder später notwendig werden, die Quellen von al-Halladschs

Leben und Wirken zu überprüfen. Nichtsdestoweniger bleibt seine Leistung, eines der großen Werke der europäischen Orientforschung und ein bleibendes Denkmal französischer Literatur geschaffen zu haben, bestehen.

Massignon hätte sein Werk »Ein Triumph« nennen können, ohne den ironischen Unterton, den man aus Lawrences Untertitel heraushören kann. *Die sieben Säulen der Weisheit* enden mit der vollständigen Lösung aller Verbindungen zwischen dem Autor und seinem Gegenstand: der »arabische Aufstand« geht seinen eigenen Weg, und die Brüchigkeit, ja, Fehleinschätzung seiner Grundvoraussetzungen ist bereits klar. Der Protagonist, der auch Beobachter ist, »reicht seinen Abschied ein«, das Geschehen erfüllt ihn mit Kummer, und auch die Rede darüber bedeutet ihm nichts mehr.[52] In Massignons Werk gibt es eine solche Trennung nicht, eher das Gegenteil; er hatte eine Geschichtsauffassung für sich gefunden und entwickelt, die zwischen ihm und seinem Gegenstand einen Zusammenhang herstellte.

Nicht die Geschichte der großen Kollektive ist für ihn die wahre Geschichte, sondern das Werk Gottes im Inneren eines jeden Samenkorns.[53] Die Träger dieses Werks sind jene Menschen, die durch Gebet und Opfer nach einem äußersten Lebensziel, der Vereinigung mit Gott, streben und die Leiden und Unvollkommenheiten der Sünder, der Unwissenden, der Armen und Beladenen auf sich nehmen. Von der Möglichkeit der Vertretung (Substitution), das heißt, daß eine Person die Schuld anderer vor Gott auf sich nimmt, will Massignon durch den Schriftsteller Huysmans erfahren haben, den er in seiner Jugend kennengelernt und der auf dem Totenbett seine Leiden für die Bekehrung Massignons dargebracht hatte.[54]

In dieser vom Gebet getragenen Gemeinschaft gibt es solche, die auf dem steinigen Weg von der Sünde über die Reue bis zur Läuterung an einen Punkt gelangen, an dem ihre Fürbitten von bleibender Gültigkeit sind. Ihre Handlungen und Worte verbreiten sich wie ein Echo; ihr Leben überlebt im Leben anderer. Sie bilden eine Kette heroischer Seelen, der Freunde Gottes, die den wichtigsten Strang der Geschichte der Menschheit darstellt. Eine dieser Seelen war al-Halladsch, der, indem er die Anschuldigungen seiner Gemeinde auf sich nahm, den Märtyrertod starb, über die Jahrhunderte hinweg jedoch allmählich in das moralische Bewußtsein der muslimischen Welt einging und schließlich sein Werk der Fürsprache im Leben von Massignon selbst ausübte.[55]

Kein Denker ist vollkommen eigenständig, und in dieser Auffassung von einer Reihe von Fürsprechern können nicht nur Spuren von Huysmans Schriften gefunden werden, sondern auch gewisser gängiger Vorstellungen im zeitgenössischen französischen Katholizismus und in einem ebenfalls gängigen Okkultismus, dem Glauben nämlich an eine verborgene Wirklichkeit hinter der Erscheinungsform der Dinge. Die Vorstellung einer Kette von Zeugen der Wahrheit – eine unsichtbare Hierarchie der Heiligen –, welche die Welt im Gleichgewicht hält, ist ein wichtiges Thema der Sufischriften. Solche Ideen wurden von Massignon auf eine nicht ungefährliche Art und Weise aufgegriffen, doch stellten sie eine Konstruktion dar, die stark genug und seinem Temperament angemessen war, um den Rahmen zu bilden, worin er bis zu seinem Tod im Jahr 1962 im Alter von 79 Jahren leben konnte.

Niemand kann sagen, wie das Alter von Lawrence ausgesehen hätte. Möglicherweise hätte ihn sein Temperament, welches mehr das eines Tatmenschen als eines Kontemplativen war, in den harten Jahren nach 1935 wieder in das öffentliche Leben getrieben. Vielleicht hätte er sich einmal mehr den Versuchungen des »Willens« ausgeliefert gesehen, und vielleicht hätten sie endgültig den Sieg davongetragen. Das letzte, traurige Bild von ihm ist eine Photographie zum Zeitpunkt, als er die Royal Air Force verließ. Massignons hohes Alter hingegen blieb unzähligen Kollegen, Studenten und Freunden, wie auch denen, die – mit Beifall oder Ablehnung – seine öffentlichen Interventionen miterlebten, in Erinnerung. Vom leidenschaftlichen Wunsch getrieben, zur Kette der Zeugen und Fürsprecher zu gehören, nicht ohne Sehnsucht nach dem Martyrium in der Wüste, ähnlich jenem von Charles de

Foucauld, lag für ihn die Bedeutung seines Lebens im Gebet und in der Fürbitte, womit er den Muslimen für das, was er von ihnen erhalten zu haben glaubte, etwas zurückgeben wollte. In der Welt des Islam hatte er die Einzigartigkeit und Größe Gottes kennengelernt; die Gebete der Christen könnten den Muslimen geben, was der Islam nicht geben konnte: die Fleischwerdung und das Kreuz. Trotz aller Konflikte und Unterschiede stammen beide von Abraham ab. Mit Muslimen und für sie zu beten, war die besondere Berufung der arabischsprechenden Ostkirchen: Dieser Glaube kam in der Betgemeinschaft, die er gründete, zum Ausdruck, vor allem aber im wichtigsten Ereignis seines Lebens, das er tatsächlich bis zu seinem Lebensende geheimgehalten hatte: seiner Weihe zum Priester der griechisch-katholischen Kirche, worauf er lange gewartet und die er schließlich mit päpstlicher Einwilligung erreicht hatte.[56]

Von diesem zentralen Punkt aus gingen seine Aktivitäten in alle Richtungen: Gefangenenbesuche, Unterrichtung arabischer Einwanderer, Betreuung unzähliger Studenten, denen gegenüber er sich stets entgegenkommend und hilfsbereit zeigte; Teilnahme an gewaltlosen Protesten unter dem Einfluß von Gandhi gegen die Auswüchse der französischen Kolonialherrschaft; Pilgerreisen, später vor allem an Orte, die in Verbindung mit den sowohl von der christlichen als auch der muslimischen Überlieferung anerkannten Sieben Schläfern von Ephesus standen und von ihm als Symbol für die Ausgeschlossenen und Verfolgten wie auch für die Reinheit des Glaubens angesehen wurden.

Couve de Murville beschrieb, wie zu seiner Zeit, als er Botschafter in Kairo war, die »dunkle, lebhafte und straffe Gestalt des Professors Massignon« von Zeit zu Zeit in seinem Büro erschien und welche unerwarteten Wendungen das Gespräch nahm. Die meisten, die ihm in seinem späteren Leben begegneten, haben ähnliche Erinnerungen an den Mann, der vollkommen anders als alle anderen war, zuweilen beunruhigend, sicher aber unvergeßlich: stets schwarz gekleidet wie in Trauer, abgezehrt, doch von strenger Schönheit, sein zerfurchtes Gesicht von widerstreitenden

Leidenschaften entflammt wie ein Schlachtfeld von guten und bösen Geistern; ausnehmend höflich, ganz »altes Frankreich«, Strenge und Freundlichkeit, Zorn und Mitleid so nahe beieinander, daß manche, die ihm begegneten, seine Gegenwart nicht ertragen konnten. Die meisten wurden jedoch von einem Gefühl des Übernatürlichen überwältigt. Immer redend, in einem Redefluß, der wenig Rücksicht auf Zeit, Ort oder seinen Gesprächspartner nahm, immer Zeugnis von seiner Sicht des Lebens ablegend und – auch zu den unpassendsten Gelegenheiten – auf den zentralen Moment seines Lebens, das Drama von Sünde und Reue sowie das göttliche Licht im Gesicht des Fremden, zurückkommend.[57]

V.
AUF DER SUCHE
NACH EINEM NEUEN ANDALUSIEN:
JACQUES BERQUE UND DIE ARABER

In seiner Abschiedsvorlesung am Collège de France[1] brachte Jacques Berque noch einmal die Vorstellungen, die ihn als Lehrer und Schriftsteller leiteten, und das, woran er zeitlebens glaubte, mit persönlichen und bewegenden Worten zum Ausdruck. Im Mittelpunkt seines Interesses stand stets das Problem der Entfremdung: Wie können Männer und Frauen eine Welt wiedergewinnen, die ihnen fremd geworden ist, ohne ihre Glaubwürdigkeit zu verlieren? Wie können sie der Gefahr der immer gleichen Bestätigung einer aus der Vergangenheit übernommenen Identität einerseits und einer kosmopolitischen, nichtssagenden Modernität andererseits entgehen? Berque glaubt, daß die Identität der Araber als Volk zwei Wurzeln hat: die arabische Dichtung und der Koran; und dieser Gedanke hat ihn in den letzten zwei Jahren zu tiefschürfenden Betrachtungen über deren Sinn und Bedeutung geführt. Daraus entstand sein bemerkenswertes Buch *Langages arabes du présent*[2] und seine Übersetzung vorislamischer Oden[3]. Noch immer warten wir auf seine Betrachtungen zum Koran und dessen Bedeutung für die moderne Welt[4], denn trotz des Beispiels seiner ehemaligen Studenten Ali Shari'ati und Hasan Hanafi, zeigt er sich besorgt darüber, daß eine rein defensive Haltung bei den modernen Koranexegeten die Kreativität ersticken könnte. Er schließt seine Vorlesung mit einer Bekräftigung seines Vertrauens nicht nur in die Araber, sondern auch in die größere Einheit, an der sie teilhaben: die Mittelmeerwelt in ihrer Gesamtheit, den lateinischen Norden wie den arabischen Süden. Er glaubt, daß eine Wiederbelebung der »ererbten Landschaften«, die Schaffung eines »neuen Andalusiens«, möglich und notwendig ist.

Ein Rückblick auf die Antrittsvorlesung vor fünfundzwanzig Jahren ist geeignet, um eine Vorstellung von der Stetigkeit seiner Berufung zu gewinnen.[5] Sie wurde im Dezember 1956 gehalten, als der Kanonendonner am Suezkanal gerade wieder verstummte, in Algerien jedoch immer noch Krieg herrschte, und brachte ein heikles Thema zur Sprache: Wie kann man den anderen kennenlernen, wie können Europäer den Islam verstehen? Im Zentrum der Tradition europäischer Orientalistik weist Berque darauf hin, daß Orientforschung in dem Sinne, wie sie früher und bisher betrieben wurde, nicht mehr zureichend ist. Der westliche Wissenschaftler muß demnach künftig in Zusammenarbeit mit jenen treten, die ihre Gesellschaft und Kultur von innen kennen. Er muß sich von der Vergangenheit lösen und sich der Gegenwart zuwenden; und in der Gegenwart muß er unter der Oberfläche politischer Ereignisse und ökonomischer Vorgänge auf die verborgenen Bewegungen eines jeden Herzens achten, auf die Enttäuschungen und Ängste, von denen jene gezeichnet sind, die nicht mehr über die Welt verfügen, in der zu leben sie genötigt sind, und für die ein Wiedererstarken des Islam ein Gegenmittel zu enthalten scheint. Wenige westliche Beobachter hätten zu jener Zeit ein Wiederaufleben der muslimischen Identität, wie wir sie heute erleben, voraussagen können, und wenige hätten am Ende des Jahres 1956 in Frankreich und England gewagt, zu ihrer Überzeugung zu stehen, daß die Bindungen zwischen Frankreich und der arabischen Welt erhalten bleiben. Die arabischen Länder im Maghreb »sind für uns noch immer der Ort unseres Stolzes und unserer Tränen«[6]; die französische Sprache »bleibt immer noch – ich wage, es heute zu verkünden – der Hellenismus der arabischen Völker«.[7]

Diese zwei Vorlesungen, janusköpfig wie alle Schriften von Jacques Berque, werfen einen Blick zurück und nach vorn und sehen die von der Vergangenheit auf Gegenwart und Zukunft geworfenen Schatten. Sie weisen deutlich auf das Thema, die

Methode und den Ton seiner Schriften hin. Seiner Selbstdefinition zufolge ist er ein »historischer Anthropologe«, dessen Hauptgegenstand die wissenschaftliche und technische Revolution, das große Thema der modernen Geschichte, und ihre Auswirkung auf die Welt der Menschheit ist. Die Revolution wurde in der ersten Phase von den großen westlichen Nationen Nordeuropas monopolisiert; sie strichen den Gewinn aus dem Handel ein, sie machten sich ihre militärische Übermacht zunutze und drückten den von ihnen beherrschten Ländern ihren Stempel auf. Dann kam das Zeitalter des Nationalismus, als der Rest der Welt seine Rechte an der Revolution geltend machte und die – zumindest äußerlichen – Zeichen seiner Identität wiederentdeckte. Mit der Unabhängigkeit trat allerdings das eigentliche Problem zutage, wie nämlich die Revolution in ihrem ganzen Ausmaß zu bewältigen war und man sich dennoch treu bleiben konnte. In der ersten Phase der Unabhängigkeit behielten die herrschenden Eliten die Früchte der nationalen Wiederbelebung für sich und versuchten, ihren Nationen eine Modernität aufzuzwingen, die nicht im Boden der überlieferten Kultur verwurzelt war. Der Widerstand dagegen konnte mit der Forderung, daß das ganze Volk gemeinsam am Geschehen teilhaben müsse, leicht zu einer den Fortschritt hemmenden Sicherung des Erbes werden. Für Berque gibt es zwei Auswege aus dem Dilemma: einen Islam der Modernität und einen Sozialismus der Authentizität. Es ist an den Arabern, zu wählen, niemand anderer kann das für sie tun. Einer der bösen Geister, die durch sein Werk spuken, ist der von T. E. Lawrence, der die Hoffnungen anderer Menschen für Ziele manipulierte, die nicht die ihren waren.

Das Thema in einer so verkürzten Form zu behandeln, kommt allerdings einer Verfälschung der Ansichten, die in Berques Büchern zu finden sind, gleich. Es werden darin nicht abstrakte Ideen aneinandergereiht, sondern sie führen in kontinuierlicher Bewegung von der Oberfläche der Gesellschaft zu den Vorstellungen, die diese bewegen und die sie erklären – und wieder zurück. Er stellt seine Methode in *Arabies*, seinem persönlichsten Buch, dar, das teils eine Autobiographie ist, teils die Form eines Gesprächs mit Mirèse Akar hat, dem das Verdienst zukommt, Berque zu dieser Selbstoffenbarung bewegt und sie in eine getreue und elegante Form gebracht zu haben:

> »Wenn sie mit einem Individuum sprechen, richtet sich ihr Blick zuerst auf sein Gesicht [...] Wenn ich mit jemandem spreche, spreche ich nicht mit seinem Knochengerüst, ich richte mein Wort auch nicht an die Tätigkeit, die diese Person ausübt, sondern gehe auf ihren Gesichtsausdruck ein. Dasselbe geschieht beim Studium von Gesellschaften. Ich weiß, daß sich etwas hinter dem Gesichtsausdruck befindet, was diesen auslöst und formt, etwas, was ebenso wirklich ist, wie das, was ich zuerst bemerke: Den Blickwechsel zwischen uns und die Atemzüge [...] Ich sehe beide zusammen ein einziges Wesen bilden, oder vielmehr zwei sich aufeinander beziehende Wesen, die vorrücken, sich zurückziehen, wieder auf der Bildfläche erscheinen – wie arabische Reiter der romantischen Epoche. Nennen wir diese Wirkung – einen Namen müssen wir ihr ja geben – ›Frontalität‹, eine Bezeichnung, die Kunsthistoriker für die eigentümliche Kraft archaischer Statuen gebrauchen, die einen mit den Augen verfolgen und uns ihre bedrängende Gegenwart aufzwingen. ›Gegenwart‹: ein Wort, noch furchbarer als ›Abwesenheit‹ und wie dieses an unser Aufeinanderbezogensein als lebende Wesen gebunden; ein Aufeinanderbezogensein, dessen Extrem die Liebe ist.«[8]

Es ist dieser Perspektivenwechsel zwischen dem Äußeren der Gesellschaft und ihrem Inneren, der Jacques Berques Bücher lebendig macht. Seine Schriften sind vielleicht dort am besten, wo sie das Bild und den Zustand einer spezifischen Gesellschaft wiedergeben, wie in seinem Buch über den marokkanischen Gelehrten al-Yousi[9] und in seiner Untersuchung über ein ägyptisches Dorf *Histoire sociale d'un village Egyptien au XXe siècle*[10], in dem sowohl direkte Beobachtung als auch die Lektüre von modernen Romanen und Geschichten zusammengebracht werden, um das Bild einer Gesellschaft und der Kräfte, die sie zusammenhalten und verändern, zu zeichnen. In seinem umfangreicheren Buch über Ägypten, *L'Egypte, impérialisme et révolution*[11], ist die Analyse politischer und ökonomischer Vorgänge mit plastischen Schilderungen der Ansichten und Geräusche in der Stadt und auf dem Land durchsetzt. Oberägypten, das Nildelta, die Salons von Zamalek und Garden City werden lebensnah geschildert – nur die unbeholfenen englischen Besucher, die aus dem barbarischen Norden zum sonnendurchfluteten Mittelmeer strömen, sind ihm ein wenig entgangen.

Berques Schriften sind in der Tat voller Ausblicke, Bilder, Töne, Gerüche und Würze. Er hat die arabische Welt mit allen seinen Sinnen aufgenommen. Den *'alim*, den traditionellen Lehrer, trifft man nicht nur über seine Bücher gebeugt an, sondern sieht ihn auch durch die Straßen von Fez schreiten,

> »die Augen zu Boden gerichtet mit seinem Gebetsteppich unter dem Arm [...] Sein Gang drückt die Verachtung gegenüber dem Schauspiel der Welt aus [...] seine glatte Höflichkeit, seine nervöse Gereiztheit eines alteingesessenen Stadtbewohners, seine Verschlagenheit eines alten Höflings, seine Verbundenheit mit den samtartigen Ornamenten und den Stuckarbeiten an den großen Häusern, all dies machte ihn zum intellektuellen Vorkämpfer einer Kultur, die sich sowohl durch die Gelehrsamkeit der Scholiasten als auch durch die Kunst des Handwerks und die Köstlichkeit ihrer Gerichte auszeichnete.«[12]

Genauso wird in Bildern und Gerüchen das Algerien seiner Kindheit beschworen – das opalisierende Licht des Nachmittags, der Fettgeruch der Burnusse, der Duft der Gewürze – und Marokko mit seinen königlichen Gerichten: die *bastila*, die Taubenpastete mit Mandeln. Solche Sinneseindrücke werden in seinen Werken zu Symbolen der besonderen Wesensart der Araber und seiner eigenen Bejahung dieser Lebensweise. Er leidet nicht unter den Berührungsängsten, die bei manchen Gelehrten der älteren Generation den Kontakt mit den wirklichen Menschen, die sie studierten, bestimmten; sondern ganz einfach: »Ich gehe in die arabischen Länder, weil ich dort glücklich bin.«

Sich so leicht zwischen Oberfläche und Tiefe zu bewegen, ist mehr als nur Methode; es ist Ausdruck einer Lebensform. In seiner letzten Vorlesung sprach Berque vom Bedürfnis, Einsichten aus den Sozialwissenschaften, Beobachtungen der Vorgänge einer brutalen Wirklichkeit sowie die Erinnerungen und Zwänge seines persönlichen Lebens in sein Werk aufzunehmen. Den größten Teil seines Lebens verbrachte er in der Welt des Mittelmeers, und die antike Sicht dieser durch ein Meer verbundenen Welt ist »mein tiefstes Inneres«. Der Versuch etwa, mit seinem Leben ins reine zu kommen, ist am deutlichsten in seinem Buch *Le Maghreb entre deux guerres*[13] sichtbar. Im Rückblick auf die Welt seiner Jugend beschreibt er, wie die beiden Küsten des antiken Meeres auseinanderrückten. Für die *colons* wurden die maghrebinischen Menschen unwirklich, »eine Bedrohung, eine unbestimmte Größe, etwas, das man benützen konnte, im besten Fall etwas, worauf man aufpassen mußte«. Für den französischen Nordafrikaner ist der Franzose in dessen eigenem Land zwar wirklich, doch dahinter steht das Bild von einem anderen Frankreich, »ein zunehmend verschärfter Gegensatz zwischen dem Frankreich, das er sich wünschte, und jenem, das er aus eigener Erfahrung kannte«. An solchen Stellen erinnert er beiläufig an seinen Schritt, sich mit dem Verlust des Kolonialsystems abzufinden. Er gibt nicht vor, daß dieser Vorgang in seinem Denken kurz und schmerzlos vonstatten ging; die Notwendigkeit eines Nationalismus als vorläufigen Schritt zur Befreiung der Menschen akzeptierte er erst, als er in den fünfziger Jahren in einem ägyptischen Dorf lebte.

Kindheit und Jugend werden in *Arabies* noch unmittelbarer beschworen, und es entsteht ein klares Bild davon, wie sich seine Berufung bemerkbar machte. Am Beginn des Wegs steht sein Vater: »Mein Leben setzte das Leben meines Vaters fort.« Augustin Berque war auf seine Art eine bemerkenswerte Person: hoher Beamter der algerischen Regierung und Schriftsteller mit einer ähnlichen Fähigkeit, Menschen und Orte zu beschreiben wie sein Sohn. Sein Porträt eines ländlichen Notabeln im Algerien einer anderen Zeit hält sehr genau das problematische Verhältnis zwischen Kolonisatoren und Kolonisierten fest:

»Brennend vor Ehrgeiz, den er gezwungenermaßen unter einer Maske der Gleichgültigkeit verborgen hielt, ungestüm hinter seiner kalten Würde, mit einer ritterlichen und gleichzeitig berechnenden Großzügigkeit, zeichnete er sich durch die Vorspiegelung einer ehrlichen und naiven Ergebenheit aus [...] Auf diese Weise verknüpfte er seine eigenen Interessen mit unseren, so wie er sie früher mit denen unserer Feinde verbunden hatte.«[14]

Der Lebensstandard von Augustin Berque entsprach dem des höchsten Staatsdienstes, und in dieser moralischen Welt wuchs auch der Sohn auf. Er verbrachte einige Jahre seiner Kindheit in Frenda, in der Nähe des Ortes, wohin Ibn Chaldun sich zurückgezogen hatte, um über die »Naturgeschichte« der Dynastien nachzudenken. Ibn Chaldun ist eine weitere Gestalt, die im Denken Berques gegenwärtig ist. In Frenda saß der Knabe in der Ecke am Kamin und sah seinem Vater zu, wie er Recht sprach. Der Sinn für eine leichte und offene Beziehung, wie sie möglich war, bevor die Widersprüche der kolonialen Präsenz evident wurden, sollte ihm ein Leben lang erhalten bleiben.

Erinnerungen ähnlicher Art gibt es aus den Jahren des jungen Mannes. Da er als Student in Paris unglücklich war und die Sorbonne zu jener Zeit verabscheute, kehrte er plötzlich nach Algerien zurück, wo sein Vater für ihn einen Aufenthalt von einigen Monaten bei einem Stamm im Süden arrangierte, den er mit Reiten und Arabischunterricht verbrachte und wo er einen Eindruck vom alten patriarchalischen Leben bekam. Danach folgte seine Aufnahme in den Staatsdienst. Als sehr junger Beamter fand er sich irgendwo in Marokko auf dem Land, aufgerufen, Entscheidungen über Menschen und Gemeinschaften zu treffen, die er nur unvollkommen verstand. In einer anderen persönlichen Schrift, »Entrée dans le Bureau Arabe«[15], schildert er mit viel Sympathie und Ironie das labile Gleichgewicht zwischen Herrschern und Beherrschten: Der junge, unerfahrene Verwaltungsbeamte und der örtliche *qa'id*, der auf der Grundlage des Gewohnheitsrechts und im Sinne seiner eigenen Interessen Recht sprach, besaßen beide eine gewisse Macht, hüteten sich jedoch, sie zu gebrauchen; sie waren durch gemeinsame Interessen, welche die Zeit bald unterhöhlte, miteinander verbunden. Vierzig Jahre später sah er sich im Rückblick auf diesen Lebensabschnitt als der »aufdringliche Gast, der sich im Herzen des Islam als Meister aufspielt«. Aus der Zweideutigkeit dieser Haltung und vom »Begeisterungstaumel der frühen Jugend« wurde er bald durch »die faszinierenden Lehrjahre an einem Flecken Erde und den Beginn der Auseinandersetzung mit dessen Geschichte« befreit. Diese Auseinandersetzung wurde weitergeführt, als er nach Fez versetzt wurde und seine Abende in Gesellschaft eines Gelehrten der Stadt mit dem Studium des *fiqh* verbrachte, in einer Art Zusammenarbeit zwischen zwei Männern von den beiden Küsten des Mittelmeeres. Sie saßen sich, vereint im Wunsch, zu verstehen, gegenüber, und dies sollte für ihn als Beispiel für seine Hoffnungen auf die Zukunft dienen.

In einem gewissen Sinn hörte dieser Dialog in seinem Geist und seinem Herzen nie auf. In *Arabies* spricht er von sich selbst als von einem Algerier, der beiden Seiten angehörte. War sein Vater in der zweiten Generation Angehöriger der Elite im Staatsdienst, so gehörte die Familie der Mutter zu den *petits blancs* auf dem Lande. Auf der anderen Seite des Mittelmeers lagen die Ursprünge seiner Vorfahren in einem Dorf der Landes an einer der großen Pilgerstraßen Europas, durch seine Mutter jedoch auch in Spanien. Er kann von sich behaupten, »der letzte Franzose Algeriens« zu sein, aber auch »der erste Arabo-Lateiner des Mittelmeers«.

Ob die Verschmelzung, die in diesem Namen anklingt, jemals Gestalt annehmen wird oder nicht, etwas davon wurde in seinem eigenen Leben verwirklicht. Es ist ein Gradmesser für die Resonanz des Islam bei einigen französischen Gelehrten, daß sie behaupten können, den Arabern geholfen zu haben, sich selbst zu verstehen. Man kann von Berque – wie auch von Massignon – sagen, daß die Vorstellung, die gebildete und aufmerksame Araber von ihrer eigenen Überlieferung haben, ihre Selbstdefinition, sich gerade aufgrund dessen, was er schrieb und dachte, ändern wird. Über Massignon schreibt er mit großem Respekt, jedoch auch mit einer gewissen Distanz gegenüber dessen Streben nach hohen spirituellen Erfahrungen und seinem Hang, dem Islam ein christliches Antlitz zu verleihen. Für ihn ist Islam das »andere«, das als solches wahrgenommen und hingenommen werden muß: eine angemessene Aufgabe für einen langen und fruchtbaren Rückzug in St. Julien-en-Born auf der Straße nach Santiago de Compostela.

VI.
KULTUR UND WANDEL:
DER NAHE UND DER MITTLERE OSTEN
IM 18. JAHRHUNDERT

Wenn wir von einem späteren Zeitpunkt auf die muslimische Welt des 18. Jahrhunderts zurückblicken, kommen wir kaum umhin, nach Zeichen einer neuen geistigen Beziehung zwischen Muslimen und europäischen Christen Ausschau zu halten. Es gibt solche Zeichen, doch sollten wir ihre Bedeutung nicht überschätzen. Was Europa betrifft, so war die grundlegende christliche Haltung noch immer dieselbe wie während des ganzen letzten Jahrtausends; sie bestand in der Zurückweisung der muslimischen Behauptung, daß Muhammad ein Prophet und der Koran das Wort Gottes sei, und war mit der Erinnerung an Zeiten der Furcht und der Auseinandersetzungen sowie – abgesehen von einigen wenigen Gelehrten und Denkern – mit der Verbreitung von gewöhnlich feindseligen und oft genug verächtlichen Legenden verbunden. Diese Haltung änderte sich zeitweise, ganz aufgegeben wurde sie nie. Die Furcht ließ nach, und seit der Reformation scheint der Islam in den großen Auseinandersetzungen des Christentums keine bedeutende Rolle mehr gespielt zu haben. Wenn daher für den Islam dieselbe Sprache benutzt wurde wie früher, so geschah dies oft mit einer anderen Absicht. Manche Autoren benützten den Islam und dessen Zurückweisung als Symbol für näherliegende Feinde, so etwa, wenn Protestanten gegen Katholiken, Anglikaner gegen Deisten, Freidenker gegen die Tyrannei und die Vorurteile der Theologie argumentierten.[1] Ferner gab es Gelehrte, die in einer Umgebung mit weiterem Horizont arbeiteten und sich bemühten, nicht zu urteilen, sondern zu verstehen; dies vor allem an einigen der größeren Universitäten Westeuropas und in den neuen britischen Territorien von Bengalen unter dem Patronat von Warren Hastings.

Meistens hatte sich allerdings mehr die Phantasie als die Einsicht geändert: Ein neues Verlangen, das Ferne und Fremde zu suchen und sich anzueignen, bewegte die Reisenden, Sammler und jene, welche die neuen, größeren Paläste und Häuser, deren Bau durch den Wohlstand und die Sicherheit Westeuropas möglich wurde, einrichten wollten. Für kurze Zeit war diese Vorstellung nicht mit der Verachtung des Starken für den Schwachen oder mit einer moralischen Verurteilung, die sich auf eine neue moralische Ordnung stützte, verbunden. So konnten Agenten der Handelsgesellschaften, Indigopflanzer und militärische Abenteurer sich weit über die europäischen Siedlungen hinaus in das Mogulenreich vorwagen, in gehobene Mogulenfamilien einheiraten und eigene Familien gründen. Selbst in den Handelsniederlassungen gab es Beziehungen zwischen Europäern und muslimischen indischen Familien von Rang. Erst gegen Ende des Jahrhunderts fing die britische Herrschaftsschicht an, sich von denen, die sie regieren, zu distanzieren und jeden unbeschwerten Kontakt zu vermeiden. Dies geschah aufgrund des wachsenden Zustroms von Europäern (und insbesondere von Frauen), des Einflusses evangelikaler und später utilitaristischer Ideen sowie der mit Cornwallis begonnenen neuen Politik, die Inder von höheren Ämtern ausschloß – alles in allem eine einfache Frage der Macht. Symbolisch kam des neue Verhältnis in den Prachtbauten zum Ausdruck, welche die Briten in ihrer Hauptstadt Kalkutta errichteten: Prächtig und unnahbar, der indischen Architektur in keiner Weise verpflichtet, nach dem Vorbild europäischer neoklassizistischer Bauten und zu einem Großteil von europäischen Maurern und Zimmerleuten gebaut.[2]

Wenn dieser Wandel in Indien gegen Ende des 18. Jahrhunderts eintrat, so erfolgte er im Nahen Osten und in Nordafrika eher später. Gegen Ende des Jahrhunderts konnte ein europäischer

Reisender mit einigem Recht davon ausgehen, aus einem Land zu kommen, das besser und energischer regiert war als die Länder des Sultans. Er war jedoch noch nicht in der Position, Macht auszuüben, und die Zeichen der osmanischen Macht umgaben ihn überall. Auch gab es noch viel zu bewundern, und manche Vergleiche zwischen Ost und West gingen zugunsten des Ostens aus. Lady Mary Wortley Montagu schrieb – freilich zu Beginn des Jahrhunderts –, daß die große Moschee von Adrianopel »in punkto Pracht [...] jede Kirche in Deutschland oder England weit übertrifft«[3] und daß die Türken »nicht so ungehobelt sind, wie wir sie darstellen [...] Diese Pracht ist freilich von anderem Geschmack als dem unsrigen, und vielleicht von besserem.«[4] Doch selbst am Ende des 18. Jahrhunderts hätte ein Besucher in Istanbul ein ähnliches Urteil fällen können, ohne lächerlich zu wirken.

Auf der anderen Seite können wir jedoch eine sehr ähnliche geistige Einstellung, die von den neuen, erregenden Ideen beinahe unberührt geblieben war, beobachten. Wenn Muslime über das Christentum und das christliche Europa schrieben, so benützten sie das gleiche gedankliche Schema: Das Christentum hatte die Schrift verfälscht, seinen Propheten zu einem Gott und aus einem Gott drei Götter gemacht, es leugnete das Prophetentum Muhammads und die Gültigkeit des Korans. Gegen Ende des 18. Jahrhunderts wurde diese Haltung zwar etwas abgeschwächt, jedoch nie ganz abgelegt. Die ruhige Gewißheit eigener Stärke war geschwunden, und aus Furcht vor der europäischen Macht hatte sich an bestimmten Orten und in bestimmten Kreisen die religiöse Feindseligkeit verstärkt. Indische Muslime, welche die Expansion britischer Macht von den kleinen Handelsniederlassungen an der Küste in das Zentrum des Mogulenreichs beobachteten, und osmanische Politiker, die das russische Vordringen entlang der Schwarzmeerküste – einst ein osmanischer Binnensee – gewahr wurden, sahen bereits die Schatten kommender Ereignisse. Selbst in einer so entlegenen Provinzstadt wie Mosul wurde die osmanische Niederlage im Krieg von 1768–74 für ein Zeichen gewertet, daß die Moskowiter bald die Welt des Islam verschlingen werden.[5]

Ohne Zweifel weckte dieses Gefühl der Furcht und der Bedrohung teilweise auch eine gewisse Neugierde auf die Lebensweise und das Denken der Europäer. Reisende aus dem Westen trafen in Istanbul einige der oberen 'ulama, die bereit waren, mit ihnen zu einem Gespräch zusammenzukommen, wenn auch im geheimen.[6] Es gab aber nicht nur Reisende, sondern auch Europäer, die in den Städten der muslimischen Welt lebten. Sowohl in den wachsenden und blühenden Handelszentren des Osmanischen Reichs – Istanbul, Izmir, Saloniki und Aleppo – als auch in Indien konnten Europäer *alla franca* (nach Art der Franken) leben, und manches deutet darauf hin, daß sie von neugierigen Muslimen besucht wurden, die sehen wollten, wie sie lebten; so zum Beispiel die Reisenden, die von S. Digby, Ghulam Husain Chan und 'Abd al-Latif Schuschtari untersucht wurden. Einige wenige Reisende fanden den Weg nach Europa; osmanische Beamte, wie 1719 der berühmte Gesandte Yirmisehiz Mehmed Said Efendi, reisten in Staatsgeschäften. Gelegentlich gab es auch private Reisende. S. Digby berichtete von einem indischen Muslim persischen Ursprungs, Mirza Abu Talib Chan Isfahani, der 1799 England besuchte.[7]

Muslimische Schriftsteller, die – ob sie es nun besucht hatten oder nicht – über Europa schrieben, befaßten sich vornehmlich mit Macht. Sie beobachteten und diskutierten Einzelheiten der Verwaltung und der Politik, Quellen der Macht, welche sich die Osmanen oder die Mogulen zu eigen machen sollten. So gibt es eine Reihe von Reiseberichten (*sefaretname*) osmanischer Beamter und Werke wie die des christlichen Konvertiten Ibrahim Müteferrika, der die Stärke der europäischen Regierungen und ihrer Streitkräfte einschätzte. Desgleichen versuchte 'Abd al-Latif Schuschtari zu zeigen, wie es kam, daß die Briten die Macht in Indien zu erlangen vermochten: durch ihr Geschick bei der allmählichen Durchdringung des Landes und die Unachtsamkeit der indischen Herrscher.

Die Aufzeichnungen dieser Schriftsteller verraten, was sie von Europa lernen wollten: in erster Linie die Kriegskunst und die mit ihr verbundenen Wissenschaften. An Lehrern war kein Mangel; der osmanische Sultan konnte sich auf europäische Überläufer wie de Bonneval stützen oder zeitweilig sogar auf die Hilfe europäischer Regierungen. Indien und die Welt des Indischen Ozeans war voller militärischer Abenteurer, gewillt, in den Dienst von Provinzherrschern zu treten, die ihre Macht innerhalb des Osmanischen oder des Mogulenreichs ausbauten, wie die Mamelucken von Baghdad, der Nawab von Oudh oder der Sultan von Mysore. Durch sie, durch Reisende und über Schulen der Marine und des Heers in Istanbul drangen einige moderne wissenschaftliche Kenntnisse ein. An erster Stelle standen geographische Kenntnisse. Sie waren für Politiker, Soldaten und Seeleute derart wichtig, daß die neuen europäischen Entdeckungen ohne große zeitliche Verzögerung übernommen wurden. Die berühmte Karte von Piri Reis im 16. Jahrhundert beweist Kenntnisse von der Entdeckung der nordamerikanischen Küste. Ein Jahrhundert später schrieb der Enzyklopädist Haddschi Chalifa (Katib Çelebi) eine Universalgeographie, die einige Kenntnis europäischer Werke verriet, und übersetzte einen lateinischen Atlas; noch ein Jahrhundert später brachte die erste, von Ibrahim Müteferrika eingerichtete türkische Druckerei eine Anzahl geographischer Werke heraus. Darüber hinaus benötigten die Offiziere der seit den dreißiger Jahren des 18. Jahrhunderts aufgestellten neuen Marine- und Heerestruppen mathematisches und technisches Wissen für die Handhabung der Schiffe und Waffen. Auch hier wurden einige europäische Werke übersetzt und in der neuen Druckerei gedruckt. Eine andere Wissenschaft, die Medizin, vollzog den Wandel langsamer, da sie tief in der überlieferten islamischen Kultur verwurzelt und in gewisser Weise nicht durch neue Entdeckungen veraltet war. Ein europäischer Mediziner konnte im 17. Jahrhundert noch immer von den Werken Ibn Sinas lernen. Erst zum Ende des Jahrhunderts gibt es Anzeichen für ein Interesse an den medizinischen Entdeckungen Europas, jedoch mehr für die des vorangegangenen Jahrhunderts als für die jüngeren Fortschritte in der Anatomie und Physiologie. Einige Griechen und Armenier, die in

Italien ausgebildet worden waren, hatten allerdings Kenntnisse davon: Alexander Mavorcordato, der zweite griechische *Dragoman* (Dolmetscher) der Pforte, schrieb seine Doktorarbeit an der Universität von Bologna über Harveys Theorie der Blutzirkulation. Es brauchte aber Zeit, bis ihr Wissen sich verbreitete, und erst im 18. Jahrhundert zeigten einige türkische medizinische Autoren Kenntnisse von Entdeckungen des vorangegangenen.[8]

Einige Angehörige der herrschenden Klasse gingen aber weiter: Sie wollten nicht nur nützliche Techniken übernehmen, sondern sie hatten das Verlangen, zu lernen und sogar die Lebensweise anderer nachzuahmen. Yirmisekiz Mehmed Said und seine Umgebung verkehrte freimütig mit der Gesellschaft des französischen Hofes, und Mirza Abu Talib Chan lernte Englisch und bewegte sich in der gehobenen Gesellschaft von London. Es scheint damals einige Bewegung in den Anschauungen gegeben zu haben, die weder über- noch unterbewertet werden sollte. Gewiß bedeutete es ein gewisses Erwachen der Neugier, jedoch noch keinen Wertewandel. Bis zu einem gewissen Grad war es wahrscheinlich nicht mehr als der Ausdruck des Verlangens der herrschenden und begüterten Klasse nach etwas Neuem.

Artikel von Kuran und Carswell zeigen, wie weit diese Bewegung am Ende des Jahrhunderts ging. Kuran betont, daß in der osmanischen Architektur der »Tulpenperiode« nur wenig europäischer Einfluß zu finden ist. Es gibt einen »Manierismus«, Ausdruck eines gewissen Überdrusses an den Vorbildern der klassischen osmanischen Architektur – der von Sinan mit seiner kunstvollen Verwendung von Kuppeln, Streben, schlanken Minaretten und Fensteranordnungen –, doch führte dies eher zu einer Entstellung als zu einer Ablehnung der traditionellen Vorbilder. Erst gegen Mitte des 18. Jahrhunderts findet sich in der Nuruosmaniyehmoschee etwas, was dem »Geist des europäischen Barock nahekommt« – nur nahekommt, mehr nicht; denn, was der Architekt der Moschee und späterer, nach diesem Vorbild erbauter Gebäude von Europa übernommen hatte, ist nicht die neue »Auffassung, die einen Ausdruck der Bewegung sucht«, sondern einige äußerliche Merkmale wie breite Treppen, die zu einem Portico hinaufführten, größere Fenster und mehr Abwechslung. Der Mangel an freiem, nicht bebautem Raum machte es tatsächlich schwierig, Moscheen in einem neuen Stil zu bauen. Und aus diesem Grund, so meint Kuran, waren die Entlehnungen bei kleineren Bauten wie Gräbern, Brunnen und Pavillons, bei denen die Größe des Innenraums keine bedeutende oder gar keine Rolle spielte, am erfolgreichsten.

Selbst dieser Wandel war mehr oder weniger auf Istanbul beschränkt, während an anderen Orten die einheimischen Bautraditionen weiterbestanden und gültig blieben. Die seltenen Beispiele einer systematischen Stadtplanung wie Isfahan im 17. und Nevşehir im 18. Jahrhundert können nicht mit der Nachahmung europäischer Vorbilder erklärt, sondern müssen als Ausdruck des Verlangens der Herrscher verstanden werden, ihre Macht zur Schau zu stellen, indem sie dem Raum ihre Ordnung aufzwingen. Für Einzelgebäude bestanden die großen Architekturstile weiter: der osmanische in Istanbul und Kleinasien, der syrische, der in dem Maße, wie der osmanische Einfluß schwächer wurde, an Bedeutung gewann, und die großen, im Reich zu jener Zeit einmaligen Häuser von Aleppo, Hama und Damaskus hervorbrachte, sowie der persische, den die Safawiden und nach ihnen Karim Chan in Schiraz von den Timuriden übernommen und weiterentwickelt hatten, schließlich der maghrebinische (Maghribi) der Moscheen und Paläste von Maknas.[9] Sowohl Kuran als auch Carswell weisen nach, daß der Einfluß Europas in einigen dekorativen Künsten stärker ist. Kuran macht auf Kioske und Paläste in und um Istanbul aufmerksam, welche vom Bau her osmanisch, innen jedoch rein französisch sind, mit Decken in Goldstukkatur, mit Rokokoverzierungen und -reliefs. Unter Selim III. wurde ein Teil des Topkapipalastes nach europäischer Art gestaltet, mit bemaltem Putz, importierten Kacheln, Pilastern und grellen Landschaftsmalereien. Die oft nur mittelmäßigen Handwerker waren offenbar zum großen Teil Europäer. Es lag nahe, daß sie von zu Hause wegzogen, um ihr Glück in einer großen Metropole zu machen. Aber Carswell untersuchte auch die Provinztradition von Syrien (und dort die von Damaskus und Hama, Städte, die keine großen Zentren des Fernhandels waren) und fand etwas ganz Ähnliches: Häuser verschiedener Größe, in der überlieferten Art um einen Innenhof herum gebaut, die Verzierungen mit sichtbar europäischem Einfluß aufwiesen, besonders an den bemalten Wänden mit ihren »chinesischen Porzellanvasen voller Blumensträuße, die mit jedem Pinselstrich den westlichen Einfluß verrieten«, sowie mit Panoramen von Städten, die topographischen Einzelheiten besondere Aufmerksamkeit schenkten und wahrscheinlich Kopien von Stichen waren. Carswell erwähnt, daß die urprüngliche Einrichtung, Porzellan und Silber fehlt; doch blieb immer noch genug übrig, um seine Annahme, daß es sich um einen neuen Eklektizismus und um Neuerungsbestrebungen der höheren Berufsstände und der Händler wie auch des Hofes handelte, zu bestätigen. In einer anderen Untersuchung ging er der Entwicklung der Kütahyaya-Keramik bis zu ihrem Höhepunkt in der ersten Hälfte des 18. Jahrhunderts nach. Auch hier wurden eine Imitation von Porzellan mit chinesischen und japanischen Motiven wie auch Kacheln im traditionellen Stil für Moscheen und Kirchen produziert. Diese Erzeugnisse waren für Kunden aus der armenischen Bourgeoisie und der osmanischen Oberschicht.[10]

Die Verwendung fremder Formen wie in der Kütahya-Keramik taucht noch überraschender in einer anderen darstellenden Kunst auf, nämlich in der iranischen Malerei des 17. und 18. Jahrhunderts. Im Laufe des 17. Jahrhunderts erscheinen Elemente aus der europäischen Kunst – Einzelheiten an Kleidung und Verzierung, die Behandlung der Landschaft und der Figuren – in den zwei traditionellen Typen der Malerei: in den Wandmalereien, welche Kampf- und Jagdszenen, tanzende oder Musikinstrumente spielende Mädchen darstellten und die Paläste der Herrscher und Aristokraten schmückten, sowie auf Miniaturen in Handschriften oder Alben. Den Prozeß der Aneignung nachzuzeichnen ist nicht einfach; bekannt ist, daß einige europäische Künstler sowohl für den Schah als auch für Armenier in Dschulfa gearbeitet haben, doch ist wenig über sie bekannt. Europäische Malereien und Gravierungen wurden hauptsächlich von armenischen Seidenhändlern aus Europa ins Land gebracht. Es gab auch Einflüsse aus dem indischen Mogulenreich, wo europäische Malerei und Stiche seit den achtziger Jahren des 16. Jahrhunderts bekannt waren und westliche Maler kurze Zeit später arbeiteten. Noch vor dem Ende des 17. Jahrhunderts wurde die neue Technik der Ölmalerei auf Leinwand übernommen. Persische Künstler müssen sie sich von Europäern angeeignet haben, und allmählich bildete sich eine eigene persische Tradition heraus, die ihren Höhepunkt in der frühen Qadscharenzeit erreichte.[11]

Die Literatur befindet sich weit mehr im Zentrum der überlieferten Kultur; und hier sind die Einflüsse von außen noch beschränkter. In begrenztem Ausmaß findet man sie in der wichtigen Gattung der Geschichtsschreibung. Noch waren die Historiker von den neuen Auffassungen der Vergangenheit, oder wie darüber zu schreiben war, nicht erfaßt, doch benützten sie zumindest eine begrenzte Anzahl europäischer Quellen, wenn sie bestimmte Themen behandelten. Der maronitische Historiker Istifan al-Duwaihi (1629–1704) benützte europäische Chroniken der Kreuzzüge, Werke europäischer Reisender ins Heilige Land und Werke der Kirchengeschichte für seine Geschichte der Maroniten[12], und die osmanischen Schriftsteller Huseyn Hezarfenn (gest. 1691) und Muneccimbaşi (gest. 1702) stützten sich in den Teilen ihres Werks, die sich mit der Welt außerhalb des *dar al-Islam* befaßten, auf europäische Quellen[13]. Im allgemeinen jedoch war die islamische Geschichtsschreibung zu stark verwurzelt, um verdrängt zu werden. Offizielle osmanische Historiker, Kompilatoren biographischer Wörterbücher und Historiker arabischer Städte behielten ihren eigenen Stil bei, und gegen Ende des Jahrhunderts gab es zumindest einen Historiker, der mit den großen Meistern früherer Zeiten verglichen werden kann: al-Dschabarti mit seinem klaren Verständnis vom Nutzen der Quellen – »ich berichte von keinem Ereignis, bevor seine Wahrheit nicht durch unabhängige und zusammenhängende Quellen und durch seine

Bekanntheit verbürgt ist« – und seiner Auffassung vom Aufstieg und Fall der Herrscher, die er vor den Hintergrund einer geordneten islamischen Gesellschaft setzte.[14]

Diese Kontinuität kann noch deutlicher in der Dichtung, Ausdruck und ästhetische Rechtfertigung einer bestehenden, moralischen Ordnung, beobachtet werden. Scheint die arabische Dichtung dieses Jahrhunderts (soweit sie erforscht ist) auch nicht von großer Originalität zu sein, so gab es doch zwei lebendige dichterische Traditionen: die indische, die sich unter der Förderung des Hofes entwickelte und eine gewisse Befreiung vom klassischen Stilkanon mit einem Aufblühen kunstvoller Bilder verband, sowie die persische mit einer Dichtung, die mehr religiösen Themen verpflichtet war und einem Stil, der als Reaktion gegen Künstlichkeit auf klassische Vorbilder zurückgriff. Osmanische Dichtung hatte ihren Höhepunkt in diesem Jahrhundert. Türkischer in Stil und Sprache, freier von persischen Vorbildern und von weltlicherem Geist, feierte sie – wie etwa bei Nedim – die Pracht des Hofes und die Freuden dieser Welt oder widmete sich – wie bei anderen Dichtern – einfacheren Themen; in der Empfindung war sie weniger konventionell und brachte persönliche Erfahrungen stärker zum Ausdruck.[15]

Für Muslime wie für Nichtmuslime war die überlieferte Kultur von dem Bemühen geprägt, alles menschliche Leben und Wissen mit einer religiösen Offenbarung in Verbindung zu bringen oder, andersherum, die Offenbarung durch Gedankensysteme, Recht und Ritual auszudrücken. In diesem Sinn wurden gegen Ende des Jahrhunderts nur die christlichen Gemeinden (und auch nicht alle von ihnen) von Denkanstößen eher religiöser als weltlicher Art aus Westeuropa erfaßt; letztere wurden erst für eine spätere Epoche charakteristisch.

Im 17. Jahrhundert war die orthodoxe Ostkirche und insbesondere das ökumenische Patriarchat von Konstantinopel calvinistischen Einflüssen zugänglich. Die calvinistische Richtung gewann im Jahre 1620 mit der Wahl des Patriarchen Kyrillus Lucaris (1572–1638) an Bedeutung, der die protestantischen Lehren von

Lutheranern in Polen und von holländischen Calvinisten kennengelernt hatte und dessen Bemühungen, sie in der orthodoxen Kirche zu verbreiten, einige Unterstützung seitens der englischen und holländischen Gesandten erfuhren. Der Widerstand der jesuitischen und katholischen Missionen führte jedoch zu mehrmaliger Amtsenthebung und schließlich zu seiner Hinrichtung.[16]

Von längerer Dauer und anhaltenderer Wirkung waren die Bemühungen der katholischen Missionen, die Ostkirche für ein Zusammengehen zu gewinnen. Selbst nach dem großen Schisma gab es in den Ostkirchen einzelne und Gruppen, die wieder eine Vereinigung mit Rom herbeiführen wollten, und zur Zeit der Kreuzfahrerstaaten erkannte eine der Ostkirchen, die maronitische, die sich hauptsächlich im libanesischen Küstengebiet festgesetzt hatte, das päpstliche Supremat ohne Einschränkung an. Nach dem Ende der Kreuzfahrerzeit wurden die Beziehungen zwischen Ost und West jedoch gespannt. Die römische Kirche war im östlichen Mittelmeer kaum präsent, bis 1342 der König Beider Sizilien vom mameluckischen Sultan den Besitz bestimmter heiliger Stätten in Palästina erwarb und sie dem Papst übereignete, der ihren Schutz wiederum dem Franziskanerorden anvertraute. Von da an erstreckte sich die Aufsicht der Franziskaner unter der Schutzmacht der spanischen Könige und katholischen Herrscher über Palästina hinaus bis nach Syrien, Ägypten und noch weiter. Mit der Einrichtung von Kollegien der Maroniten (1584), der Griechen (1577) und des Kollegiums der Kongregation zur Verbreitung des Glaubens (1621) für die Priesterausbildung setzte am Ende des 16. und Beginn des 17. Jahrhunderts eine aktive Politik ein. Noch etwas später begannen katholische Orden unter dem Schutz der französischen Könige und ihren Gesandten, im größeren Umfang zu arbeiten.[17]

Seit dieser Zeit wuchs in den verschiedenen Ostkirchen die Zahl derer, die die Autorität des Papstes und die katholische Doktrin über umstrittene Punkte anerkannten; und gleichzeitig wuchs die Spannung zwischen ihnen und anderen in den Gemeinden. Sie entlud sich zu Beginn des 18. Jahrhunderts in einem Streit um den

Besitz von Kirchen, Bistümern und Patriarchaten, in den auch Botschafter, Konsuln und osmanische Beamte hineingezogen wurden. Um die Mitte des 18. Jahrhunderts wurde er dann praktisch mit einem Kompromiß beigelegt: Aus dem Korpus der Ostkirchen gingen »unierte« Kirchen hervor, die mit Rom verbunden waren, jedoch ihre eigene Hierarchie und Liturgie bewahrten. Bei den östlichen Orthodoxen wurde 1730 – bei den anderen Kirchen etwas später – ein reguläres uniertes Patriarchat eingerichtet (doch mußten sie ein weiteres Jahrhundert auf die offizielle Anerkennung durch den osmanischen Staat warten). 1736 wurden die Beziehungen zwischen der maronitischen Kirche und dem Papsttum, die zwischenzeitlich sehr distanziert waren, erneuert und auf der »Synode vom Berg Libanon« genau festgelegt.[18]

Nach Sprache und Geisteshaltung gehören die unierten Kirchen noch immer zu den Ostkirchen, aus denen sie hervorgingen, doch wurde ihr inneres Leben weitgehend von den Westkirchen, ihren Kollegien und Missionen, geformt. Gewisse Veränderungen in der Liturgie, im Recht und in den Regeln stellten sich ein, während gleichzeitig, besonders im Libanon unter dem Schutz der Herren der Berge, ein organisiertes Mönchstum entstand, welches die ältere Tradition des Einsiedlertums ergänzte (so bei den Maroniten die Libanesischen Väter und Antonianer; bei den griechischen Katholiken die Salvatorianer und Schwairi-Väter; bei den Armeniern die Antonianer). Ein anderer armenisch-katholischer Orden, die Mechitaristen, hatte sich zuerst in Kleinasien, dann auf dem Peloponnes und schließlich auf der Insel San Lazzaro bei Venedig festgesetzt. Durch die neuen Klöster und Kollegien in Rom entwickelte sich sowohl in Arabien als auch in Armenien eine neue religiöse Gelehrsamkeit und ein neues und selbstbewußteres Interesse an der Geschichte des Ostchristentums, der katholischen Theologie (die *Summa Theologica* des Heiligen Thomas von Aquin war vom syrisch-katholischen Patriarch Ischaq ibn Dschubair ins Arabische übersetzt worden) sowie an Sprache und Literatur.[19] Manches von dem, was geschrieben wurde, erschien in neuer Form durch die Druckerpresse; in Syrien und im Libanon gab es einige kleinere Druckerpressen auf arabisch, im 17. Jahrhundert eine für Armenisch in Istanbul und Dschulfa und vor allem diejenige der Mechitaristen in Venedig.

Zum Ende des 18. Jahrhunderts wurde eine andere Denkrichtung sichtbar. Angehörige städtischer Händlerfamilien fingen an, sich eine neue Art von Ausbildung anzueignen: Söhne griechischer und armenischer Familien aus Istanbul gingen zum Studium nach Italien, vor allem an die Universität Padua; Angehörige von Familien aus der Provinz besuchten Missionsschulen oder Schulen, die von den christlichen Gemeinden selbst geführt wurden wie die maronitische Schule in 'Ain Waraqa im Libanon. Außer ihrer eigenen Sprache lernten sie dort Italienisch, die *lingua franca* der levantinischen Häfen. Dies war für die im Fernhandel Tätigen oder für diejenigen, die im Dienst lokaler Gouverneure, der Gesandten oder Konsuln standen, von großem Nutzen, gleichzeitig waren sie vielleicht der Weg, über den, wenn auch nicht gerade die Ideen von Calvin oder der Gegenreformation, so doch die der Aufklärung kamen. Griechische Studenten an der Universität von Padua und griechische Händler in der weiten griechischen Diaspora in Zentral- und Westeuropa begannen, je mehr europäische Wissenschaftler davon aufdeckten, etwas über die klassische Zivilisation Europas zu erfahren und ihr eigenes Volk damit zu identifizieren. Sie lernten die Ideen von Voltaire kennen, der in der griechischen Literatur des späten 18. und frühen 19. Jahrhunderts unzählige Male erwähnt ist. Desgleichen berichtet Micha'il Mischaqa, ein christlicher libanesischer Schriftsteller des frühen 19. Jahrhunderts, daß er und andere in Damiette Volneys *Über den Verfall der Zivilisation* lasen und sich über die Religion beunruhigten.[20]

Dennoch darf man nicht annehmen, daß diese neuen Ideen, abgesehen von der kleinen Gruppe derer, die eine Ausbildung nach westeuropäischem Vorbild genossen hatten, tatsächlich Einfluß hatten. Die griechische Kirche war sowohl gegen das Studium des Altgriechischen als auch gegen die Verbreitung moderner französischer Ideen; ihre Gedankenwelt war die der Kirchenväter und der Mystiker. Sie war auch gegen die Idee der nationalen Unabhängigkeit und lehrte Gehorsam gegenüber der osmanischen Herrschaft als göttliche Strafe für die Sünden oder als Schutz gegen den Ansturm der Katholiken oder Calvinisten. Aus diesem Grund hatte der griechische Nationalismus von Anfang an antiklerikale Untertöne. Der Glaube der Masse war eschatologisch: das Ende der muslimischen Herrschaft würde durch das Eingreifen Gottes kommen.

Die jüdische Gemeinde hatte sich zu dieser Zeit durch den westeuropäischen Einfluß noch nicht zu verändern begonnen. Sicher, es gab von Saloniki bis Baghdad Gemeinden von jüdischen Händlern, die zu Wohlstand gekommen waren und durch den nun von Europa beherrschten, wachsenden Handel im Mittelmeer und im Indischen Ozean mehr Kenntnisse erlangt hatten. Die intellektuelle und geistige Geographie der jüdischen Welt war indessen anders als die der Christenheit. Ideen der Emanzipation begannen sich erst gerade langsam in einigen jüdischen Gemeinden zu verbreiten, wie etwa in der Gemeinde der Marranen in den Niederlanden, in England, an der Atlantikküste Frankreichs und Nordamerikas und in einigen Teilen Deutschlands. Es waren aber noch immer schwache und marginale Bewegungen, die noch nicht bis in die jüdischen Gesellschaften des Mittelmeerraums, Polens oder der Ukraine gedrungen waren. Das östliche Mittelmeer war allerdings die Wiege einiger anderer Bewegungen: Im 16. Jahrhundert hatten die Denker der Schule von Safad das Recht kodifiziert und die mystische Lehre der Kabbala weiterentwickelt. Im 17. Jahrhundert verbreitete sich die messianische Bewegung des Sabbataj Zewi (1626–76), bevor sie durch seine erzwungene Konversion zum Islam zum Erlöschen gebracht wurde, von Palästina und Smyrna aus über die jüdische Welt, die durch die messianischen Elemente in der Lehre der Kabbalisten von Safad bereits vorbereitet und durch die großen Massaker von 1648 in der Ukraine in Unruhe versetzt war. Im 18. Jahrhundert lagen die schöpferischen Zentren weiter im Norden, in Polen und in der Ukraine. Dort tobten die großen Auseinandersetzungen zwischen der chassidischen Mystik, vertreten durch Baal Schem Tow, und der legalistischen Gegenrichtung des Gaon von Wilna. In den osmanischen Ländern dominierte, abgesehen von den rumänischen Provinzen, eher die zweite als die erste Richtung.[21]

Wenn die Juden des Ostens und (in Grenzen) auch die Christen noch immer in einer selbstbeschränkten überlieferten Gedankenwelt lebten, so traf dies noch weit mehr für die Muslime zu. Deren Gedanken gingen um die Aneignung, Entwicklung und Weitergabe eines Wissens in einer islamischen Sprache, das, nach ihrem Glauben, von der göttlichen Offenbarung im Koran und dem Beispiel des Propheten in der Überlieferung herkommt. Da der Inhalt der Offenbarung ein Buch war, wurde die muslimische Gesellschaft von den Gebildeten, die das Wissen weitertradierten, dominiert. Diese können kollektiv ʿulama genannt werden, doch führt der Begriff in die Irre, wenn er nur für eine einzige Klasse mit einer Kultur, Weltanschauung und einem gemeinsamen Interesse angewandt wird. Besser wäre es, von zumindest drei Typen der Erziehung und Ausbildung auszugehen, die sich nicht unbedingt ausschlossen, von denen aber jede danach strebte, die Muslime geistig und seelisch in ihrem Sinn zu bilden: Zuerst die juristische Ausbildung, in eigenen Schulen denen vermittelt, die dazu ausersehen waren, in den Rechtsdienst des Staates einzutreten; zweitens die Ausbildung in den religiösen Wissenschaften, in Moscheen und Schulen weithin Schülern vermittelt, die ganz verschiedenen Berufungen im juristischen, religiösen oder weltlichen Bereich folgten; drittens, im Rahmen der mystischen Orden oder Bruderschaften, die Initiation in einen der Wege, die nicht zu *ʿilm*, dem theoretischen Wissen von der Religion, sondern zu *maʿrifa*, der Gotteserfahrung, führte.

Alle muslimischen Regierungen bewegten sich formell innerhalb der Grenzen der *schariʿa* und betrachteten diese als das einzig gültige, universale, sowohl Herrscher als auch Beherrschte bindende Gesetz. Die Rolle jedoch, die das Gesetz und seine Wächter im öffentlichen Leben spielten, variierte von Staat zu Staat. In Marokko scheint die Rechtshierarchie aufgrund der beschränkten Kontrolle der Regierung über das Land außerhalb der wichtigsten Städte weniger ausgeprägt gewesen zu sein als an anderen Orten. In anderen Regionen, über die der Sultan direkte Kontrolle ausübte, umfaßte die ausgedehnte, gut organisierte und vergleichsweise leistungsfähige Bürokratie ein Netz von bezahlten Richtern und *mufti*s, die in einer Amtshierarchie organisiert waren und im Kontrollapparat eine wichtige Rolle spielten. In Iran unter den Safawiden war die Situation sehr ähnlich, doch hatte das Verschwinden der Zentralmacht am Ende des 18. Jahrhunderts die Klasse der Amtsrichter geschwächt.

Für die Untersuchung der Eigenart des Amtes der '*ulama* nimmt man am besten das Osmanische Reich als Muster, weil auf diesem Gebiet, wie auch auf anderen, das osmanische System eine logische Weiterentwicklung und Formalisierung dessen mit sich gebracht hatte, was bereits in den vorhergegangenen Staaten angelegt war. Mindestens drei verschiedene Arten der Spezialausbildung (doch alle auf der Grundlage der allgemeinen islamischen Erziehung) bereiteten Männer auf den osmanischen Staatsdienst vor. Wer eine Rolle in der Politik und der Armee spielen sollte (zu gewissen Zeiten waren die osmanischen Prinzen miteingeschlossen), konnte am Hof des Sultans oder des Großwesirs eine Unterweisung in der Literatur über die menschlichen und sozialen Leitsätze, von denen ein Herrscher geleitet sein sollte, und über die Kriegskunst erhalten. Wer auf den Dienst als Beamter in der Rechtsverwaltung oder im Schatzamt vorbereitet werden sollte, wurde in einer Art Lehrzeit von älteren Beamten angelernt, Dokumente und Abrechnungen in korrekter, überlieferter Form, die alle Dynastiewechsel über Jahrhunderte hinweg überstanden hatte, zu erstellen. Schließlich erhielten diejenigen, die dereinst die Gesetze auslegen und Recht sprechen sollten, eine Ausbildung im islamischen Recht, und diejenigen, welche die Kontrolle über das Rechtssystem ausüben sollten, wurden zum größten Teil in den Reichsschulen in Istanbul ausgebildet. An der Spitze der Hierarchie gab es einige wenige Posten, die ihre Macht und ihren Einfluß dem Zugang zu den Herrschern verdankten: der *schaich al-Islam* oder Großmufti, die zwei *kaziasker* (Militärrichter) und die *mullas* der großen Städte. Mit der allmählichen Ausbildung der Hierarchie ging auch die Entstehung eines System von spezialisierten Schulen einher: als erste die von Mehmed dem Eroberer in Istanbul, dann jene der Sultane des späten 15. Jahrhunderts in Istanbul, Edirne und Bursa und schließlich die großen Stiftungen von Sulaiman, Selim II. und Murad III. im 16. Jahrhundert. Mit der endgültigen Einrichtung der *cursus honorum* ergab sich eine Verbindung zwischen jeder Stufe der Hierarchie und der entsprechenden Ebene des Abschlusses in einer der Schulen, so daß niemand seinen Namen in die Kandidatenliste einschreiben konnte, der sein Studium nicht mit dem entsprechenden Abschluß abgeschlossen hatte.

Auf diese Weise entstand eine Elite hoher Rechtsbeamter, zwischen der und dem Herrscher eine Art stiller Übereinkunft bestand. Die Rechtsbeamten konnten dem Herrscher zwei Grundvoraussetzungen für eine stabile Herrschaft verschaffen: einerseits die Bestätigung als legitimer Herrscher durch die formelle Zeremonie der *bai'a* (Amtseinsetzung) und die Rechtfertigung durch eine der Ermächtigungstheorien, andererseits die Aufrechterhaltung eines anerkannten Rechtssystems, mit dem das Gefüge einer geordneten Gesellschaft aufrechterhalten und die willkürliche Machtausübung von Beamten über die Untertanen in Schranken gehalten werden konnte.[22]

Die *'ulama* wiederum erhielten innerhalb der Grenzen ihrer Zuständigkeiten Macht und einen nur schwer zu definierenden Einfluß. Es können Beispiele für ihren Einfluß auf die wichtigsten Entscheidungen der Regierung gefunden werden. Häufiger war vielleicht die Einflußnahme zugunsten bestimmter Personen oder Gruppen, die von jenen ausgehen konnte, die direkten Zugang zu den Herrschern und ihren Ministern hatten. In Zeiten religiöser Konflikte und Auseinandersetzungen konnten sie mit dem Rückhalt des Staates rechnen, um von ihnen begünstigte Auslegungen des Islam zu verfechten oder durchzusetzen. Als etwa die Safawiden Herrscher nicht nur von Nordwestiran, sondern auch der großen Städte wurden, war nicht der Schiʿismus, den sie zur Staatsreligion im Iran machten, das verbreitete Gedankengut wie in Aserbaidschan, von wo ihr Aufstieg an die Macht seinen Ausgang genommen hatte, sondern der gelehrte und gemäßigte Glaube der städtischen Aristokratie, auf deren Unterstützung sie angewiesen waren.[23]

Die beamteten ʿulama erhielten auch finanzielle Zuwendungen, Gehälter, Honorare und an manchen Orten die Kontrolle über die großen waqfs (religiöse Stiftungen). Der oberste qadi (Richter) des marokkanischen Sultans kontrollierte die waqfs von Fez, die safwidischen ʿulama diejenigen des Schreins von Maschhad. Sie konnten ihren Reichtum leichter erhalten und weitervererben als diejenigen, die unmittelbar mit der Machtausübung verflochten waren, und sie waren besser vor plötzlicher Ungnade, Konfiskation des Eigentums sowie Hinrichtung geschützt. Gegen Ende des 18. Jahrhunderts bildeten die hohen beamteten ʿulama aufgrund ihrer Machtstellung und ihres Reichtums eine geschlossene, in weltliche Angelegenheiten verflochtene Klasse. Die hohen Ämter wurden mehr und mehr ein Monopol weniger Familien, die mit anderen Amtseliten durch Verwandtschaft und Heirat verbunden waren und die ihren Fortbestand durch Reichtum, öffentlichen Einfluß und den privilegierten Zugang zu den Reichsschulen sicherten.

Für diese Privilegien mußte allerdings ein Preis bezahlt werden. Im selben Maße, wie sie ein Monopol auf juristische Ämter hatten, waren sie von anderen ausgeschlossen. Zumindest im Osmanischen Reich waren die unterschiedlichen Karrieren strikt voneinander getrennt, und ein Angehöriger der beamteten ʿulama konnte kaum erster Berater oder Minister des Sultans werden. Bis zu einem gewissen Grad wurden sie von der städtischen Gesellschaft, die zu kontrollieren sie mithalfen, ferngehalten. An einigen Orten ist es ihnen zwar wohl gelungen, eine etwas zweideutige Rolle als Vermittler zwischen der Regierung und der muslimischen Stadtbevölkerung zu spielen. Dies mag in Marokko so gewesen sein, wo die juristische Hierarchie aus der Stadtbevölkerung hervorgegangen war. In Iran jedoch schien sich der allgemeine Abfall der Bevölkerung von den Herrschern, die versucht hatten, das durch den Fall der Safawiden entstandene Vakuum zu füllen, auch auf die *'ulama*, die bei ihnen im Dienst standen, erstreckt zu haben.[24] Im osmanischen Staat war die höhere Klasse beamteter *'ulama* weitgehend Teil des osmanischen Kontrollsystems und wurde auch als solcher angesehen. Strikte Außenseiter unter den *'ulama* mögen die weltlichen Kompromisse, die Richter einzugehen hatten, mißbilligt haben, und Gelehrte sowie untere Ränge der *'ulama* mögen sich über den Ausschluß von den Reichsschulen und den Ämtern, zu denen sie der Zugang waren, geärgert haben. Die Distanz zwischen den beamteten *'ulama* und der muslimischen Bevölkerung war wahrscheinlich in den Provinzen noch größer, da die Richter Fremde waren, nur für kurze Zeit aus dem Zentrum abberufen. In Gebieten, die von anderen ethnischen Gruppen bewohnt wurden, waren dies Türken, Hanafiten dort, wo die Bevölkerung größtenteils schafi'itisch und malikitisch war.

Noch einen weiteren Preis mußten sie bezahlen, nämlich, ein Recht anwenden zu müssen, das nicht in vollem Umfang von der *schari'a* abgeleitet war. Seit der abbasidischen Zeit wurde die *schari'a* von allen muslimischen Dynastien als das einzige verbindliche Rechtssystem angesehen. Tatsächlich ergab sich jedoch im juristischen Prozedere eine Dualität: Der *qadi* wandte islamisches Recht für die Fälle an, die ihm die Regierung zu übernehmen erlaubte, und seine Urteile wurden von der Zivilgewalt ausgeführt, während der Herrscher und seine Vertreter ihre eigene Rechtsprechung in jenen Fällen unmittelbar ausübten, welche die öffentliche Ordnung und Sicherheit betrafen oder in Fällen des Amtsmißbrauchs. Wie so vieles andere auch, war diese Praxis bei den Osmanen formalisiert. In den ersten Jahrhunderten ihrer Herrschaft wurde die Autorität des Herrschers nicht durch einen willkürlichen Akt ausgeübt, sondern durch bekannte, niedergeschriebene Verordnungen, deren Verletzung vom Sultan oder seinen Gouverneuren geahndet werden konnte. So wurden Steuern und Abgaben, die Finanzbeamte oder Steuerpächter eintreiben konnten, durch den *kanun* (das weltliche Gesetz) festgesetzt, der von Land zu Land verschieden war und der, soweit dies mit der allgemeinen Politik der Regierung zu vereinbaren war, den jeweiligen lokalen Gegebenheiten Rechnung tragen sollte. Die Rechtsprechung bei Verbrechen unterlag dem Strafrecht, das im großen und ganzen im gesamten Reich einheitlich war, jedoch in einigen Belangen von der *schari'a* abwich und in manchen strenger war, da sein Ziel darin bestand, sicherzustellen, daß der Schuldige bestraft und die Interessen des Staates berücksichtigt wurden. Die Schaffung und Anwendung dieser Gesetze brachte eine enge Verbindung zwischen den beamteten *'ulama* und der Zivilgewalt mit sich: die *qadi*s sprachen in ihren Gerichten sowohl nach dem *kanun* als auch nach der *schari'a* Recht; die *mufti*s erließen *fatwa*s (Rechtsregeln), welche Bestimmungen des *kanun* guthießen, die nicht von der *schari'a* abgeleitet waren, ihr freilich auch nicht widersprachen. Überdies lag das Berufungsrecht beim Sultan und seinen Gouverneuren, die in ihren *divan*en Fälle, welche die Staatssicherheit betrafen, oder Eingaben gegen Beamte wegen Verletzung des *kanun* behandelten.[25] Im 18. Jahrhundert schien der *kanun* außer Gebrauch gekommen zu sein, die Unterwerfung der *qadi*s unter die Zivilgewalt jedoch hielt an. Eine Untersuchung der Justizverwaltung in der Steuerprovinz von Tunis unter den Husainiden im 18. Jahrhundert zeigte, daß die wichtigsten Fälle vor den Bey in seinem *divan* kamen. Er selbst sprach in Fällen Recht, die die Staatssicherheit betrafen, in anderen saß er zusammen mit den obersten *qadi*s und *mufti*s zu Gericht; nur kleinere Fälle gingen an die *qadi*s allein.[26]

Aus Geschichten und biographischen Handbüchern läßt sich leicht ein Bild des typischen Angehörigen der osmanischen Juristenelite zeichnen. Er hielt das Gleichgewicht zwischen zwei Verbindlichkeiten: gegenüber dem Palast oder der Regierung und gegenüber dem Ideal einer muslimischen Gesellschaft nach Schulmeinung. Er war in der Lage, islamische Grundregeln so zu interpretieren, daß sie nicht mit den grundlegenden Interessen des

Staates kollidierten; er hielt eine moralische Distanz denen gegenüber ein, denen er diente, gehörte aber strenggenommen doch zu einer geschlossenen Körperschaft, die durch Verwandtschaft, Privilegien und Verhaltensweisen mit der herrschenden Klasse verbunden war.

Einiges davon trifft auch für die zweite erwähnte Gruppe der gebildeten städtischen Schicht zu, der *ulama* in einem weiteren Sinne, mithin für alle, die der Ausbildung in Moscheen und *madrasa*s (religiöse Schulen) teilhaftig wurden. Die kaiserlichen *madrasa*s in Istanbul, die zur Ausbildung auf ganz bestimmte Ämter geschaffen worden waren, stellten eine besondere Gruppe unter einer Anzahl anderer Einrichtungen dar, die der Ausbildung von Beamten, jedoch auch anderen Zwecken dienten, wie etwa, die Tradition des religiösen Denkens zu sichern. Zu diesem Zweck sollten sie Gelehrte und Lehrer hervorbringen, die imstande waren, diese Tradition weiterzuführen und den Einfluß islamischer Zivilisationswerte auf die städtische muslimische Gesellschaft – und auf die ländliche, soweit der Einfluß der Stadt dazu reichte – zu erhalten.

In muslimischen Städten jeglicher Größenordnung gab es außer den Schulen (*maktab* oder *kuttab*), wo den kleinen Jungen rudimentäre Kenntnisse beigebracht wurden, Moscheen mit öffentlichem Unterricht von Lehrern, die von der Regierung oder privaten Förderern berufen wurden. Es kann auch eine oder mehrere *madrasa*s gegeben haben, eine besondere Art Schule, die, wie einige Untersuchungen von George Makdisi zeigen, von Herrschern oder anderen Förderern hauptsächlich zu dem Zweck eingerichtet wurden, die Wissenschaft der Religion und insbesondere den *fiqh* (Rechtswissenschaft) zu lehren. Diese Schulen bestanden aus einem Gebäude, in dem die Schüler untergebracht waren und Unterricht abgehalten wurde, außerdem war eine Stiftung für die Gehälter des Hauptlehrers und seiner Assistenten sowie den Lebensunterhalt der Studenten eingerichtet.[27] Einige der Moscheen und Schulen hatten mehr als nur lokalen Ruf und vermochten auch Studenten aus weiter entfernten Gebieten anzuziehen, die dort bei einem berühmten Lehrer studieren und dessen *idschaza* oder Erlaubnis, das Buch zu lehren, das sie mit ihm gelesen hatten, erlangen wollten. Solche Schulen waren die Qarawiyin-Moschee in Fez, die Zaituna in Tunis, die Schulen von Timbuktu für die Muslime des Nigerbeckens, die Azhar in Kairo für Studenten aus Nordafrika, Syrien, der Region des Roten Meers und auch aus Ägypten selbst, die Schulen von Medina für die Pilger, die aus der ganzen muslimischen Welt in den Hedschaz kamen, die Schulen der heiligen schi'itischen Städte (Nadschaf, Kerbala, Kazimain, Maschhad) und jene der Städte des Mogulenreichs Lahore und Delhi, die im 18. Jahrhundert Studenten aus weiten Gebieten der muslimischen Welt anzogen. (Zahlen sollten mit Vorsicht behandelt werden, doch wurde geschätzt, daß am Ende des 18. Jahrhunderts eines dieser Zentren, die Azhar in Kairo, etwa fünfzig Lehrer und um die tausend Studenten hatte.[28])

Abgesehen von der grundlegenden Wissenschaft der arabischen Sprache, unerläßlicher Schlüssel für das Verständnis des Islam, bestand der Kern der Lehre in den Moscheen und Schulen aus der Interpretation des Koran (*tafsir*), der Überlieferung (*hadith*) und dem Recht (*fiqh*) sowie aus »juristischer Theologie« (*usul al-fiqh*) zu dessen Unterstützung. Dialektische Theologie (*kalam*) nahm wenig Raum ein, Philosophie noch weniger, obwohl sie und andere Wissenschaften noch immer außerhalb der Moschee und der *madrasa* von einzelnen Gelehrten oder in privaten Arbeitsgruppen studiert wurde.

Die Wissenschaft des *hadith* scheint im 18. Jahrhundert keine neue Richtung eingeschlagen zu haben, die des *fiqh* jedoch wurde breiter und lebendiger. Einerseits bedeutete dies, daß von Rechtsdetails auf bestimmte Grundsätze und Methoden, über die eine Diskussion nie aufgehört hatte, zurückverwiesen wurde. Da jedoch andererseits die *schari'a* mehr ist als nur Recht im europäischen Sinn, insofern sie beansprucht, soziale Handlungen und Beziehungen unter die Führung allgemeiner, vom Islam abgeleiteter Grundsätze zu stellen, muß jeder Wandel der muslimischen Gesellschaft zum Versuch einer Neufassung der *schari'a* führen.

Dafür können Beispiele von den beiden entgegengesetzten Enden der islamischen Welt angeführt werden: In Marokko entstand schon vor dem 18. Jahrhundert ein besonderer Typus der Rechtsliteratur, die Handbücher des *'amal* oder der juristischen Anwendung. Sie wurden von der malikitischen Lehre damit gerechtfertigt, daß die von Richtern im Sinne des öffentlichen Interesses und Wohles abgefaßten und abgegebenen Rechtsgutachten anderen vorgezogen werden sollten. Sie stellten die Mittel dar, mit denen die *schari'a* den sich wandelnden Bedürfnissen der Gesellschaft angepaßt werden konnte.[29] In Iran kam es im 18. Jahrhundert zur Ausbildung der Idee des *mudschtahid*, des Gelehrten, der durch Gelehrsamkeit und Frömmigkeit befähigt war, in Glaubens- und Rechtsfragen ein unabhängiges Urteil abzugeben. Hier läßt sich vielleicht ein Einfluß der iranischen Geschichte erkennen: Der Zusammenbruch der Safawiden ließ die *'ulama* als die einzigen moralischen Führer der iranischen Muslime zurück, da kein Herrscher danach die Autorität der Safawiden mehr beanspruchen konnte. Die *'ulama* konnten diese Führerschaft relativ ungestört ausüben, weil viele von ihnen außerhalb der Reichweite der Herrschergewalt, jenseits der osmanischen Grenzen in den heiligen Städten des Irak lebten. Der theoretische Anspruch auf die Autorität der *mudschtahid*s wurde von Aqa Muhammad Baqir Bihbihani, Gründer der Usuli-Schule, geltend gemacht. Von den Achbaris, die darauf bestanden, daß die Autorität ausschließlich bei den Imamen liege, zwar bekämpft, nahmen die Usulis in der zweiten Hälfte des Jahrhunderts dennoch eine Vormachtstellung ein, obwohl es weiterhin eine achbarische Unterströmung gab.[30]

Diejenigen, welche die Schule in einer Moschee oder einer *madrasa* besucht hatten und auf diese Weise bis zu einem gewissen Grad an der dort gepflegten und überlieferten Kultur teilhatten, können dennoch nicht als eine einheitliche soziale Klasse angesehen werden. Sie mochten ihren Platz irgendwo im Dreieck Gelehrte, Händler und Handwerker – die wesentlichen Betätigungsfelder in der Stadt – haben. Allerdings neigten sie dem Leben, der Gesellschaft und der Regierung gegenüber zu einer gemeinsamen zutiefst städtischen Haltung, welche die Stadt für das Bollwerk der wahren Religion gegen die Kräfte der religiösen Unwissenheit hielt. Mit einiger Verachtung blickten sie auf das abhängige Hinterland, nicht ohne Furcht hingegen auf die Bewohner der unkontrollierten Steppe oder der Berge. Die Beziehungen der muslimischen Stadtbewohner zur Regierung waren vielschichtig. Zwar gab es letztlich eine Interessengleichheit sowohl in religiöser als auch in sozialer Hinsicht, dennoch versuchte die Stadt einer allzu strikten Kontrolle zu entgehen und sich eine gewisse Handlungsfreiheit zu bewahren.

Im Mittelpunkt städtischer Gebildeter stand eine Gruppe religiöser »Professioneller«. Manche mochten im Dienst der Regierung gestanden haben, obwohl sie, zumindest im Osmanischen Reich, nur untere Ränge innehatten. Andere hatten als Lehrer, Prediger und Aufseher der *waqf*s ihre eigenen Stützpunkte der Macht und des Einflusses. Die ʿ*ulama*, die außerhalb der Beamtenklasse standen, konnten, besonders in Provinzstädten, wo der Druck der Zentralregierung geringer war als in einer Großstadt, die Stellung eines lokalen Führers einnehmen. Wegen ihrer kulturellen, verwandtschaftlichen und – in manchen Fällen – ökonomischen Verbindungen mit der örtlichen Bourgeoisie, waren sie bisweilen in der Lage, bei Äußerungen allgemeiner Unzufriedenheit, in der Opposition gegen Gouverneure oder beim Ausfüllen des Machtvakuums während eines Interregnums die Führung zu übernehmen.[31] Die moralische Distanz zwischen ʿ*ulama* und Herrschern war wohl größer als die zwischen Herrschern und der Oberschicht der Beamten. Dennoch waren zumindest die sunnitischen ʿ*ulama* eher Vermittler als unabhängige politische Führer, und wenn es darauf ankam, standen sie auf der Seite der Herrscher, ohne deren staatliche Ordnung sie nicht bestehen konnten. Die schiʿitischen *mudschtahid*s allerdings hielten im allgemeinen größeren Abstand von den Inhabern der Macht.

Der größte kulturelle Kreis umfaßte alle, die auf der einen oder anderen Ebene an den Versuchen der Sufis teilhatten, ein demütiges Leben nach dem Koran und dem *hadith* zu führen und zur

Gotteserfahrung zu gelangen. Generationen von Lehrern und Meistern haben nach und nach die Praktiken und Rituale entwickelt, durch die dieses Leben gefördert werden konnte, insbesondere den *dhikr* oder »Vergenwärtigung Gottes«, der, allein oder in Gesellschaft, schweigend oder laut, von Bewegungen des Körpers oder rhythmischem Atmen begleitet wird, die durch Wiederholung die Seele von den weltlichen Ablenkungen befreien helfen sollten. Allmählich hatte sich auch eine mystische Theologie herausgebildet, eine Beschreibung und Erklärung der Abkunft der Welt von Gott durch eine Reihe von Emanationen und des Emporsteigens der Seele, von Liebe über verschiedene Stufen zur Erkenntnis Gottes getragen. Die vielgestaltigen geistigen Bilder, mit denen diese Vorstellung eines Bogens von Abstieg und Aufstieg wiedergegeben wurde, war vielleicht der lebendigste Teil der gemeinsamen Kultur der Muslime des 18. Jahrhunderts. Sie wurde in der einen oder anderen islamischen Sprache noch weiter verfeinert: Bereits ein Jahrhundert zuvor hatte Mulla Sadr al-Din al-Schirazi (gestorben 1640) dem Bild vom Licht, das eine der wichtigsten Ausdrucksformen dieser Theosophie darstellte, in persischer Sprache neuen Ausdruck verliehen, und sein Einfluß war in der Welt der persischen Kultur noch immer wirksam.[32]

Unter den Sufis herrschte allgemeines Einverständnis, daß ein Führer oder Lehrer nötig war, um den Suchenden auf den Pfad, dem er folgen sollte, zu geleiten, da dieser ihn aus eigener Kraft nicht zu finden vermochte. Der Führer selbst war wiederum mit seinen Vorgängern verbunden, und es war deshalb möglich, verschiedene Linien der Initiation über Abu Bakr oder 'Ali zurück zum Propheten Muhammad zu ziehen. Ein System frommer Übungen und Andachten, beglaubigt durch eine dieser Ketten der Überlieferung, bildete eine *tariqa*, eine »Bruderschaft« oder einen »Pfad«.

In der Haupttradition des schi'itischen Islam waren die Imame die echten Führer, mit der ewigen Pflicht, die wahre Bedeutung und Ausübung des Islam zu lehren. Daher bestand gegenüber sufischen Gruppen, die behaupteten, andere Lehrer zu haben, eine gewisse Feindschaft. Tatsächlich gab es aber einige schi'itische *tariqa*s, namentlich die Nimatullahi, die sich am Ende des 18. Jahrhunderts von Indien aus nach Persien ausbreiteten. Zur selben Zeit kam es jedoch zu einer Bestätigung der reinen Imami-Lehre durch die Schaichi-Schule, für die der Imam im Herzen des Gläubigen als Führer zur Wahrheit anwesend war.[33]

Auch im sunnitischen Islam wurde anerkannt, daß ein Wahrheitssucher unmittelbaren Umgang mit den Heiligen der Vergangenheit oder mit dem Propheten selbst haben kann. Im allgemeinen glaubte man jedoch, daß das Erbe der Vergangenheit dem Wahrheitssuchenden (*murid*) durch einen lebenden Führer (*murschid*) vermittelt werden mußte, den seine Schüler als das Gefäß besonderer Gnaden ansahen. Wenn er starb, konnte die Kraft eines solchen »Gottesfreundes« weiterwirken: Seine Fürsprache für den Lebenden vor Gott hielt man für wirksam, und sein Grab konnte ein Ort für Pilgerfahrten und der Bittgebete werden. Seine Schüler aber gingen in die Welt hinaus und führten seine *tariqa* fort oder veränderten sie auf eine Weise, daß sie für eine Neuschöpfung angesehen wurde.

Die *tariqa*s unterschieden sich aber nicht nur in ihren Ausdrucksformen und durch persönliche Treueverhältnisse, sondern auch durch ihre Ansichten von der Beziehung zwischen exoterischem und esoterischem Wissen, genauer gesagt, zwischen der Befolgung der *schari'a* und dem aktiven Streben nach der Gotteserfahrung. Es gab daher im sufischen Denken eine dauernde Spannung zwischen dem Glauben des Mystikers, er könne zu einer höheren Erkenntnis als gewöhnliche Menschen gelangen – oder habe sie schon erreicht –, und dem Glauben aller Muslime, daß der Koran und der *hadith* die Gebote Gottes enthalte, wie Menschen ihn zu verehren und miteinander zu leben hätten. Einige Bruderschaften, besonders solche auf dem Lande, kümmerten sich wenig um die *schari'a*. Diejenigen, die sie ausdrücklich als eine Stufe auf dem Weg zu *ma'rifa* betrachteten, lehrten, daß die Befolgung allein nicht ausreiche und die Lauterkeit der Gesinnung notwendig wäre. Auch waren sie sich über den Ort der *schari'a* im Leben des Gläubigen, der die mystische Vision erreicht hatte, nicht einig. Manche glaubten, daß es eine Schau Gottes als der einen und einzigen Wirklichkeit war und das Leben der menschlichen Gesellschaft künftig als unwirklich angesehen werden müßte; andere bestanden darauf, daß, wenn der Sufi seinen flüchtigen Anblick der Wirklichkeit Gottes hatte, er in die menschliche Welt in der »zweiten Nüchternheit« zurückkehren sollte im Wissen sowohl um seine eigene Wirklichkeit als auch um die Gottes, um in Übereinstimmung mit der *schari'a* zu leben und zu versuchen, die Welt ihren Regeln zu unterstellen.

Auf dem Land konnten ein Heiliger und seine Anhänger behaupten, zu einer der großen Bruderschaften der muslimischen Welt zu gehören, doch war die Bruderschaft selbst weniger wichtig als der Heilige, sein Grab und die Familie, die es unterhielt. In Gebieten, die weit entfernt von einer städtischen *madrasa* oder einer Moschee waren, bestand eine der Aufgaben des Heiligen darin, zu unterrichten, und seine *zawiya* konnte die einzige regelmäßige Unterweisung über dem Einführungsunterricht des *kuttab* darstellen. So im nilotischen Sudan, an der äußersten Grenze der muslimischen Welt, wohin die islamische Kultur durch wandernde Sufis gelangt war, in deren Häusern in gewissem Umfang die Auslegung des Korans und der malikitische *fiqh* unterrichtet wurde, weit mehr jedoch die Liturgien und Praktiken der *tariqa* und die mystische Theologie von Ibn 'Arabi.[34] Doch waren die ländlichen Sufis nicht hauptsächlich Lehrer des *'ilm*. In Gebieten, weit weg von der Stadt und der Regierung, war die *schari'a* ein entferntes Ideal, und die Bücher konnten keine moralische Anleitung geben oder eine Zügelung menschlicher Leidenschaften und Phantasien bewirken. Männer und Frauen vom Land unterstellten ihren eigenen überlieferten Glauben und ihre religiösen Gefühle einem lebenden oder toten Heiligen und empfingen von ihm oder den Wächtern seines Grabes moralische Unterweisung, die von derjenigen der Rechtstexte weit entfernt sein konnte. So kümmerten sich die Bektaschis im osmanischen Anatolien und in Rumelien in ihren Praktiken wenig um die *schariʿa*, sondern leiteten ihre Morallehre von der mystischen Theologie ab und rechtfertigten sie mit ihrer geistigen Abstammung von ʿAli.[35]

In den Städten gab es jedoch Bruderschaften, welche die besondere Gunst des Hofes und der Bourgeoisie genossen. Da das Zusammenwirken einer geordneten Regierung und der Gesellschaft vom Recht abhing, hatte der Sufiführer nur dann Einfluß, wenn er auch ein *ʿalim* war. Seine Anhänger waren bestrebt, ihre geistige Abstammung in die Tradition des *ʿilm* einzubringen und das Schwergewicht eher auf die Gelehrsamkeit als auf ihre Meister zu legen. Sie waren sich der Kontinuität dieser Tradition bewußt, und die *tariqa* war deshalb, mehr als ein einzelner *murschid* oder dessen Familie, etwas Stabiles und Dauerhaftes. Aus diesem Grund machte die Zugehörigkeit zu einer *tariqa* aber nur eines der konzentrischen Treuebündnisse aus, die jemanden zu einem Muslim machten. Einige dieser städtischen Bruderschaften hatten eine Abstammung und eine Reputation, die weit zurückreichten: die Qadiriya, die Mawlawiya, die Suhrawardiya, die Rifaʿiya. Der Aufstieg anderer wiederum war mit den großen Dynastien der frühen Neuzeit verknüpft, so die Dschazuliya (ein Zweig der Schadhiliya) mit den scharifischen Herrschern von Marokko, die Chischti mit den mogulischen Kaisern und die Chalwati mit den osmanischen Sultanen seit der Zeit Bayezids II. am Ende des 15. Jahrhunderts. Eine Untergruppe der Chalwatibruderschaft, die Bakri, spielte eine ähnliche Rolle in Ägypten, und ihre Schaichfamilie verfügte über eine besondere Führerstellung bei der städtischen Bevölkerung und eine Mittlerposition zwischen ihr und der mameluckischen Herrscherklasse.[36]

Dieselben oder andere Bruderschaften gab es auch auf den unteren Stufen der sozialen Hierarchie der Stadt, doch sorgte der Abstand zur Kultur der Gebildeten und zum Sitz der Macht leicht für eine Veränderung der einzelnen Elemente darin. Die Verehrung der wundertätigen, lebenden oder toten, Heiligen war weniger zurückhaltend, der Einfluß der Macht des *dhikr* auf die Gemüter stärker und das Bewußtsein, derselben *tariqa* anzugehören, konnte die Solidarität innerhalb der Berufsgruppen oder der einzelnen Stadtviertel stärken. Dennoch war die Autorität der *scharīʿa*, der Richter, die sie ausübten, und der Prediger, die sie auslegten, in der ganzen Stadt unangefochten.

Die Unterschiede zwischen ländlichen und städtischen *tariqa*s hatten soziale und politische Hintergründe. Auf dem Land konnte das Grab des Heiligen oder das Haus seiner Familie als neutraler Ort dienen, wo unterschiedliche regionale und tribale Gruppen zusammenkamen, Waren gekauft oder verkauft, Bündnisse geschlossen, Konflikte beigelegt wurden und wo Flüchtlinge Asyl und Reisende Gastrecht finden konnten. Der Heilige war Vermittler islamischer Werte an kritischen Punkten im Leben der ländlichen Gesellschaft und bisweilen auch mehr als das, nämlich der Brennpunkt, in dem sich eine Koalition herauskristallisierte, aus der – unter Umständen – eine neue Dynastie hervorgehen konnte.[37]

In manchen Städten gab es große, volkstümliche Schreine mit einer ländlichen wie auch städtischen Anhängerschaft, die der Besucher oder der Zuwanderer vom Lande besuchte, so etwa die Gräber der Imame in den heiligen schiʿitischen Städten, die Schreine von Sayidna Husain und Sayida Zainab in Kairo und von Mawlay Idris in Fez. Es gab aber auch ländliche Schreine, welche die Massen aus der Stadt anzogen. Die ländlichen Heiligen und die Art des Islam, den sie vertraten, bedeutete daher manchmal eine Herausforderung für die herrschende und gebildete Klasse in den Städten und für die *tariqa*s, die deren Auffassung des Islam als Gesetzwerk zur Erhaltung einer stabilen Zivilisation teilten. Die städtischen *tariqa*s teilten auch die typische Haltung der Stadtbewohner gegenüber der Regierung: Duldung der weltlichen Herrscher, eine gewisse Distanz zu ihnen, den Wunsch, Einfluß auf sie zu nehmen und sie auf dem Weg der *scharīʿa* zu halten. Die Verbreitung von *tariqa*s im 18. und frühen 19. Jahrhundert, welche die Bedeutung der *scharīʿa* betonten, kann daher als ein Aspekt der Reaktion auf eine bedrohte städtische islamische Ordnung verstanden werden.

Solche Bestätigungen der gebildeten städtischen Auffassung des Islam können in der ganzen islamischen Welt angetroffen werden. Beipiele dafür – und in den letzten Jahren Gegenstand von Untersuchungen – sind die Ausbreitung der Idrisi-, später Mirghani-Bruderschaft, im Sudan[38] und die Qadiriya in Mauretanien, wo Schaich Sidiya eine striktere Befolgung der Liturgie und Beachtung der Organisation der Bruderschaft einführte, ebenso Kenntnis des *fiqh*, den er in Marokko gelernt hatte und den er äußerst streng, ohne Zugeständnisse an ländliche Praktiken, wie sie durch die ʿ*amal*-Literatur auch in Marokko vorkommen, auslegte.[39]

Zwei Beispiele von weitreichenderer Bedeutung sollen hier angeführt werden. Im östlichen Teil der muslimischen Welt scheint im 18. Jahrhundert die Naqschbandiya in ihrer erneuerten Form (*mudschaddidi*) die am weitesten verbreitete und erfolgreichste *tariqa* gewesen zu sein. Sie tauchte zuerst in Zentralasien als eigene Bruderschaft auf mit ihrem charakteristischen Ritual des schweigenden *dhikr* und mit ihrer Betonung der Verbindung innerer Ergebenheit und äußerlicher Tätigkeiten, die auf die Einhaltung der Regeln der *schariʿa* abzielten. Von Zentralasien aus verbreitete sich die Bruderschaft in alle Richtungen: nach China im Osten, nach Iran und Nordindien im Süden und in das Osmanische Reich, wo sie bereits vor dem Ende des 15. Jahrhunderts bekannt war. In Iran wurde die Bruderschaft von den Safawiden vernichtet, während sie in Indien Wurzeln schlug. Für einige Zeit hatte sie sogar einen gewissen Einfluß am Hof des Moguls, der sie dazu benützte, der Verbreitung schiʿitischer Ideen aus Iran über die Länder mit persischer Kultur entgegenzutreten. (Hier ist vielleicht der Grund zu sehen, warum die Naqschbandis in dieser Zeit ihre doppelte Abstammung von Abu Bakr und ʿAli so sehr betonten; sie konnten behaupten, daß sie – und nicht die Schiʿiten – die legitimen Nachfahren von ʿAli waren.) Im 17. Jahrhundert kam es zu einer »Erneuerung« des Ordens durch Schaich Ahmad Sirhindi (1564–1624). In den Briefen an seine Schüler und in anderen Schriften bestätigte er die grundlegenden Prinzipien der Ordenslehre und modifizierte sie gleichzeitig etwas. Seine Anhänger erkannten ihm einen besonderen geistlichen Rang zu, den des *qutb*, Pol, um den sich die Welt um ihre Achse dreht, Nachkomme des Propheten und in Kontakt mit der unsichtbaren Welt.[40]

Die Lehre von Schaich Ahmad hatte großen Einfluß auf die indo-muslimische Kultur des 18. Jahrhunderts, auf ihr Denken ebenso wie auf ihre Dichtung. Sie wurde von Schah Waliullah von Delhi (1703–62) weitergeführt, dessen Schriften in einer Zeit des Niedergangs muslimischer Macht in Indien und der Erneuerung hinduistischer Herrschaft in den Provinzen des Mogulenreichs auf eine Wiederherstellung der *schariʻa* drangen. Die unterschiedlichen Rechtsschulen sollten vereinigt werden, wozu der *hadith* studiert (seine eigene Schule hieß *dar al-hadith*) und der *idschtihad*, die Ausübung des unabhängigen Urteils durch qualifizierte Gelehrte, zugelassen werden sollte. Gleichzeitig äußerte er die Ansicht, daß es nicht verschiedene *tariqa*s gebe, sondern alle Teile einer einzigen wären, was implizit seinen Anspruch auf einen einzigartigen geistigen Status unterstrich.[41]

Von Indien aus breitete sich die erneuerte Naqschbandi-Bruderschaft noch einmal nach Westen aus. Sie wurde von Pilgern in den Hedschaz gebracht, in den Irak und nach Syrien von Mawlana Chalid (gest. 1827), einem Kurden, der zum Studium in Indien war und von dort das gleiche Ideengebäude mit zurückbrachte: Feindschaft gegenüber dem Schiʻismus, die Behauptung, direkten Kontakt mit der unsichtbaren Welt zu haben, Nachdruck auf strikter Beachtung der *schariʻa* und das Verlangen nach Einfluß bei Herrschern.[42]

Eine ähnliche Rolle spielte eine neue Bruderschaft in Nordafrika: die Tidschaniya, gegründet von Ahmad al-Tidschani (1777/8–1815). In seiner *tariqa*, die er nach seiner Rückkehr von Studien in der östlichen muslimischen Welt gründete, wird sein Anspruch auf besondere Vorrechte deutlich, der beinahe an die Behauptung grenzt, im ausschließlichen Besitz der Wahrheit zu sein. Seine Gefolgschaft hielt ihn für jemanden, der ohne lebenden Lehrer und durch direkten Kontakt mit dem Geist des Propheten in die Wahrheit eingeweiht war; seine Anhänger wurden von Besuchen bei anderen, lebenden oder toten, Heiligen abgehalten. Auch hier wurde der Gehorsam gegenüber der *schari'a* betont, was seine Bruderschaft zu einem Verbündeten derer machte, welche die städtische Kontrolle über das Land auszudehnen suchten. Eine Zeitlang stand er in der Gunst Mawlay Sulaimans von Marokko und ließ sich in Fez nieder, doch schlug seine Bruderschaft dort weniger tiefe Wurzeln als in Algerien.[43]

Alle diese Bewegungen fanden im Rahmen der Praktiken und der Gedankenwelt der Sufibruderschaften statt. Eine andere Bewegung jedoch brach im 18. Jahrhundert aus diesem Gefüge aus und drohte, es zu zerstören. Muhammad ibn 'Abd al-Wahhab (1703–87) kam aus dem Nadschd, wo die zerbrechliche seßhafte Gesellschaft und die gebildeten Muslime der kleinen Marktstädte stets von den bewaffneten Banden und den Lebensgewohnheiten der nomadischen Gesellschaft der Steppe bedroht wurden. Sein Widerstand gegen die religiöse Unwissenheit seiner Zeit und seiner Umgebung gründete in der hanbalitischen Tradition seiner Familie und wurde durch seine Studien in Medina und an anderen Orten noch bestärkt. Es war dies eine Haltung, die theologische Zurückhaltung mit dem Willen verband, das unabhängige Urteil, *idschtihad*, in der Praxis so anzuwenden, daß alle menschlichen Handlungen der *schari'a* unterworfen wurden. Neu war jedoch die Zurückweisung sufischer Lehren, was über frühere hanbalitische Denker hinauszuweisen scheint. Gott hatte seinen Willen allein durch den Koran und den Propheten kundgetan, Er sollte daher nur auf eine Weise verehrt werden, die Er selbst im Koran befohlen hatte; Spekulationen über seine Natur sollten nicht über den »vorsichtigen Agnostizismus« des hanbalitischen *kalam* hinausgehen.[44] Der Prophet ist der beste Mensch, fähig zur Fürsprache vor Gott, aber nicht das Erste Licht, das schon war, bevor die Welt erschaffen wurde. Weder er noch irgendein anderer Lehrer kann zwischen dem einzelnen Gläubigen und Gott stehen, weder er noch irgendein anderes geschaffenes – lebendiges oder totes – Wesen darf in der Verehrung Gott zur Seite gestellt werden.

Einmal mehr stehen die Überzeugungen eines reformerischen Willens, die Autorität der *schari'a* wiederherzustellen, und das Interesse eines Herrschers, der danach strebte, seine Kontrolle über die Gebiete Nichtseßhafter auszudehnen, einträchtig nebeneinander. Das Bündnis von Muhammad ibn 'Abd al-Wahhab mit der Sa'udi-Dynastie führte zu dem Versuch, einen Staat auf der Grundlage der *schari'a* über ein größeres Gebiet Arabiens und darüber hinaus einzurichten, zur Zerstörung der Gräber der Heiligen, zu einem Angriff auf die heiligen Stätten der Schi'iten und zu der Weigerung, die Autorität der osmanischen Sultane anzuerkennen, welche die Wahhabiten als die Beschützer einer falschen Auslegung des Islam betrachteten. Solchen Handlungen lagen eine bestimmte Ansicht von der Natur und der Einheit der islamischen Gemeinde zugrunde: Daß nicht alle wahre Muslime waren, die sich als solche bezeichneten, und daß korrekter Glaube und strikte Beobachtung der Vorschriften wesentlicher Teil der Definition eines Muslims ist.

Diese Sicht war nun aber noch nicht in der Lage, außerhalb der arabischen Halbinsel eine ältere Auffassung von der Gemeinde als etwas weiter Gefaßtem, weitgehend Tolerantem und etwas, das – auf mehr als nur einer Ebene – eine Einheit darstellte, zu erschüttern. Diese Auffassung kam zum Ausdruck: in einem einzigen Recht, das die Norm für das weltliche Handeln der Menschen aufstellte, in der gemeinsamen Teilnahme an einem geistigen Leben, das auf dem Vorbild des Propheten und seiner nächsten Gefährten beruhte, in verschiedener leibhaftiger und spiritueller Abstammung, mit der Gelehrte wie auch Sufis ihren Glauben und ihre Glaubenspraktiken legitimierten, und in der Pilgerreise, dem symbolischen Akt der Einheit.

VII.
DIE ENZYKLOPÄDIE
VON BUTRUS AL-BUSTANI

Die Nahda machte sich mit einem Anpassungsschub der syrischen Intellektuellen an Europa bemerkbar. Die althergebrachten Fähigkeiten der für die Region charakteristischen Vielsprachigkeit kamen wieder zu Ehren, und mit Literatur, Enzyklopädik, Pädagogik und Journalismus verfeinerten sie ihren Erfolg als Vermittler und Makler. Auf diesem Weg verstanden sie es – und mit ihnen ihre Gemeinden –, die arabische Geschichte durch das Hauptportal zu betreten.

Jacques Berque, *Arabies*[1]

Im Jahre 1875 kündigte der Herausgeber der Zeitschrift *al-Jinan* in Beirut seine Absicht an, eine Enzyklopädie herauszugeben. Butrus al-Bustani war den arabischen Lesern in Syrien und Ägypten sowie der ausländischen Gemeinde in Beirut als Lehrer, Übersetzer und Gelehrter bereits gut bekannt und auch in der gelehrten Welt Europas kein ganz Unbekannter mehr. Dennoch mögen Zweifel bestanden haben, ob er – oder jemand anders – in der Lage wären, die – unter allen Umständen – schwierige Aufgabe zu bewältigen, ein Werk dieses Umfangs zusammenzustellen und herauszugeben. 1876 jedoch war der erste Band bereits fertiggestellt und erschien unter dem Titel *Da'irat al-ma'arif*, mit dem französischen Untertitel *Encyclopédie arabe*. Bis 1882 folgten kurz hintereinander fünf weitere Bände. Im siebenten Band, herausgegeben 1883, wurde al-Bustanis Tod bekanntgegeben. Sein Sohn Salim, von Anfang an sein Assistent, sollte die Enzyklopädie als Herausgeber weiterführen, doch schon im achten Band, der 1884 erschien, mußte auch sein Tod bekanntgegeben werden. Danach ließ das Tempo der Neuerscheinungen nach. Die jüngeren Söhne von al-Bustani, Nasib und Nadschib, konnten 1887, unterstützt von einem anderen Familienmitglied, Band IX herausbringen. 1898 erschien mit geraumer Verspätung Band X und im Jahr 1900 Band XI. Sie wurden in Kairo, nicht in Beirut herausgegeben und bei der bekannten Zeitschrift *al-Hilal* gedruckt. Der elfte Band wurde der letzte; er brachte die Enzyklopädie bis zum Buchstaben 'ain, dem achtzehnten der achtundzwanzig Konsonanten der arabischen Sprache. Der letzte Artikel behandelte die Dynastie der Osmanen, was vielleicht passend war, denn die zunehmenden Schwierigkeiten, im Hoheitsgebiet von Sultan Abdülhamid frei zu publizieren, in Verbindung mit den finanziellen Problemen hatten zu den langen Verzögerungen und zur Verlegung des Unternehmens von Beirut nach Kairo geführt.

Die Enzyklopädie erregte von Anfang an – und nicht nur in den arabischen Ländern – Aufmerksamkeit. Die ersten drei Bände wurden 1880 von dem Orientalisten H. L. Fleischer in der *Zeitschrift der Deutschen Morgenländischen Gesellschaft* besprochen.[2] Es ist bis heute das vollständigste Werk dieser Art auf arabisch und erreichte Leser in anderen Ländern, in denen Arabischkenntnisse verbreitet waren; die Artikel über islamische Geschichte wurden von Iranern mit traditioneller religiöser Ausbildung sehr geschätzt.[3]

Wie war es möglich, daß eine Enzyklopädie dieser Art und von diesem Umfang bereits in den siebziger Jahren des 19. Jahrhunderts und außerdem noch in einer bescheidenen Provinzstadt des Osmanischen Reiches erscheinen konnte? Moderne Enzyklopädien waren in England, Frankreich und Deutschland seit dem 18. Jahrhundert erschienen, doch in anderen Ländern begann man erst ab Mitte des 19. Jahrhunderts damit. Die *Da'irat al-ma'arif* sind nicht viel jünger als die erste eigentliche russische Enzyklopädie[4], und der erste Band erschien sogar vierzehn Jahre vor der ersten türkischen Enzyklopädie, dem *Qamus al-aʿlam* von Şemseddin Sami Fraşeri.[5]

Auf diese Frage gibt es verschiedene Antworten, wenngleich alle miteinander zusammenhängen. Die erste betrifft das Besondere an Beirut zu jener Zeit: Es war einer der Häfen, der im Zuge des europäischen Überseehandels wuchs und durch Linienschiffe mit anderen Häfen des Mittelmeers sowie der atlantischen Küsten verbunden war; es beherbergte Konsulate, religiöse Missionen und Schulen sowie eine einheimische und ausländische Händlerschicht, die europäische Industrieerzeugnisse importierte. Doch nicht nur mit solchen Produkten wurde gehandelt: Dampfschiffe brachten auch Bücher und Zeitungen aus Europa und Amerika; die Telegraphie, die Beirut in den sechziger Jahren erreichte, verbreitete die neuesten Nachrichten in wenigen Stunden; Konsuln, Händler, Missionare und Lehrer waren die Kanäle, über die das Wissen einströmte und die Vorbilder für eine neue Lebensweise.

In seiner Besprechung der Enzyklopädie nannte Fleischer Beirut das »Hauptemporium« (den Hauptmarktplatz) Syriens und zitierte die Verse von Goethe[6]:

Orient und Okzident
Sind nicht mehr zu trennen.[7]

Um das Marktgeschäft zu betreiben und damit Orient und Okzident zusammenzuführen, wurden Mittelsmänner gebraucht; libanesische Christen waren, wie anderswo im Osmanischen Reich Griechen und Armenier, für diese Aufgabe besonders gut geeignet. Vor allem die Mitglieder der maronitischen und anderer unierter Kirchen hatten als Priester, Händler und Angestellte der Konsulate oder der Handelsgesellschaften schon eine lange Erfahrung im Umgang mit Europäern, und einige von ihnen waren durch den Besuch der Missionsschulen und der römischen Seminare des Lateinischen und Italienischen mächtig. An den neuen Missionsschulen lernten sie dann noch Französisch und Englisch und fanden als Lehrer, Übersetzer oder Konsulatsbeamte ein neues Betätigungsfeld. In den sechziger und siebziger Jahren erweiterte sich ihr Tätigkeitsgebiet: Sie erläuterten nun nicht mehr nur den Fremden ihre eigene Sprache und Gesellschaft, sondern begannen als Lehrer und Journalisten der wachsenden Zahl arabischer Leser die neue Welt Europas und Amerikas zu erklären.

Dieser Gruppe von Mittelsmännern war Butrus al-Bustani sowohl Vorbild als auch Führer.[8] Er stammte aus einer maronitischen Familie im Südlibanon, besuchte die maronitische Schule von 'Ain Waraqa und studierte dort sowohl Lateinisch, Italienisch und Syrisch als auch Arabisch. Sein erster Kontakt mit der englischsprachigen Welt erfolgte 1840, als britische Truppen in Beirut landeten, um Muhammad 'Ali zu zwingen, sich aus Syrien zurückzuziehen. Bald darauf begann er für die protestantischen amerikanischen Missionare in Beirut als Lehrer in deren Schulen, als Privatlehrer für Arabisch und als Übersetzer sowie als Mitarbeiter in ihren Veröffentlichungen zu arbeiten. Sie brachten ihm Englisch bei, und er trat zum Protestantismus über. Für einige Jahre half er den Missionaren bei der neuen Übersetzung der Bibel, wozu er Griechisch und Hebräisch studierte. Von einem bestimmten Zeitpunkt an scheint er sich der Obhut der Missionare entzogen zu haben. Er war für einige Zeit Dolmetscher des Konsulats der Vereinigten Staaten und eröffnete eine Schule mit dem bezeichnenden Namen *Al-Madrasa al-wataniya* (die Nationalschule). Es sollte eine Schule sein, die allen Konfessionen zugänglich war, mit dem Ziel, die Liebe zum »Vaterland« und Kenntnisse der arabischen Sprache zu vermitteln.

Danach folgte die Periode seiner weitläufigen wissenschaftlichen Unternehmungen: des neuen arabischen Wörterbuchs, *Muhit al-muhit,* und einer Kulturzeitschrift, *Al-Jinan.*[9] Zeitschriften und Zeitungen dieser Art waren Neuheiten. Sie kamen mit ihrem Erscheinen in regelmäßiger Folge für Abonnenten dem Bedürfnis eines gebildeten Publikums nach nützlicher und erbaulicher Lektüre entgegen. Die Enzyklopädie, die den Subskribenten ebenfalls in periodischen Lieferungen zugingen und einen systematischen

Überblick über das Wissen vermitteln wollte, war gewissermaßen eine Erweiterung der Zeitschrift.

Umgeben von seinen Söhnen, Schülern und Mitarbeitern wurde al-Bustani zum Mittelpunkt der vielleicht ersten modernen Intelligenz der arabischen Welt, einer sozial mobilen Gruppe, die sich der Diskussion und Verbreitung von Ideen verschrieben hatte, geübt in der Kunst der verbalen Auseinandersetzung und auf Fragen über das allgemeine Geschehen und die gängigen Meinungen vorbereitet. Die Verleugnung der maronitischen Kirche und der Übertritt zum Potestantismus war der erste Schritt in dieser Richtung: Protestant zu werden in einer Gesellschaft, die auf religiösen Bindungen beruhte, bedeutete, so unnachgiebig wie möglich auf dem Recht zu bestehen, seiner eigenen Überzeugung und dem eigenen Gewissen zu folgen.[10] Das Loyalitätsgefühl gegenüber Lehrern und Kollegen war in dieser Gruppe sehr stark. Es wurde durch die Erinnerung an gewisse Vorkommnisse noch verstärkt. Eine dieser Episoden war ein berühmt gewordener Vorfall am amerikanischen Kolleg in Beirut, als sich der Professor für Naturgeschichte in seinem Eröffnungsvortrag 1882 für die Ideen von Darwin aussprach und daraufhin gezwungen wurde, das Kolleg zu verlassen.[11] Einige der anderen Lehrer unter Führung des berühmten Missionsarztes Cornelius Van Dyck traten daraufhin aus Protest zurück. Bei dieser Gelegenheit tauchte zum erstenmal im Arabischen die bei Intellektuellen beliebte Einrichtung des kollektiven Protestschreibens auf. Führende Persönlichkeiten in Damaskus unter der Leitung von Mufti Mahmud Hamza und des Emirs 'Abd al-Qadr sandten Dr. Van Dyck einen Brief mit der Versicherung ihrer Wertschätzung.[12] Ein anderes Ereignis war der Tod von Butrus al-Bustani im Jahr 1883; noch sechzig Jahre später vermochte jemand, der beim Begräbnis zugegen war, die Zeichen der Trauer, die Tränen von Van Dyck und die Eloquenz von Adib Ischaq lebhaft in Erinnerung zu rufen.[13]

Die neuen Schriftsteller, so unabhängig sie auch sein wollten, brauchten aber Förderer. Al-Bustanis Wörterbuch wurde von der osmanischen Regierung günstig aufgenommen, und für die Enzyklopädie wandte er sich an zwei hohe osmanische Beamte. Diese versprachen zwar Hilfe, sahen sich jedoch außerstande, sie zu gewähren, solange der erste Teil nicht erschienen war. Er wandte sich daher an den Chediven Isma'il, der sofort antwortete, da er den Wert eines Werks erkannte, das seine eigenen Bemühungen, Ägypten der neuen, von Europa geschaffenen Welt zuzuführen, unterstützte.[14] Er bot die Übernahme von tausend Exemplaren an, und weitere finanzielle Unterstützung kam danach von Angehörigen seiner Umgebung, der seines Sohnes Tawfig und des Ministers Riaz.[15] Die Einleitungen der Bände zollten dieser Hilfe Anerkennung, enthielten jedoch auch Loyalitätsbekundungen gegenüber Sultan Murad V. und seinem Nachfolger Abdülhamid II.[16]

Kein Nachschlagewerk ist vollkommen neutral. Ein Wörterbuch kann ein literarisches Manifest sein, und eine Enzyklopädie, die für sich in Anspruch nimmt, alles Notwendige, Nützliche und Wissenswerte zu enthalten, muß ihre Auswahlkriterien und Anordnungsprinzipien haben. Diese Zwänge und die daraus sich ergebenden Probleme waren den großen Kompilatoren des 18. Jahrhunderts bewußt. Das Vorwort der ersten Auflage der *Encyclopaedia Britannica* machte das Problem deutlich. Zwar ist die »Methode, Wissen in alphabetischer Ordnung zu vermitteln«, einleuchtend und sinnvoll, birgt jedoch eine Gefahr: Die »Methode, Wissenschaften nach verschiedenen Begriffen in Teilgebiete aufzuteilen, widerspricht der eigentlichen Idee von Wissenschaft als zusammenhängender Kette von Schlußfolgerungen aus an sich einsichtigen oder bereits erkannten Prinzipien«. Diese Prinzipien müssen dem Leser »in vollständiger, zusammenhängender Beweiskette vorgelegt« werden. »Die Wissenschaften müssen gesamthaft vorgestellt werden, sonst ist ihre Darstellung von geringem Nutzen.«[17]

Die Verfasser von Enzyklopädien sahen daher die Notwendigkeit, einen Überblick über das System der Wissenschaften und ihrer Beziehungen untereinander zu geben. Die eingehenden Einleitungen zu ihren Werken sind mit die wertvollsten und beständigsten Teile, so zum Beispiel Diderots *Discours préliminaire* zu der großen *Encyclopédie* mit seinem auf einer Epistemologie beruhenden Wissenschaftssystem, einer Unterscheidung zwischen der Funktion der Erinnerung, der Vernunft und der Imagination[18]; und fünfzig Jahre später Coleridges *Treatise on Method*, wo der Versuch unternommen wird, die Beziehungen zwischen den Wissenschaften durch die Darstellung deutlich zu machen, wie diese Verbindungen aus dem Denkprozeß, der dem Erkennbaren seine eigene Ordnung auferlegt, hervorgehen.[19]

Angesichts solcher Vorgaben versuchten die meisten Enzyklopädisten ein Gleichgewicht zwischen langen, verallgemeinernden Artikeln, in denen ein Überblick über einen großen Bereich gegeben wird, und kürzeren, wo ein begrenztes Thema behandelt wird, zu halten. Dennoch konnte es zu Schwierigkeiten kommen: Bestimmte Themen, die nicht so leicht auf allgemeine Regeln bezogen werden konnten, drohten ausgelassen zu werden. In der ersten Ausgabe der *Encyclopédie* werden Informationen über Geschichte und Biographien hauptsächlich in geographischen Artikeln gegeben, die mit allgemeinen Begriffen in Verbindung gebracht werden konnten; so gibt es etwa kein eigenes Stichwort für Shakespeare, sondern er wird unter seiner Geburtsstadt Stratford behandelt.[20]

Die Einleitung zu den *Da'irat al-ma'arif* enthält keine solche eingehende Darstellung der Wissenschaften, gibt aber einige Hinweise bezüglich der Anliegen. Sie beginnt mit einigen – für heutige Begriffe – Gemeinplätzen, die jedoch zu ihrer Zeit Leitvorstellungen zum sozialen und kulturellen Wandel waren, so zum Beispiel, daß die Bedürfnisse der Völker je nach Ort und Zeit verschieden sind, daß eine Nation den Anforderungen der neuen Zeit ohne Wissen – Grundlage allen ökonomischen und sozialen Fortschritts sowie des geistigen und moralischen Wohlergehens – nicht gewachsen ist, daß »das Volk der arabischen Sprache« (*ahl al-lugha al-'arabiya*), als Nachbar der zivilisierten Länder, der Notwendigkeit, sich Wissen aneignen zu müssen, gewahr wurde. Die Enzyklopädie will diesem Bedürfnis Rechnung tragen in einer Weise, die jede Parteinahme (*al-ibti'ad 'an al-tahazzub*) vermeidet und für alle religiösen Gemeinschaften annehmbar war.[21] Die Einleitung enthält auch eine Erläuterung zur »Methode der Wissensvermittlung durch alphabetische Anordnung«. Arabischen Lesern war dies weniger vertraut als europäischen. Die mittelalterlichen Kompendien wie das von Ibn Qutaiba waren nach Themen geordnet, Wörterbücher wurden nach einiger Zeit in der Reihenfolge des ersten Konsonanten, wenn auch nicht von allen Wörtern, sondern von deren Radikalen, angeordnet. Biographische Wörterbücher wie das von Yaqut waren nach dem ersten Konsonanten der Namen geordnet, was al-Bustani weitgehend als Vorbild diente, denn er beabsichtigte zuerst tatsächlich, ein biographisches Wörterbuch zu erstellen.

Welche Kenntnisse sollte sich das »Volk der arabischen Sprache« aneignen? Die *Da'irat al-ma'arif* hatten drei Themenschwerpunkte: Moderne Naturwissenschaften und Technologie, europäische sowie arabische Geschichte und Literatur. Artikel in den ersten zwei Themenbereichen waren meist Übersetzungen, Zusammenfassungen und Bearbeitungen aus englischen oder französischen Werken. Dies war bei einem derart schnell erstellten und zum größten Teil von den fünf Mitgliedern der Familie al-Bustani geschriebenen Werk unvermeidlich, obwohl der eine oder andere Artikel auch von einem anderen Autor signiert ist. (Die vom vierten Band an jeweils am Ende angehängten Illustrationen wurden ebenfalls außerhalb, bei der amerikanischen Agentur Appleton and Company, beschafft[22], während in den ersten drei Bänden die Illustrationen im Text von einem lokalen Künstler, Mikha'il Farah, ausgeführt worden waren.) Wie Fleischer in seiner Besprechung erwähnt, ist die Wahl der biographischen Themen manchmal seltsam, da die Kompilatoren auf diesem Gebiet über die Grenzen ihrer Kenntnisse hinausgingen.[23] Die Artikel – ob Originale oder nicht – waren von al-Bustani und seiner Gruppe in einer einfachen darstellenden, klaren, wenn nicht gar schönen Prosa geschrieben, um die Ideen und das Wissen der modernen Welt allen, die lesen konnten, in einer verständlichen Art und Weise zugänglich zu machen.[24]

Selbst in diesen Teilen der *Da'irat al-ma'arif* gibt es Überraschungen. Daß der Telegraph beschrieben wird, war zu erwarten, da er schon verbreitet war, vielleicht ist es aber doch überraschend, im Band VI, der 1882 veröffentlicht wurde, auf eine Beschreibung des Telephons zu stoßen, wenn man bedenkt, daß Bells erstes Patent 1876 angemeldet und die erste kommerzielle Telephonleitung in den Vereinigten Staaten erst 1879 eingerichtet worden war.[25]

Auch die zahlreichen Artikel über griechische Geschichte, Literatur und Mythologie zeugen von einer klaren Entscheidung für das Wesentliche. Dies erscheint angesichts der engen Beziehungen zwischen der griechischen und arabischen Wissenschaftstradition nicht ungewöhnlich, die Artikel gehen aber über die arabischen Schriftstellern früherer Zeiten zugänglichen Kenntnisse hinaus. Themistokles, Thykidides, Theseus, Theodosius, Theophrastus und Theokritus folgen einander in kurzen Abständen. Nur einer von den sechs wäre einem Muslim des Mittelalters bekannt gewesen.[26] Homer wurde ein Artikel und ein Porträt gewidmet.[27] Er war bis dahin noch nicht ins Arabische übersetzt, doch sollte wenige Jahre später Sulaiman al-Bustani, einer der Herausgeber der Enzyklopädie, die *Ilias* übersetzen.[28] Damit war der Weg bereitet, der einige Generationen später zum vertrauten Gebrauch griechischer Mythen als Symbole in der arabischen Literatur führen sollte.[29]

Die meisten Leser verlangten wahrscheinlich nach Artikeln über Naturwissenschaften und Technologie. In den Einleitungen zum dritten und vierten Band mußten sich die Herausgeber für den Umstand entschuldigen, daß die Anordnung nach den arabischen Konsonanten es unumgänglich machte, den größten Teil der ersten zwei Bände arabischen Namen, die mit *Ibn* oder *Abu* begannen, vorzubehalten.[30] Für den heutigen Leser sind jedoch die Stichwörter zu arabischen und islamischen Themen interessanter. Zu einem großen Teil auf arabischen Quellen basierend und auch unpublizierte Manuskripte enthaltend, brachten sie Beurteilungen und Vorlieben zum Ausdruck, die nicht unbedingt denen der europäischen Wissenschaft jener Tage entsprachen. Jene mit vielen Zitaten belegten Artikel über arabische Dichter mochten allenfalls in einer Umgebung erwartet werden, wo das arabische dichterische Erbe im Begriff stand, wiederentdeckt und neu bewertet zu werden, die Fülle der Artikel über islamische Geschichte und islamisches Denken hingegen sind vielleicht eher überraschend. So gibt es zum Beispiel fünf Seiten über Abu Bakr[31] (die *Da'irat al-ma'arif* gediehen nie bis zum Stichwort »Muhammad«). Das Interesse an Ibn Chaldun war bei europäischen, arabischen und türkischen Schriftstellern jener Zeit verbreitet, andere Artikel verraten jedoch Beurteilungen, die europäische Wissenschaftler damals vielleicht nicht geteilt hätten. Derjenige über al-Halladsch[32] ist umfangreicher als dies vor Massignons Untersuchungen eine europäische Zusammenstellung dieser Art zu leisten vermocht hätte. Selbst die *Encyclopaedia of Islam* von 1913 räumte ihm nur eine Seite ein, obwohl Massignons Werk schon bekannt war und er selbst aufgefordert wurde, ihn zu schreiben.[33]

Lange Artikel finden sich über Hamza und al-Hakim bi-amr Allah[34]; der Grund dafür muß wohl am speziellen Interesse liegen, das ein libanesischer Schriftsteller oder Leser an den Ursprüngen der Religion der Drusen hatte. Andere Artikel über die Lokalgeschichte sind ebenfalls umfangreich, wie zum Beispiel jene über die Städte (Beirut, Damaskus, Aleppo, Baghdad) und über lokale Familien, welche die Tradition libanesischer Geschichtsschreibung fortführten, wozu al-Bustani durch seine Mitarbeit an der Veröffentlichung von Tannus Schidyaqs *Achbar al-a'yan fi Dschabal Lubnan*[35] bereits beitrug.

Für den Historiker sind vielleicht die Artikel über allgemeine Begriffe die wichtigsten. Sie geben ein charakteristisches Bild arabischen Schrifttums der Zeit wieder, das versuchte, eine Verbindung zwischen modernen westlichen und Vorstellungen der arabisch muslimischen Überlieferung herzustellen. Der Artikel über »Geschichte« (*ta'rich*) beginnt mit den Griechen, skizziert die Entwicklung europäischer Geschichtsschreibung und führt

dann zu einem Überblick über Ibn Chalduns Vorstellungen zur
»Kunst der Geschichte«.[36] Jener über »Wahrheit« (*haqq*) beginnt
mit einer von al-Taftazani und al-Dschurdschani übernommenen
Definition und stellt dann die Ansichten der modernen Philosophen vor.[37] Manche der ersten Bände vermitteln einen Eindruck
von der vergleichsweisen Freiheit und dem Optimismus zur Zeit
der osmanischen Verfassung. »Regierung« (*hukuma*), 1883 veröffentlicht, erläutert die verschiedenen Typen der Herrschaft nach
Aristoteles (dessen *Politik* nicht Bestandteil der klassischen islamischen Überlieferung war). Darin wird behauptet, daß kein
antikes Königreich sich einer den modernen Staaten vergleichbaren Freiheit erfreute, in denen die Regierung auf der Verfassung
(*qanun asasi*) und auf dem Parlament (*madschlis al-nuwwab*)
gegründet ist.[38]

Im Artikel über Europa heißt es: »Der zweitkleinste Kontinent,
aber der wichtigste für die Geschichte der Zivilisation.«[39] Dies ist
das Glaubensbekenntnis der Enzyklopädie. Es ist der Versuch, die
gesamte europäische Zivilisation in die arabische Sprache zu bringen und das »Volk der arabischen Sprache« mit seiner überlieferten Kultur in die vom modernen Europa geschaffene neue Welt zu
integrieren. Arabische und muslimische Geschichte wird zu einem
Teil der Weltgeschichte, nicht etwa als ein besonderer Teil, sondern als einer, über den in derselben Weise gedacht und geschrieben wird wie über anderes auch und der nach denselben Kriterien
– Freiheit (*hurriya*) und Zivilisation (*tamaddun*)[40] – beurteilt
wird.

Damit ist die Enzyklopädie das Symbol für die Öffnung der
arabischen Sprache gegenüber der modernen Welt und für eine
Öffnung der modernen Weltkultur gegenüber arabischen und
islamischen Themen. Und eine Öffnung noch in einem weiteren
Sinn: Für die al-Bustanis gehört Arabisch und alles, was damit
zum Ausdruck gebracht wird, gleichermaßen allen, die diese Sprache gebrauchen. Zum ersten Mal vielleicht schreiben arabisch
sprechende Christen über islamische Themen im selben Ton wie

über andere Themen. Die *Da'irat al-ma'arif* bezeichnen den Punkt in dem Prozeß, an dem die arabischen Christen versuchten, die islamische Geschichte und Kultur auch als ihre eigene anzunehmen und »*entrer [...] dans l'histoire arabe par la grande porte*«.[41]

VIII.
SULAIMAN AL-BUSTANI
UND DIE *ILIAS*

In einer berühmten, 1928 veröffentlichten Untersuchung über zeitgenössische arabische Literatur bemerkte H. A. R. Gibb, daß die soziale und literarische Blütezeit des Libanon in den letzten zwei Jahrzehnten des 19. Jahrhunderts »immer noch auf ihren Historiker wartet«.[1] In dem guten halben Jahrhundert, das seitdem vergangen ist, wurde manches unternommen, um diese Lücke zu schließen, dennoch haben einige wichtige Gestalten noch immer nicht die verdiente Würdigung erfahren, und über Ursprünge und Verlauf der Bewegung gibt es noch manche unbeantworteten Fragen. Ein Umstand, der zu Meinungsverschiedenheiten führte, betrifft die Frage, inwieweit diese Bewegung auf Kräfte innerhalb der libanesischen und syrischen Gemeinschaft zurückzuführen war oder ob sie ein Produkt der insbesondere von französischen Jesuiten und amerikanischen Protestanten gegründeten westlichen Missionsschulen war. George Antonius betont in seinem Buch *The Arab Awakening* die Rolle der Amerikaner: »Das intellektuelle Aufblühen, das die ersten Regungen der arabischen Erneuerung kennzeichnet, ist zum größten Teil ihnen zu verdanken.«[2] A. L. Tibawi hingegen hält diese Aussage für übertrieben: Der Einfluß der Missionare auf die kulturelle Bewegung sei viel begrenzter gewesen als Antonius behauptete und ein Nebenprodukt von Aktivitäten mit einem anderen Ziel.[3] Seine Argumente sind bis zu einem gewissen Punkt überzeugend und stichhaltig, doch sollten wir den Einfluß, den eine kleine Gruppe seriöser und gebildeter Männer in einer schnell wachsenden und sich der Außenwelt öffnenden Stadt, wie dies Beirut im ausgehenden 19. Jahrhundert war, nicht außer acht lassen. Dieser Einfluß war nicht nur auf die Absolventen der amerikanischen Schulen beschränkt, sondern ging darüber hinaus und betraf auch jene, die mit den Schulen, den Konsulaten und den Handelshäusern zusammenarbeiteten oder sonst mit ihnen in Berührung kamen. Über einen dieser Männer zu schreiben, ist vielleicht eine angemessene Würdigung von Malcolm Kerr und der Universität, mit der er so eng verbunden war.[4]

Es ist allgemein anerkannt, daß Butrus al-Bustani, Lehrer, Journalist und Enzyklopädist, eine der wichtigsten Figuren der kulturellen Erneuerung (*nahda*) im Libanon war. Zu Recht ist viel über ihn geschrieben worden, wobei in diesen Schriften gewöhnlich auch auf jene Familienmitglieder hingewiesen wird, die er beeinflußt hatte und die mit ihm zusammenarbeiteten. Einer von ihnen verdient mehr als nur beiläufige Erwähnung. Von Sulaiman al-Bustani konnte Gibb schon 1928 sagen, daß er »ein herausragender Vertreter der christlichen syrischen Gemeinde des letzten Jahrzehnts des 19. Jahrhunderts mit allen ihren vielseitigen Aktivitäten und ihrem unruhigen Umherschweifen« war.[5]

Die christliche maronitische Familie al-Bustani stammte aus dem Gebiet von Bscharri in Nordlibanon. Einige Familienmitglieder sollen im Lauf des 16. Jahrhunderts in die kleine Stadt Dair al-Qamar im Schufgebiet gekommen sein und sich von dort aus über andere Städte und Dörfer im südlichen Libanon verteilt haben.[6] Sulaiman wurde 1856 im Dorf Bkaschtin im Schuf als einer von vier Brüdern, die alle das Leben des Libanon und der libanesischen Diaspora mitgeprägt haben, geboren. Seinen ersten Arabischunterricht erhielt er von seinem Onkel ʿAbdallah, dem ehemaligen maronitischen Erzbischof von Tyrus und Sidon, und wurde danach im Alter von sieben Jahren auf die von seinem Verwandten Butrus neugegründete Nationalschule (*al-madrasa al-wataniya*) in Beirut geschickt.[7] Dort verbrachte er die acht Jahre von 1863 bis 1871, eine Periode, die für seine geistige

Erziehung entscheidend war. Das *Curriculum* der Schule umfaßte sowohl Englisch und Französisch als auch Arabisch und Türkisch, und Sulaiman berichtete später, welchen Einfluß die Lektüre englischer, vor allem erzählender und epischer Dichtung auf ihn hatte, eine Gattung, die arabischen Lesern kaum vertraut war; er lernte Teile von Miltons *Paradise Lost* und Scotts *Lady of the Lake* auswendig.[8] Er muß auch von den politischen und sozialen Ideen Butrus' angezogen gewesen sein, wie etwa von der Idee eines syrischen Gemeinwesens, in dem Muslime und Christen in Frieden innerhalb eines reformierten Osmanischen Reichs lebten, und von der Vorstellung einer weltoffenen arabischen Kultur. Ein Echo dieser Vorstellungen war noch eine Generation später aus seinen eigenen Schriften zu vernehmen.

Nach dem Schulabgang arbeitete Sulaiman für einige Zeit in Beirut als Lehrer, schrieb für die verschiedenen, von Butrus gegründeten Zeitschriften und arbeitete als Dolmetscher für das Konsulat der Vereinigten Staaten. 1876 ging er in den Irak, zuerst nach Basra, danach nach Baghdad. Eine Zeitlang war er für eine Handelsgesellschaft, die Datteln exportierte, tätig, auch scheint er Stellungen in der lokalen osmanischen Verwaltung innegehabt zu haben. Dabei wurde er wohl auf die Reformen in der Verwaltung und Wirtschaft aufmerksam, die Midhat Pascha einige Jahre zuvor als Gouverneur der Provinz eingeführt hatte. Auch dies ließ einen bleibenden Eindruck bei ihm zurück und schlug sich später in seinen Schriften nieder. Um diese Zeit herum heiratete er die Tochter eines lokalen chaldäischen Katholiken, doch soll die Ehe, seinen Biographen zufolge, nicht glücklich gewesen sein.[9]

Vielleicht bewegten ihn seine Arbeit im Dattelgeschäft und seine intellektuelle Neugier dazu, während dieser Jahre einige Reisen auf die arabische Halbinsel zu unternehmen, was für einen Mann seiner Zeit und seiner Herkunft höchst ungewöhnlich war. Er soll den Nedschd, Hadramaut und Yemen besucht haben, und er berichtete von seinen Beobachtungen über das Leben der arabischen Nomaden 1887–88 in einer Reihe von Artikeln in *al-Muqtataf*.[10] Seine Beschreibung der beduinischen Gesellschaft zeugt von einer ungewöhnlichen Neugier für einen Mann aus der Stadt und den Bergdörfern der Mittelmeerküste und muß vielleicht mit dem für die *Nahda* typischen Interesse an klassischer arabischer Dichtung erklärt werden.

1885 war er zurück in Beirut und half bei der Niederschrift und Herausgabe der ersten arabischen Enzyklopädie, den *Da'irat al-ma'arif*, die nach dem Tod des Herausgebers Butrus al-Bustani von dessen Sohn Salim weitergeführt wurden. Nach Salims Tod 1884 wurden sie von Nasib und Nadschib, zwei weiteren Söhnen von Butrus, mit der Hilfe von Sulaiman fortgesetzt.[11] Weitere Wanderjahre nach Indien, Iran und – noch einmal – in den Irak folgten, danach verbrachte er die Jahre von 1891–98 in Istanbul. Während dieser Zeit wurde er zum osmanischen Regierungsbeauftragten bei der großen Welt-Kolumbus-Ausstellung von 1893 in Chicago ernannt.

Die zehn Jahre von 1898 bis 1908 scheint er hauptsächlich in Kairo verbracht zu haben. Über sein Leben und seine Tätigkeit in dieser Zeit ist wenig bekannt, doch offenbarte sich seine Hauptbeschäftigung, als 1904 *Hilal Press*, von Dschurdschi Zaidan, einem anderen libanesischen Literaten in Kairo, gegründet, seine Übersetzung der *Ilias* veröffentlichte. Sie war das Resultat einer mehrjährigen Arbeit, die, wie Sulaiman al-Bustani selbst erzählt, 1887 begonnen wurde und die er während allen seinen Reisen und seiner Arbeit »in den Bergen, auf Schiffsdecks und in Eisenbahnwagen« weitergeführt hatte.[12]

Es war die erste Übersetzung der *Ilias* – und antiker griechischer Dichtung überhaupt – ins Arabische. Die spätere klassische Tradition der Araber war mit der antiken griechischen Literatur weniger vertraut. Die Werke der griechischen Philosophie, die in abbasidischer Zeit übersetzt worden waren, enthielten gelegentlich Hinweise auf Homer und andere Dichter; deren Namen waren daher zwar bekannt, doch verrät eine Äußerung von al-Dschahiz die verbreitete Einstellung gegenüber der Übertragung von Dichtung, die für unnötig und unmöglich erachtet wurde:

»Nur die Araber und die Völker der arabischen Sprache haben ein richtiges Verständnis für die Dichtkunst. Gedichte eignen sich nicht für die Übersetzung und sollten nicht übersetzt werden. Werden sie übersetzt, wird ihr Gefüge zerstört, das Versmaß stimmt nicht mehr, die dichterische Schönheit ist dahin, und nichts bleibt mehr an den Gedichten, was bewundernswert wäre.«[13]

Eines der Hauptmerkmale der *Nahda* war die Erweiterung des Wissens. Bereits 1859 betonte Butrus al-Bustani in einer Vorlesung über arabische Literatur und Kultur, daß Kraft und Selbständigkeit die arabische dichterische Tradition daran gehindert habe, irgend etwas von Homer, Vergil oder anderen antiken Dichtern zu übernehmen oder zu entlehnen; in der gegenwärtigen Situation könne die arabische Sprache unter anderem nur durch Übersetzungen aus anderen Sprachen aus ihrem elenden Zustand befreit werden.[14] Der vierte, 1880 herausgegebene Band seiner Enzyklopädie enthält einen recht langen und gutinformierten, wahrscheinlich aus europäischen oder amerikanischen Nachschlagewerken zusammengestellten Artikel über Homer. Er gibt die allgemein anerkannte Version des Lebens von Homer wieder, faßt die Geschichte der *Ilias* und der *Odysee* zusammen und verrät Kenntnisse hinsichtlich der Diskussionen über die Urheberschaft, die Methode der Komposition und der Überlieferung sowie über die historische Verbürgtheit, die in der klassischen Wissenschaft des modernen Europa im Gange waren.[15] Vielleicht war es dieser Artikel, der Sulaimans bereits durch die Lektüre von *Paradise Lost* gewecktes Interesse an erzählender Dichtung verstärkte und zu dem Wunsch führte, die arabische Sprache und Kultur, die er sich in der Schule von Butrus al-Bustani angeeignet hatte, neu zu beleben.

Die arabische Übersetzung ist ein Buch, wie es in dieser Form auf arabisch bis dahin noch nicht existierte; ein stattlicher, schön aufgemachter Band von 1260 Seiten mit einer Einleitung, durchgehendem Kommentar, Indices und mit Abbildungen im Text. Die zweihundert Seiten der Einleitung sind für den modernen Leser vielleicht der interessanteste Teil. Sie versucht, Homer und die *Ilias* einem Leserpublikum nahezubringen, das bisher kaum Kenntnis davon hatte. Die traditionelle Version des Lebens Homers wird darin so vorgestellt, wie es für die meisten Homerforscher des späten 19. Jahrhunderts wohl kaum annehmbar gewesen wäre. Zum größten Teil folgt al-Bustani der Herodot zugeschriebenen Biographie; er meldet zwar gelegentlich Zweifel an, hielt sie aber dennoch für glaubwürdiger als spätere Versionen. Dennoch verrät er allgemeine Kenntnisse über die Homerforschung des Jahrhunderts, über die »Homerfrage«, wie sie von Gelehrten seit der Zeit der *Prologomena* F. A. Wolfs (1759–1824) gestellt wurde. War das Epos das Werk eines einzelnen, der Homer hieß? War es von ihm geschrieben, war es zusammengestellt, erinnert und mündlich überliefert? Inwiefern konnte die Erzählung als Sammlung tatsächlich geschichtlicher Ereignisse gelten? Al-Bustanis Antwort auf solche Fragen ist konservativ. Er glaubt, daß die *Ilias* das Werk eines einzigen Dichters ist; die Einheitlichkeit der verschiedenen Teile und die Übereinstimmung in der Charakterisierung der wichtigsten Figuren scheinen ihm dies zu beweisen. Mit der Theorie, daß das Epos rezitiert wurde, hat er keine Probleme und führt Beispiele von seinen Reisen an, auf denen er Stammesdichter lange Gedichte aus dem Gedächtnis rezitieren hörte. (Schließlich wurde dies geschrieben, lange bevor Milman Parry und Albert Lord neue Einsichten über die Art und Weise vorlegten, wie narrative Dichtung verfaßt und überliefert wurde.[16]) Auch glaubt er nicht, von der historischen Verbürgtheit der Erzählung ausgehen zu müssen.[17]

Von weitreichenderer Bedeutung ist al-Bustanis Diskussion der Übersetzungsprobleme. Er eröffnet sie mit der Frage, warum das Epos nicht schon früher übersetzt wurde. Homer war den arabischen Schriftstellern der klassischen Epoche dem Namen nach bekannt. Dabei bezieht sich al-Bustani auf Ibn Abi Usaibi'a, al-Biruni und Ibn Chaldun, denen von Platon und Aristoteles her einige griechische Dichter bekannt waren. Drei Gründe sind nach al-Bustani dafür verantwortlich, daß Homer nicht übersetzt war:

Die Übersetzer griechischer Philosophie und Wissenschaft in abbasidischer Zeit waren meist keine Araber und waren des Arabischen nicht mächtig genug, um Dichtung zu übersetzen, während die Araber nicht genügend Griechisch konnten. Außerdem fehlte es an Anreiz und Förderung; die abbasidischen Chalifen, die Übersetzungen förderten, wollten nicht Literatur, sondern medizinische und philosophische Werke, und die meisten späteren Dynastien waren ohnehin keine großen Förderer von Gelehrsamkeit und Kultur. Ins Gewicht fiel allerdings auch ein anderer Grund: die Fremdheit der Welt Homers und insbesondere Homers Beschreibung des Lebens der Götter. War dies schon den Christen ein Problem, um wieviel schwerer mußte es für die Muslime wiegen. Die Vielzahl der homerischen Götter und ihr Benehmen war mit den Lehren ihres Glaubens unvereinbar.[18]

Die Zeiten hatten sich nun allerdings geändert, und al-Bustani hielt es für dringend nötig, dem arabischen Leser Homer zugänglich zu machen. Homer war ein großartiger Dichter und hatte großen Einfluß auf die europäische Dichtung ausgeübt; viele Dichter hatten sein Werk ungeniert und offen geplündert. Al-Bustani bringt Beispiele von Vergil, Tasso, Milton und Voltaire (alle in den Originalsprachen zitiert).[19] Die Übersetzung von Homer sollte zur Erneuerung und Verbreitung der arabischen Sprache beitragen, damit sie sich allen Anforderungen des modernen Lebens gewachsen zeigte, was eines der Hauptziele der *Nahda* war.

Aus diesem Grund entschied er sich dafür, die *Ilias* zu übersetzen. Er berichtet, daß er zuerst den Versuch unternahm, aus dem Englischen und Französischen zu übersetzen, jedoch bald auf die Widersprüche der verschiedenen Übertragungen stieß. Er mußte auf das Original zurückgreifen. Sein erster Lehrer für das Altgriechische war ein französischer Jesuit in Kairo, und in Istanbul halfen ihm später dort lebende Griechen.[20] Ausreichende Griechischkenntnisse zu erwerben war aber nur eines der Probleme, die sich ihm stellten. Grundlegender waren die Schwierigkeiten, die sich durch die Unterschiede arabischer und europäischer Literaturtradition ergaben. Im klassischen Arabisch gab es keine längeren erzählenden Gedichte (wohl aber in der volkstümlichen Tradition), und gewisse Gepflogenheiten der arabischen Literatur erschwerten das Verfassen narrativer Dichtung. Die *Qasida* oder Ode, mit einem einzigen Versmaß und einem einzigen, von Anfang bis zum Ende durchgehenden Reim, war die Regel; der Blankvers war unbekannt. Das Gedicht beruhte auf einer kunstvollen Gegenüberstellung von Versen oder Halbversen. Jeder Vers hatte in der Regel dazu eine in sich abgeschlossene Bedeutung; das Gedicht als Ganzes konnte eine strukturelle Einheit aufweisen, doch war es schwierig, die Erzählung von einem Vers zum nächsten weiterzuführen.[21] Al-Bustani löste das Problem auf recht findige Weise: Er teilte die *Ilias* in kleinere Einheiten – eine Episode oder eine Rede, behielt die Einheitlichkeit des Versmaßes und des Reims innerhalb jeder Einheit bei und wählte für jede das ihr gemäße Versmaß und die zu ihr passende Form.

Große Schwierigkeiten bereitete auch die den arabischen Lesern fremde homerische Welt. Die Namen der homerischen Protagonisten klangen im Arabischen eigenartig. Al-Bustani war im Ausdenken von Formen, die nicht allzu befremdlich anmuten sollten, nicht immer erfolgreich. Die natürliche Welt der homerischen Helden – und noch mehr die der Götter – war vollkommen fremd. Wie ließ sich dem Leser vermitteln, daß Götter aßen und tranken, und wie konnte »Nektar« und »Ambrosia« übersetzt werden? Sitten, Gebräuche und moralische Vorbilder waren nicht leicht zu erkennen. Aus diesem Grund konnte die Übersetzung nicht allein herausgegeben werden. Der von Seite zu Seite mitlaufende Kommentar bringt von der arabischen Dichtung hergeleitete Parallelen zu Homers Bildern und Beschreibungen. Al-Bustani sagt, daß er allein dafür die Werke von zweihundert Dichtern gelesen habe. Auch die Einleitung war notwendig; ein Teil umfaßt die Geschichte und eine Beschreibung arabischer Dichtung in ihren verschiedenen Phasen. Die Schlußfolgerung läuft darauf hinaus, daß Homers Dichtung, wenn man sie recht verstehen will, als griechische Entsprechung der Dichtung der *Dschahiliya* gesehen werden sollte. Die Welt, die Homer beschreibt, glich derjenigen Arabiens vor dem Islam.[22]

Es gab noch andere Probleme, mit denen alle Übersetzer von Poesie zu tun haben. Soll die Übersetzung wörtlich sein oder soll sie versuchen, das Gedicht in einer anderen Sprache nachzudichten und in eine andere dichterische Tradition zu übertragen? Al-Bustani hatte darüber nachgedacht und war zu einer klaren Entscheidung gelangt: Seine Übersetzung sollte nichts auslassen und nichts hinzufügen (obwohl er tatsächlich einige Wiederholungen von Epitheta ausließ) – und sie sollte das Gedicht in gutem Arabisch wiedergeben, so daß »der Leser Arabisch liest und nicht eine Fremdsprache«[23].

Wie alle Methoden der Übertragung von Poesie, hat auch diese ihre Tücken, und diejenigen, die über al-Bustanis *Ilias* geschrieben haben, sind der Meinung, daß er sie nicht ganz vermieden habe. Salma Jayyusi schreibt in ihrem wichtigen Buch über moderne arabische Dichtung, daß al-Bustani »zu sehr unter dem Einfluß des Geistes arabischer Dichtung« stand, um den Geist des Originals ganz aufzunehmen und zum Ausdruck zu bringen.[24] Andras Hamori kommt in einer sorgfältigen und einfühlsamen Analyse der Übersetzung des sechsten Buches zu einem ähnlichen Schluß. Die Übersetzung, so schreibt er, ist

> »ein Spiegel der arabischen Überlieferung, die sich fremden Werken öffnete, wenngleich sie die eigenen Konventionen noch nicht aufgegeben hatte [...] Bustani gebrauchte die überlieferte Sprechweise auch an Stellen, wo sie Aspekte der homerischen Erzählung entstellte [...] Er verfehlte seinen Homer in der Genauigkeit und Knappheit des Ausdrucks; er hatte nicht die Kraft, die Strenge und exaktes Zusammenfügen von Situation und Emotion durchzuhalten [...] Sie ist ein Beispiel für Unbedarftheit: nicht von linguistischer oder philologischer Unbedarftheit – dies kann man sich selbst erarbeiten oder man kann Fachleute fragen –, sondern von grundlegenderer Art, die man ihm nicht vorwerfen kann und die er nicht vermeiden konnte.«[25]

Dies ist nicht sehr verschieden von dem, was Bentley zu Pope gesagt hatte: »Ein hübsches Gedicht, Mister Pope, aber behaupten Sie bitte nicht, es sei von Homer.«[26] Pope war ein großer Dichter, was man von al-Bustani nicht behaupten konnte, doch hätte er dem entgegenhalten können, das gleiche wie Pope versucht zu haben: Sein – wie Popes – Anliegen bestand darin, »eine Sprache zu finden, die wirksam zwischen zwei grundverschiedenen Welten vermitteln konnte«[27]. Dies ist die Aussage des jüngsten Biographen Popes, der auch behauptet, daß »jede geschichtliche Epoche [...] die große Dichtung der Vergangenheit zum Teil nach ihrer eigenen Auffassung von Größe und Vergangenheit wie auch nach ihrer eigenen Ansicht über Dichtung und die Kunst des Übersetzens neu beurteilt«[28]. Al-Bustani hatte immerhin darauf hinweisen können, daß er seinen Lesern einen Homer zur Hand gab, den sie verstehen und schätzen konnten, einen Dichter, der in einer Sprache schrieb, die sie einem großen Thema für angemessen erachteten. Ein Leser von heute mag diese Sprache vielleicht für gespreizt und künstlich halten, doch sollte er – wie Salma Jayyusi – zumindest zugestehen, daß al-Bustani »diese Öffnung gegenüber fremden Werken«, welche die arabischen Dichter von heute in die Lage versetzen, Bilder und Symbole aus Mythen und Legenden der ganzen Welt heranzuziehen, eingeleitet hatte.[29]

Die Veröffentlichung von al-Bustanis *Ilias* wurde mit viel Beifall aufgenommen. Im Juni 1904 wurde im Shepheard's Hotel in Kairo ein großes Diner zu seinen Ehren gegeben. Es scheint dies eine einmalige Gelegenheit gewesen zu sein, die wichtigsten Schriftsteller jener Tage – sowohl ägyptische als auch libanesische, die in Ägypten lebten – zusammenzubringen: die Dichter Ahmad Schawqi, Hafiz Ibrahim und Chalil Mutran, der Gelehrte Ibrahim al-Yazidschi, die Journalisten Faris Nimr, Ya'qub Sarruf, Dschurdschi Zaidan und Dschibra'il Taqla sowie zwei zukünftige Premierminister, Sa'd Zaghlul und 'Abd al-Chaliq Sarwat. Muhammad 'Abduh konnte nicht anwesend sein, schickte jedoch eine Grußbotschaft. Seine Unterstützung für eine Sache, die geeignet war, den Geist der arabischen Leser für die europäische Kultur zu öffnen, ist leicht zu verstehen, erstaunlicher ist eher, daß Raschid Rida, Herausgeber von *al-Mansur* und strenger Wächter der überlieferten religiösen Werte des Islam, anwesend war und eine Rede hielt.[30] In den führenden arabischen Zeitschriften *Al-Muqtataf* in Kairo und *Al-Mashriq* in Beirut erschienen lange Artikel[31], und einige europäische Orientalisten brachten ihre Anerkennung zum Ausdruck. In einer eingehenden Besprechung wies D. S. Margoliouth, Laudian Professor für Arabisch in Oxford, auf die Schwierigkeiten hin, denen sich al-Bustani gegenübersah und rühmte sein meisterliches Arabisch sowie die ausgezeichnete Versübertragung, obwohl er die Übersetzung manchmal zu frei fand.[32] Der Arabist Martin Hartmann nannte die Übersetzung

> »eine meisterhafte Arbeit, die das höchste Lob verdient und das Denkmal eines eisernen Fleißes, verbunden mit hoher Intelligenz, ausgezeichneten Kenntnissen und bedeutender dichterischer Schaffenskraft darstellt«.[33]

Durch die osmanische Revolution, ein Ereignis, das der autokratischen Herrschaft von Sultan Abdülhamid ein Ende und die Verfassung wieder in Kraft setzte, erfuhr al-Bustanis Leben vier Jahre später eine plötzliche Veränderung. Seine Erfahrungen während seines jahrelangen Aufenthaltes in Istanbul machten ihn zu einem Gegner der Autokratie, und er mußte Kontakte zur konstitutionalistischen Opposition in Istanbul und Kairo unterhalten haben. Beinahe sofort nach der Revolution veröffentlichte er ein Buch, das seine Sympathie mit den Ideen des Komitees für Einheit und Fortschritt kundtat. Einige Jahre später teilte er in einem Brief seinem Briefpartner mit, daß das Buch in drei Wochen entstanden war und innerhalb eines Monats gedruckt wurde, damit es an die Mitglieder der Kammer, die gewählt werden sollte, verteilt werden konnte:

»Der darin vorherrschende Optimismus wurde nicht nur für unabdingbar zur Ermutigung des neuen verfassungsmäßigen Regimes erachtet, das für die Umgestaltung des so gut wie dem Tode geweihten Reichs kämpfte, sondern er drückt auch die aufrichtige Überzeugung des Autors aus, vorausgesetzt, das Land werde in der richtigen Weise regiert.«[34]

Das Buch hat daher etwas von einer umfangreicheren politischen Flugschrift.

'Ibra wa dhikra enthält sowohl eine Kritik an der Vergangenheit als auch einen Aktionsplan für die Zukunft.[35] Die Kritik an der absoluten Herrschaft von Abdülhamid bezieht ihre Kraft aus der Art und Weise, wie sie vorgebracht wird. Die Fehler und Auswüchse werden nicht in der Perspektive einer imaginären Utopie oder eines unrealistischen Vergleichs mit Westeuropa betrachtet, sondern den Errungenschaften der Herrschaft von Sultan Abdülaziz (1861–76) gegenübergestellt, als sich das Osmanische Reich auf dem richtigen Weg der Reformen zu befinden schien und ein junger, hochgestimmter und gut ausgebildeter libanesischer Christ sich der Hoffnung hingeben konnte, seinem Volk zu dienen, indem er dem Staat diente. Das Beispiel, das al-Bustani anführt, ist Midhat Pascha, der 1876–77 für kurze Zeit Großwesir gewesen war und schließlich von Abdülhamids Schergen im Gefängnis von al-Ta'if ermordet wurde. Das Buch ist seinem Andenken gewidmet und wirft auch einen Blick hinter Abdülaziz zurück auf die Zeit osmanischer Größe, wie al-Bustani sie sich vorstellte: als ein Zeitalter der religiösen Toleranz und der lokalen Autonomie der Bergregionen.

Die Kritik berührt alle Ebenen des gesellschaftlichen Lebens. Alle Osmanen, die obersten Regierungsbeamten miteingeschlossen, lebten in Furcht und wurden von Geheimagenten bespitzelt und denunziert. Es gab keine Versammlungs- oder Meinungsfreiheit, alle Bücher mußten dem Rat für Erziehung zur Zensur vorgelegt werden. Staatliche Schulen wurden strengen Kontrollen unterworfen, während ausländische Schulen etwas mehr

Freiheit genossen; deren Fehler bestand jedoch darin, daß sie
»eine Spaltung in unserem Geist« verursachten.[36] Am schäd-
lichsten war vielleicht der Ungeist des Fanatismus (*ta'assub*), der
um sich griff und für politische und persönliche Zwecke mißbraucht wurde. Al-Bustani denkt dabei an die Armeniermassa-
ker, deren Zeuge er selbst in den neunziger Jahren in Istanbul
wurde, und auch an den Bürgerkrieg und die Massaker von 1860
im Libanon während seiner Kindheit. Er weist darauf hin, daß es
vor 1841 politische Parteiungen im Libanon gegeben hatte, von
1841 an wurden aus den politischen Gruppierungen jedoch religiöse.[37]

Die Ursachen für dies alles müssen nach seiner Meinung zuerst
in der Tyrannei, der Launenhaftigkeit und der Unsicherheit der
schrankenlosen absoluten Herrschaft gesucht werden. Er nennt
Sultan Abdülhamid nicht mit Namen. Der Sultan saß noch immer
auf dem Thron, und in der ersten Euphorie nach der Revolution
hielt man es für möglich, daß ein seiner Macht beraubter Sultan
mit der neuen verfassungsmäßigen Regierung zusammenarbei-
tete; die ausdrückliche Kritik betraf daher nicht ihn selbst, sondern seine Umgebung, die Höflinge des *Mabayn*.

Nach al-Bustanis Ansicht gab es für die Krankheiten, an denen
das Reich litt, tiefere Ursachen; es war der Mangel an Eintracht
zwischen den verschiedenen Gruppierungen. Von den osmanischen Sultanen wurde kein Versuch unternommen, aus Muslimen
und Nichtmuslimen, Türken und Nichttürken eine einzige Gemeinschaft zu bilden. Zwei Versäumnisse waren dafür von besonderer Bedeutung: Nichtmuslime wurden nicht an der Seite von
Muslimen zum Dienst in der Armee verpflichtet, und die Kenntnis
der türkischen Sprache war nicht allgemein verbreitet.[38] Folglich
gab es kein Bewußtsein der Einheit, das den Gemeinschaftsgeist
begrenzter religiöser oder ethnischer (*dschinsi*) Gruppen hätte
eindämmen oder ausgleichen können. In Ermangelung eines über-
greifenden Einheitsgefühls führten Einzelinteressen, unterstützt
von Unwissenheit und Vorurteilen, leicht zum Fanatismus mit
allen seinen Folgen.

Al-Bustani rührt in der Tat an das grundsätzliche Problem, dem sich alle gegenübersahen, welche den Charakter des osmanischen Staats im 19. Jahrhundert verändern wollten. Wollte das Reich in der modernen Welt überleben, dann konnte es nicht mehr länger aus einer Ansammlung verschiedener, von der Armee und dem Gehorsam gegenüber der Herrscherfamilie zusammengehaltenen Gemeinschaften bestehen. Man hätte erwarten können, daß al-Bustani mit seinem Interesse an einer Erneuerung der arabischen Sprache von den Ideen der arabischen Dezentralisten beeinflußt gewesen wäre, doch gibt es dafür keine Anzeichen. Vielleicht war er der Meinung, daß ein arabischer oder syrischer Staat sich den gleichen Problemen wie das Reich gegenübergesehen hätte, jedoch aufgrund mangelnden Handlungsspielraums noch weniger in der Lage gewesen wäre, sie zu lösen.

Sein Rezept war dasselbe wie das des Komitees für Einheit und Fortschritt (CUP – Committee for Union and Progress) während dessen erster Periode an der Macht, bevor es durch die inneren ideologischen Spannungen in Richtung eines türkischen Nationalismus gedrängt wurde. Der erste Leitsatz bestand darin, daß es eine osmanische Nation gab: »Gott sei gedankt, daß wir nicht aufgehört haben, ein lebendiges Volk zu sein.«[39] Zwischen den unterschiedlichen Gruppen, welche die Nation bilden, müssen »Solidarität und Zusammenarbeit« sowie gegenseitige Toleranz herrschen. Al-Bustani behauptet, daß Christen und Juden im Osmanischen Reich mehr Freiheit gehabt hatten als in Europa.[40] Das ist sicher übertrieben, doch ist leicht zu verstehen, was er damit meint: Er denkt an die Freiheit der christlichen Dörfer in den Bergen und die weitreichende Autorität der religiösen Gemeinden. Gleichzeitig glaubt er jedoch nicht, daß das Reich etwas anderes werden sollte, als es immer war; das muslimische Element ist die stärkste Säule der osmanischen *umma* (Gemeinde), und die Türken waren stets ihre Verteidiger und die Machthaber darin.

Wie konnte Einheit und Zusammenarbeit erreicht werden? Einige Kapitel des Buchs beschäftigen sich auf nicht gerade originelle Weise mit dem politischen System, so etwa, wenn verlangt wird, daß die Abgeordnetenkammer die Regierung bei der Durchführung von Reformen nicht behindern soll und die Mitglieder der Kammer nicht nur als Vertreter lokaler Interessen tätig sein sollten.[41] Interessanter sind die Kapitel über die ökonomische Entwicklung, in denen sich niederschlägt, was al-Bustani während seines jahrelangen Aufenthaltes im Irak gelernt hatte.[42] Das Reich brauchte eine moderne Industrie, was bessere Verkehrswege, eine osmanische Handelsflotte und vor allem das Vertrauen der Öffentlichkeit erforderte. Osmanische Bürger hatten nicht genügend Vertrauen, in osmanische Unternehmen zu investieren. Die Landwirtschaft mußte intensiviert werden, wozu es größerer Sicherheit, besserer Bewässerungssysteme und Verkehrsverbindungen und besonders größerer Sorge um das Wohlergehen der Bauern bedurfte. Hier wird ein ungewöhnlicher Ton angeschlagen, und der Leser wird gewahr, daß al-Bustani ursprünglich nicht Angehöriger der städtischen osmanischen Elite war, sondern daß er seine Wurzeln auf dem Land hatte. In den osmanischen Gebieten gab es potentielle Landwirte zur Genüge, doch benötigten sie Unterstützung, wenn sie zu Erzeugern werden sollten. Es gab Einwanderer von außerhalb. Den Flüchtlingen aus den verlorenen Gebieten des Reichs, den Bosniern, Kretern und Tscherkessen, mußte bei der Ansiedlung geholfen werden; eine andere Gruppe von Einwanderern in Palästina hatte ihre eigenen Organisationen und Einrichtungen und benötigte daher keine Hilfe. (In dem Buch finden sich keine Hinweise über die Auswirkungen der zionistischen Einwanderung, obwohl al-Bustani sich einige Jahre später gegen den Verkauf von bestimmten Ländereien an jüdische Interessenten ausgesprochen haben soll.) In den ausgedehnten Gebieten des Irak sollten die Beduinen dazu gebracht werden, sich als seßhafte Bauern niederzulassen. Manche von ihnen betrieben bereits Landwirtschaft, sie brauchten jedoch ein gerechtes Steuersystem und eine Grundausbildung; andere hatten nie Land angebaut, für sie bedurfte es besonderer Anreize wie Ausbildung und anfängliche Steuerbefreiung, um sie dazu zu bewegen, seßhaft zu werden.

In den Wahlen zum ersten osmanischen Parlament nach der Revolution wurde al-Bustani als einer von zwei Abgeordneten von Beirut gewählt. Er war einer der Kandidaten des CUP; *al-Hilal* berichtete, daß seine Wahl einstimmig erfolgte, und rühmt seine Wahrheitsliebe, daß er Übertreibungen vermied und frei von Neid war.[43] In den folgenden Jahren hielt er sich in der Nähe des politischen Zentrums des Osmanischen Reichs auf, ohne jedoch genügend Rückhalt zu bekommen, der ihm zu wirklichem politischem Gewicht verholfen hätte, obwohl er weithin angesehen war. Der britische Botschafter nannte ihn in seinem Jahresbericht von 1908 »einen Mann von bemerkenswerter Gelehrsamkeit mit weltoffenen Ansichten [...] Seine Übertragung der *Odyssey* [sic] wird für außerordentlich gut gehalten.«[44] Er war ein aktives Mitglied der Kammer und wurde ihr Vizepräsident wie auch Vorsitzender verschiedener Komitees; ebenso war er Mitglied der Gesandtschaft an die europäischen Höfe, welche 1909 die Thronbesteigung von Mehmed V. ankündigen sollte. Später wurde er Mitglied des Senats und gegen Ende des Jahres 1913, nach dem Staatsstreich der CUP, Minister für Handel, Landwirtschaft, Forstwesen und Bergbau in der Regierung von Said Halim Pascha, die in Wirklichkeit aber vom Triumvirat Enver, Talaat und Dschemal beherrscht wurde.

Mit diesem Ministeramt gehörte al-Bustani allerdings nicht zum inneren Kreis der wichtigsten Entscheidungsträger, doch scheint er an den Vorgängen in seinem Amt regen Anteil genommen und verschiedene Maßnahmen für Reformen veranlaßt zu haben. Auch war er über die finanzielle Situation des Reichs besorgt und besprach mit Henry Morgenthau, dem damaligen Botschafter der Vereinigten Staaten, die Möglichkeit eines amerikanischen Kredits. Morgenthau bezeichnete ihn als eines der weithin angesehensten Regierungsmitglieder.[45]

Als Minister war er in die quälenden Diskussionen über die osmanische Haltung im europäischen Krieg, der 1914 ausbrach, involviert. Es gab drei Hauptgruppen unter den Ministern: Jene, die glaubten, das Reich sollte an der Seite von Deutschland in den Krieg eintreten, jene, die bereit waren, Deutschland bis zu einem bestimmten Punkt zu unterstützen, jedoch nicht in den Krieg eintreten wollten, und schließlich jene, die eine Politik der strikten Neutralität verfolgten mit der Begründung, daß das Reich nach dem Balkan- und Italienkrieg einen weiteren Krieg nicht überleben werde. Al-Bustani gehörte zusammen mit dem Großwesir und Finanzminister Dschavid zur dritten Gruppe. Die Entscheidung wurde nicht vom ganzen Kabinett getroffen, sondern vom kleinen inneren Zirkel und dort in erster Linie von Enver. Als die Entscheidung fiel und das Reich in den Krieg eintrat, trat al-Bustani zusammen mit anderen Gesinnungsgenossen zurück.

Von seinem weiteren Leben gibt es nicht mehr viel zu erzählen. Die Kriegsjahre verbrachte er in der Schweiz. Möglicherweise war er an den fehlgeschlagenen Versuchen, einen Separatfrieden für das Osmanische Reich abzuschließen, mitbeteiligt. Er war krank und verbrachte, da seine Sehkraft nachzulassen begann, einige Zeit im Krankenhaus. Nach Kriegsende begab er sich nach Ägypten und kurze Zeit danach auf Einladung libanesischer Emigranten in die Vereinigten Staaten. In New York wurde er von den libanesischen Intellektuellen – Nuʿaima, Dschibran, Abu Madi – mit großen Ehren empfangen, doch verschlechterte sich sein Gesundheitszustand weiter; er starb 1925 in Amerika.

Sein Leichnam wurde nach Beirut zurückgebracht und im Libanon beigesetzt, wo er seit seiner Jugend nur kurze Zeit zugebracht hatte, wonach er aber die für den Emigranten und rastlosen Wanderer typische Sehnsucht hatte.[46] Sein Tod und sein Begräbnis waren Anlaß für zahlreiche Nachrufe, die, neben den üblichen Lobreden, die Züge seiner Persönlichkeit enthüllten: die eines bescheidenen, uneigennützigen und durch und durch kultivierten Mannes.[47] Wahrscheinlich hätte er sich gewünscht, für seine Übersetzung der *Ilias* in Erinnerung zu bleiben, und die Anerkennung, die ihm wohl am besten gefallen hätte, ist sicher jene, die ihm Andras Hamori ein halbes Jahrhundert später zollte: Die Übersetzung

»bleibt das Denkmal für einen kühnen Geist und einen Schriftsteller, den gekannt zu haben ein Vergnügen gewesen wäre«.[48]

ANMERKUNGEN

EINLEITUNG

1 »H. A. R. Gibb: the vocation of an orientalist«, in: *Europe and the Middle East*, London 1980, S. 104–34.
2 S. J. Shaw und W. R. Polk (Hrsg.), *Studies on the Civilization of Islam*, London 1962, S. 3–33.
3 M. Hodgson, *The Venture of Islam: Conscience and History in a World Civilization*, Chicago 1974.
4 Ira Lapidus, *History of Islamic Societies*, Cambridge 1988.
5 T. E. Lawrence, *Seven Pillars of Wisdom*, London 1935, S. 652. (dt.: *Die sieben Säulen der Weisheit*, Leipzig 1936.)

I. DER ISLAM IM EUROPÄISCHEN DENKEN

1 Al-Ghazali, *Al-Radd al-jamil li ilahiyat 'Isa bi sarih al-injil*, hrsg. u. übers. v. R. Chidiac, *Réfutation excellente de la divinité de Jesus-Christ d'après les Evangiles*, Paris 1969 (dt.: Al-Ghazali, *Wider die Gottheit Jesu*, Leiden 1966).
2 Text in: J. P. Migne (Hrsg.), *Patrologia Latina*, Bd. 148, Paris 1853, S. 450–42.
3 Vgl. die Diskussion in R. Lopez, »Le facteur économique dans la politique africaine des Papes«, *Revue historique*, 198 (1947), S. 178–88; C. Courtois, »Grégoire VII et l'Afrique du nord«, *Revue historique*, 195 (1945), S. 97–122, 193–226; J. Henninger, »Sur la contribution des missionaires à la connaissance de l'islam, surtout pendant le moyen age«, *Neue Zeitschrift für Missionswissenschaft*, 9 (1953), S. 161–85; B. Z. Keder, *European Approaches towards the Muslims*, Princeton,

233

N. J. 1984, S. 56–57. Ich verdanke meine Kenntnisse über diese Epoche der Freundlichkeit von Dr. David Abulafia.
4 Johannes von Damaskus, »De Haeresibus«, in: Migne, *Patrologia Graeca*, Bd. 94, Paris 1860, S. 764–74; engl. Übers. D. J. Sahas, *John of Damascus on Islam*, Leiden 1972, S. 132–41.
5 *Macbeth*, 1. Akt, 5. Szene; *Othello*, 5. Akt, 2. Szene.
6 G. Birkbeck Hill (Hrsg.), *Boswell's Life of Johnson*, durchges. Aufl., L. F. Powell, Bd. 4, Oxford 1934, S. 199 (dt.: J. Boswell, *Dr. Samuel Johnson. Leben und Meinungen*, Zürich 1951).
7 B. Pascal, *Pensées*, Nr. 17.
8 J. White, *Sermons Preached before the University of Oxford, in the Year 1784, at the Lecture founded by the Rev. John Bampton*, 2. Aufl., London 1785.
9 Ebd., S. 165 f.
10 P. Casanova, *L'enseignement de l'arabe au Collège de France*, Paris 1910.
11 E. Pococke, *Specimen Historiae Arabum*, neue Ausg., Oxford 1806.
12 G. Sale, *The Koran*, London 1734, »Preliminary discourse«, S. 38.
13 S. Ockley, *The History of the Saracens*, 2. Aufl., London 1718, Bd. 2, S. II.
14 W. C. Smith, *The Meaning and End of Religion*, London 1964.
15 »An account of Philaretus, during his minority«, in: *Works of the Hon. Robert Boyle*, London 1744, Bd. 1, S. 12.
16 Ebd.
17 L. T. More, *The Life and Works of the Hon. Robert Boyle*, London 1944, S. 132.
18 'Abd al-Rahman al-Dschabarti, *'Adscha'ib al-athar fi'l-taradschim wa'l-achbar*, Kairo AH 1322/AC 1904–5, Bd. 3, S. 4.
19 E. Gibbon, *The Decline and Fall of the Roman Empire*, Kap. 50 (dt.: *Geschichte des Verfalls und Untergangs des Römischen Reiches*, Kap. 50).
20 H. Birks, *Life and Correspondence of Thomas Valpy French*, London 1895, Bd. 1, S. 69.
21 Zu Martyn, s. S. Lee, *Controversial Tracts on Christianity and Mohammedanism*, Cambridge 1894.
22 A. Powell, »Mawlana Rahmat Allah Kairanawi and Muslim-Christian controversy in India in the mid-19th century«, *Journal of the Royal Asiatic Society* 1976, S. 42–63.
23 William Muir, *The Mohammadan Controversy*, Edinburgh 1897, S. 1–63.
24 William Muir, *The Life of Mohammed*, durchges. Aufl., Edinburgh 1912, S. 522.
25 Thomas Carlyle, *On Heroes, Hero-Worship and the Heroic in History*, 2. Vorlesung: »The hero as prophet«.

ANMERKUNGEN

26 John Stuart Mill, *Autobiography*, London 1873, S. 153.
27 F. Maurice, *The Life of Frederick Denison Maurice*, London 1884, Bd. 1, S. 282.
28 F. D. Maurice, *The Religions of the World and Their Relations with Christianity*, London 1847, S. 3 ff.
29 Ebd., S. 151.
30 E. M. Forster, *Marianne Thornton*, London 1956, S. 145, 163.
31 C. Forster, *Mahometanism Unveiled*, London 1829, Bd. 1, S. 108; Bd. 2, S. 351.
32 F. Maurice, 1884, a.a.O., S. 239.
33 Ebd., S. 230; F. D. Maurice, 1847, a.a.O., S. 10 ff., 135 ff.
34 I. Kant, *Die Religion in den Grenzen der bloßen Vernunft*, in: W. Weischedel (Hrsg.), *Werke*, Bd. 4, Berlin 1984, S. 654–879.
35 F. Schleiermacher, *Über die Religion: Reden an die Gebildeten unter ihren Verächtern*, in: *Kritische Gesamtausgabe*, Teil 1, Bd. 2., Berlin 1984, S. 185–326.
36 H. R. Macintosh, *Types of Modern Theology*, London 1937, S. 31 ff.
37 Friedrich Schleiermacher, *Der christliche Glaube*, in: *Sämtliche Werke*, 2. Aufl., Berlin 1842, T. 1, Bd. 3, S. 47.
38 Ebd., S. 42.
39 J. G. Herder, *Ideen zur Philosophie der Geschichte der Menschheit*, Riga u. Leipzig 1784–91, Bd. 3, S. 365; Bd. 2, S. 206.
40 Ebd., Bd. 2, S. 151–52.
41 G. W. F. Hegel, *Vorlesungen über die Philosophie der Geschichte*, in: *Sämtliche Werke*, Bd. 11, Stuttgart 1928, S. 453–59.
42 Ernest Renan, *Souvenirs d'enfance et de jeunesse*, in: *Œuvres complètes*, Bd. 2, Paris 1948, S. 711–931.
43 Ders., *L'avenir de la science*, in: *Œuvres complètes*, Bd. 3, Paris 1949, S. 836.
44 H. Wardman, *Ernest Renan: A Critical Biography*, London 1964, S. 46–47.
45 E. Renan, *Histoire générale et système comparé des langues sémitiques*, in: *Œuvres complètes*, Bd. 8, Paris 1948, S. 585 ff.
46 Ders., »De la part des peuples sémitiques«, in: *Œuvres complètes*, Bd. 2, Paris 1948, S. 333.
47 Ders., »L'islamisme et la science«, in: *Œuvres complètes*. Bd. 1, Paris 1942, S. 946.
48 Ders., 1948, »De la part des peuples sémitiques«, a.a.O., S. 332–33.
49 Djemaleddin al-Afghani, »L'islamisme et la science«, *Journal des Débats* (18–19 Mai 1883); Neudr. in A. M. Goichon, *La réfutation des matérialistes*, Paris 1942, S. 174–89; engl. Übers. N. Keddie, *An Islamic Response to Imperialism*, Berkeley, Calif. 1968, S. 181–187.

50 I. Goldziher, *Der Mythos bei den Hebräern und seine geschichtliche Entwickelung*, Leipzig 1876.
51 J. Wellhausen, *Prolegomena zur Geschichte Israels*, Berlin 1883.
52 J. Wellhausen, *Reste arabischen Heiligtumes*, Berlin 1887; *Prolegomena zur ältesten Geschichte des Islams*, Berlin 1899.
53 J. Fück, *Die arabischen Studien in Europa*, Leipzig 1955.
54 E. W. Lane, *An Account of the Manners and Customs of the Modern Egyptians*, London 1836.
55 R. Simon, *Ignac Goldziher: His Life and Scholarship as Reflected in his Works and Correspondence*, Budapest/Leiden 1986, S. 16.
56 A. I. S. de Sacy, *Grammaire arabe*, 2 Bde., Paris 1810; W. Wright, *Grammar of the Arabic Language*, 2 Bde., London 1859–62; E. W. Lane, *An Arabic-English Lexicon*, 8 Teile, London 1863–93; J. W. Redhouse, *A Turkish and English Lexicon*, Konstantinopel 1890; M. J. de Goeje u. a., (Übers.), *Annales... al-Tabari: Tarikh al-rusul wa'l-muluk*, 15 Bde., Leiden 1879–1901; Muhammad ibn Sa'd, *Kitab al tabaqat al-kabir*, übers. v. E. Sachau u. a., 9 Bde., Leiden 1904–21; E. Quatremère (Hrsg.), *Prolegomènes d'Ibn Khaldoun*, 3 Bde., Paris 1858; Firdawsi, *Shah-nameh*, hrsg. v. J. Mohl, 7 Bde., Paris 1838–78; französ. Übers. J. Mohl, *Le livre des rois*, 7 Bde., Paris 1876–78; F. Rückert (Übers.), *Hamasa oder die ältesten arabischen Volkslieder*, 2 Bde., Stuttgart 1846; C. J. Lyall, *Translations of Ancient Arabian Poetry*, London 1885; C. M. Doughty, *Travels in Arabia Deserta*, 2 Bde., Cambridge 1888.
57 Alfred von Kremer, *Culturgeschichte des Orients unter den Chalifen*, 2 Bde., Wien 1875–77.
58 I. Goldziher, *Tagebuch*, Leiden 1978.
59 R. Simon, 1986, a.a.O., S. 11–76.
60 I. Goldziher, 1978, a.a.O., S. 116.
61 Ebd., S. 58. Zu Goldzihers Tagebuch während seines Aufenthalts im Nahen Osten, s. R. Patai, *Ignaz Goldziher and his Oriental Diary*, Detroit 1987.
62 Ders., 1978, a.a.O., S. 59.
63 Ebd., S. 71.
64 Ders., »Über die Entwickelung des Hadith«, in: *Muhammedanische Studien*, Bd. 2, Halle 1890, S. 1–274.
65 Ders., *Vorlesungen über den Islam*, Heidelberg 1910.
66 Ebd., S. 16.
67 C. Snouck Hurgronje, *Mekka*, 2 Bde., Den Haag 1888–89.
68 Ders., *Selected Works*, hrsg. v. G. H. Bousquet und J. Schacht, Leiden 1957, S. 76.
69 J. Waardenburg, *L'islam dans le miroir de l'occident*, Paris 1960, S. 97.

ANMERKUNGEN

70 Ebd., S. 245 ff.
71 L. Massignon, »Toute une vie avec un frère parti au désert: Foucauld«, in: *Parole donnée*, Paris 1962, S. 67.
72 G. Harpigny, *Islam et christianisme selon Louis Massignon*, Louvain-la-Neuve 1981, S. 57; D. Massignon, »Le voyage en Mesopotamie et la conversion de Louis Massignon en 1908«, *Islamo-Christiana*, 14 (1988), S. 127–99.
73 R. Griffiths, *The Reactionary Revolution*, London 1966, S. 149 ff.
74 L. Massignon, »Trois prières d'Abraham«, in: *Opera Minora*, hrsg. v. Y. Moubarac, Beirut 1963, Bd. 3,. 804–16.
75 Ders., 1962, a.a.O., S. 71.
76 Ders., *Essai sur les origines du lexique technique de la mystique musulmane*, Neuausg. Paris 1954; ders., *Muahadarat fi tarich al-istilahat al-falsafiya al-'arabiya*, Kairo 1983.
77 Ders., *La passion d'al-Hosayn-ibn-Mansour al-Hallaj, martyr mystique de l'islam*, 2 Bde., Paris 1922; ders., *La passion de Husayn ibn Mansur martyr mystique de l'islam*, 4 Bde., überarb. Ausg. Paris 1975.
78 Ebd., Bd. 1, S. 32.
79 Ebd., S. 336.
80 G. C. Anawati und L. Gardet, *Mystique musulmane*, Paris 1961, S. 95–96.
81 J. Abdil-Jalil, *Aspects intérieurs de l'islam*, Paris, 1949; ders., *Marie et l'islam*, Paris 1950.
82 *Concile oecuménique Vatican II: Documents conciliaires*, Paris 1965, S. 215.
83 K. Cragg, *The Call of the Minaret*, Oxford 1956; *Sandals at the Mosque*, Oxford 1959; *The Event of the Qur'an*, London 1971.
84 Zitiert bei G. Parrinder, *Comparative Religion*, London 1962, S. 48.
85 H. Kraemer, *Religion and Christian Faith*, London 1956, S. 334.
86 Zu Macdonald s. Waardenburg, *L'islam*, S. 132 ff.; zu Gibb s. A. Hourani, »H. A. R. Gibb: the vocation of an orientalist«, in: ders., *Europe and the Middle East*, London 1980, S. 104–34; D. B. Macdonald, *The Religious Attitude and Life in Islam*, Chicago, Ill. 1909; H. A. R. Gibb, *Modern Trends in Islam*, Chicago, Ill. 1947.
87 C. Geertz, *Islam Observed: Religious Development in Morocco and Indonesia*, Chicago, Ill., 1968 (dt.: *Religiöse Entwicklungen im Islam*, Frankfurt/M. 1988).
88 M. Gilsenan, *Recognizing Islam*, London 1982, S. 19.
89 J. M. Roberts, *The Hutchinson History of the World*, London 1976.
90 F. Braudel, *La Méditerranée et le monde méditerranéen à l'époque de Philippe II*, 2. Aufl., Paris 1966.
91 J. Pitt-Rivers (Hrsg.), *Mediterranean Countrymen*, Paris 1963.

92 A. Raymond, *Artisans et commerçants au Caire au 18ème siècle*, 2 Bde., Damaskus 1973–74.
93 M. Rodinson, *Islam et capitalisme*, Paris 1960 (dt.: *Islam und Kapitalismus*, Frankfurt/M. 1971).
94 A. Hourani und S. M. Stern (Hrsg.), *The Islamic City*, Oxford 1970.
95 M. Hodgson, *The Venture of Islam: Conscience and History in a World Society*, 3 Bde., Chicago, Ill. 1974.
96 *Proceedings of the Seventeenth International Congress of Orientalists, Oxford 1928*, London 1929.
97 W. Cantwell Smith, *Islam in Modern History*, Princeton, N. J. 1957, S. 18, Anm. 13.
98 F. Rahman, *Islam and Modernity*, Chicago, Ill. 1982, S. 147.
99 C. H. Becker, *Islamstudien*, Leipzig 1942, Bd. 1, S. 16.
100 Al-Dschabarti, 1904–05, a.a.O., Bd. 3, S. 6.

II. MARSHALL HODGSON UND DAS UNTERNEHMEN ISLAM

1 M. Hodgson, *The Venture of Islam: Conscience and History in a World Civilization*, 3 Bde., Chicago, Ill. 1974.

III. ISLAMISCHE GESCHICHTE, GESCHICHTE DES NAHEN UND MITTLEREN OSTENS, MODERNE GESCHICHTE

1 In B. Lewis und P. M. Holt (Hrsg.), *Historians of the Middle East*, London 1962, S. 457–83.
2 »Introduction: the cultural function of the dreams as illustrated in classical Islam«, in: G. E. von Grunebaum und Roger Caillois (Hrsg.), *The Dream and Human Societies*, Berkeley, Calif. 1966, S. 3–21.
3 G. Levi Della Vida, *Fantasmi Ritrovati*, Venedig 1966.
4 Ebd., S. 133.
5 Ebd., S. 160.
6 Ebd., S. 244.
7 *Proceedings of the Seventeenth Congress of Orientalists, Oxford 1928*, London 1929.
8 Ebd., S. 102.
9 Ebd., S. 103.
10 *Entretiens sur l'évolution des pays de civilisation arabe*, 3 Bde., Paris 1937–39.

ANMERKUNGEN

11 *Proceedings...*, 1929, a.a.O., S. 68.
12 Ebd., S. 85.
13 »Fi mu'tamir al-mustaschriqin al-duwali«, *Madschallat al-madschma' al-'ilmi al-'arabi*, 8, 11–12 (1928), S. 680–685.
14 *Proceedings...*, 1929, a.a.O., S. 99.
15 Anouar Abdel-Malek, »L'orientalisme en crise«, *Diugene*, 44 (1963), S. 103–40; Abdallah Laroui, »Les arabes et l'anthropologie culturelle: remarques sur la méthode de Gustave von Grunebaum«, in: *La crise des intellectuels arabes; traditionalisme ou historicisme?*, Paris 1974, S. 59–102; Edward W. Said, *Orientalism*, London 1978 (dt.: *Orientalismus*, Frankfurt/M. etc. 1981).
16 Michael Malicet (Hrsg.), *Paul Claudel – Louis Massignon (1908–1914)*, Paris 1973.
17 Ebd., S. 104.
18 Ebd., S. 111.
19 Ebd., S. 217.
20 A. Hourani, *Europe and the Middle East*, London 1980; *The Emergence of the Middle East*, London 1981.
21 M. Hodgson; *The Venture of Islam: Conscience and History in a World Civilization*, 3 Bde., Chicago, Ill. 1974, Bd. 1, S. 107–109.
22 C. Geertz, *Islam Observed: Religious Development in Morocco and Indonesia*, Chicago, Ill. 1968 (dt.: *Religiöse Entwicklungen im Islam*, Frankfurt/M. 1988); ders., *The Interpretation of Cultures: Selected Essays*, London 1975.
23 Ernest Gellner, *Saints of the Atlas*, London 1969; Edmund Burke III, *Prelude to Protectorate in Morocco: Precolonial Protest and Resistance 1860–1912*, Chicago, Ill. 1976, S. 124.
24 H. A. R. Gibb, »Islamic biographical literature«, in B. Lewis und P. M. Holt (Hrsg.), *Historians of the Middle East*, London 1962, S. 54–58.
25 Ibn Abi'l-Diyaf, *Ithaf ahl al-zaman bi achbar muluk Tunis wa'ahd al-aman*, Bd. 8, Tunis 1971.
26 'Abd al-Razzaq al-Baitar, *Hilyat al-baschar fi ta'rich al-qarn al-thalith 'aschar*, 3 Bde., Damaskus 1961–63.
27 Ebd., S. 260 ff.
28 Ernest Gellner, »Doctor and saint«, in: Nikki R. Keddie (Hrsg.), *Scholars, Saint and Sufis: Muslim Religious Institutions since 1500*, Berkeley, Calif. 1972, S. 307–26.
29 Arnold H. Green, *The Tunesian Ulama 1873–1915*, Leiden 1978, S. 58.
30 N. Keddie, 1972, a.a.O. (bes. Leon Carl Brown, »The religious establishment in Hussainid Tunisia«, S. 47–92; Edmund Burke III, »The Moroccan ulama, 1860–1912; an introduction«, S. 93–126; Kenneth Browne, »Profile of a nineteenth-century Moroccan scholar«, S. 127–

48); Green, *The Tunisian Ulama*; Haim Shaked, »The biographies of ulama in Mubarak's *Khitat* as a source for the history of the ulama in nineteenth-century Egypt«, in: Gabriel Baer (Hrsg.), *The Ulama in Modern History*, Jerusalem 1971, S. 41–76.
31 Ibn Abi'l-Diyaf, 1971, a.a.O., Bd. 8, S. 73.
32 Ibrahim al-ʾAwra, *Ta'rich wilayat Sulaiman Bascha al-ʿadil*, Sidon 1936, S. 94–95.
33 Ahmed Abdesselem, *Les historiens tunisiens des XVIIe et XIXe siècles: essai d'histoire culturelle*, Paris 1973, S. 103.
34 M. Hodgson, 1974, a.a.O., Bd. 3, S. 176 ff.
35 ʿA. al-Baitar, 1961–63, a.a.O., Bd. 2, S. 883 ff.; ʿAbd al-Madschid al-Chani, *Al-Hada'iq al-wardiya fi haqa'iq adschilla al-naqschbandiya*, Kairo 1890–91, S. 281 f.
36 ʿAbd al-Qadir al-Dschazaʿiri, *Kitab al-mawaqif fi'l-tasawwuf wa'l-waʿz wa'l-irschad*, 3 Bde., Damaskus 1966–67. Ich verdanke diesen Hinweis Jacques Berques Buch, *L'intérieur du Maghreb*, Paris 1978, S. 506 ff.
37 Muhammad Bairam, *Safwat al-iʿtibar bi mustawdaʿ al-amsar wa'l-aqtar*, 5 Bde., Kairo 1884–94; die Biographie von seinem Sohn am Ende von Bd. 5 (Seitenzahlen durch Buchstaben gekennzeichnet).
38 Ebd., Bd. 5, S. 11.
39 Ebd., S. 23.
40 Earl of Cromer, *Modern Egypt*, 2 Bde., London 1908, Bd. 2, S. 183.
41 Muhammad Raschid Rida, *Al-Manar wa'l-Azhar*, Kairo 1934–35; wichtige Teile in Schakib Arslan, *Raschid Rida aw icha arbaʿin sana*, Kairo 1937, S. 20 f.
42 S. Arslan, 1937, a.a.O., S. 23 ff.
43 Ebd., S. 50 f.; vgl. Albert Hourani, »Rashid Rida and the Sufi orders«, *Bulletin d'Etudes Orientales*, 29 (1977): *Mélanges offerts à Henri Laoust*, Bd. 1, S. 231–41; Neudr. in: ders., *The Emergence of the Modern Middle East*, S. 90–102.
44 S. Arslan, 1937, a.a.O., S. 95.
45 J. Jomier, *Le commentaire coranique du Manâr*, Paris 1954.
46 Ch. Troll, *Sayyid Ahmad Khan: A Reinterpretation of Muslim Theology*, New Delhi 1978.
47 Green, *Tunisian Ulama*, S. 184; Ali Merad, *Le réformisme musulman en Algérie de 1925 à 1940*, Paris 1967, S. 214.
48 Green, *Tunisian Ulama*, S. 163 f.
49 Taha Husain, *Al-Ayyam*, Bd. 3, Kairo 1972, S. 13. (dt.: *Weltbürger zwischen Paris und Kairo*, Berlin 1989).
50 Ebd., Bd. 2, Kairo 1939 (dt.: *Jugendjahre in Kairo*, Berlin 1987).
51 M. Bennabi, *Mémoirs d'un témoin du siècle*, Algier o. J.

52 Ebd., S. 123.
53 Ebd., S. 107, 166.
54 E. Gellner, »The unknown Apollo of Biskra: the social base of Algerian puritanism«, in: ders., *Muslim Society*, Cambridge 1981, S. 149–73 (dt.: »Der unbekannte Apoll von Biskra«, in: ders., *Leben im Islam*, Stuttgart 1985, S. 227–60).

IV. T. E. LAWRENCE UND LOUIS MASSIGNON

1 L. Massignon, »Mes rapports avec Lawrence en 1917«, in: ders., *Opera Minora*, 3 Bde., Beirut 1963, Bd. 3, S. 423–427.
2 Bericht vom 20. August 1917: Service Historique de l'Armée, Chateau de Vincennes, carton 7, N 489.
3 L. Massignon, 1963, a.a.O., Bd. 3, S. 424.
4 Ders., *Parole donnée*, Paris 1962, S. 71.
5 D. Garnett (Hrsg.), *The Letters of T. E. Lawrence*, London 1938, S. 462 (dt.: T. E. Lawrence, *Selbstbildnis in Briefen*, München 1948).
6 L. Massignon, 1962, a.a.O., S. 71.
7 T. E. Lawrence, *Seven Pillars of Wisdom*, London 1935 (dt.: *Die sieben Säulen der Weisheit*, Leipzig 1936).
8 M. Malicet (Hrsg.), *Paul Claudel – Louis Massignon (1908–1914)*, Paris 1973.
9 T. E. Lawrence, 1935, a.a.O., S. 562.
10 Massignon, 1963, a.a.O., Bd. 3, S. 427.
11 M. Malicet, 1973, a.a.O., S. 143, 160; L. Massignon, 1962, a.a.O., S. 67.
12 Garnett, 1938, a.a.O., S. 372.
13 Ebd., S. 692–693.
14 C. M. Doughty, *Travels in Arabia Deserta*, Neuausg., London 1923, Bd. 1, S. 473; R. Bevis, »Spiritual geology: C. M. Doughty and the land of the Arabs«, *Victorian Studies*, 16 (1972–73), S. 163–81.
15 »Stimme in der Wüste«, M. Malicet, 1973, a.a.O., S. 100.
16 L. Massignon, 1963, a.a.O., Bd. 3, S. 425.
17 R. Graves, *Goodbye to All That*, London 1966, S. 264–265.
18 L. Massignon, »La cité des morts au Caire«, in: ders., 1963, a.a.O., Bd. 3, S. 233–85.
19 T. E. Lawrence, 1935, a.a.O., S. 447.
20 L. Massignon, »Visitation de l'étranger«, in: ders., 1962, a.a.O., S. 283; auch u. d. Titel: »L'idée de Dieu«, in: ders., 1963, a.a.O., Bd. 3, S. 831–833.

21 L. Massignon, »Géographie spirituelle des intercessions«, in: ders., 1962, a.a.O., S. 67.
22 Ebd., S. 67.
23 R. Meinertzhagen, *Middle East Diary*, London 1959, S. 38.
24 P. Knightley and C. Simpson, *The Secret of Lawrence of Arabia*, London 1969, S. 215.
25 D. Garnett, 1938, a.a.O., S. 463.
26 G. Harpigny, *Islam et christianisme selon Louis Massignon*, Louvain-la-Neuve 1981, S. 57; D. Massignon, »Le voyage en Mésopotamie et la conversion de Louis Massignon en 1908«, *Islamo-Christiana*, 14 (1988), S. 127, 199.
27 D. Garnett, 1938, a.a.O., S. 582.
28 Ebd., S. 758.
29 T. E. Lawrence, 1935, a.a.O., S. 564.
30 D. Garnett, 1938, a.a.O., S. 411.
31 Ebd., S. 693.
32 T. E. Lawrence, 1935, a.a.O., Widmungsgedicht.
33 D. Garnett, 1938, a.a.O., S. 371.
34 Ebd., S. 517.
35 T. E. Lawrence, 1935, a.a.O., Kapitel 103.
36 R. P. Blackmur, »The everlasting effort: a citation of T. E. Lawrence«, in: *The Lion and the Honeycomb*, London 1956, S. 97, 123.
37 D. Garnett, 1938, a.a.O., S. 429.
38 Ebd., S. 872.
39 M. Malicet, 1973, a.a.O.
40 Ebd., S. 54; siehe auch J. de Menasque, zitiert bei S. Fumet, in: J. F. Six (Hrsg.), *Louis Massignon*, Paris o. J., S. 407.
41 M. Malicet, 1973, a.a.O., S. 55, 66.
42 Ebd., S. 125.
43 Ebd., S. 131.
44 Ebd., S. 88.
45 Ebd., S. 80.
46 L. Massignon, 1962, a.a.O. S. 66.
47 M. Malicet, 1973, a.a.O., S. 140.
48 Ebd., S. 205.
49 Ebd., S. 215, 217.
50 L. Massignon, *La passion d'al-Hosayn-ibn-Mansour al-Hallaj martyr mystique de l'islam*, 2 Bde., Paris 1922.
51 L. Massignon, *La passion de Husayn ibn Mansur Hallaj, martyr mystique de l'islam*, überarb. Ausg., 4 Bde., Paris 1975.
52 T. E. Lawrence, 1935, a.a.O. S. 656, 660.
53 M. Malicet, 1973, a.a.O., S. 104.

54 G. Harpigny, 1981, a.a.O., S. 42.f.
55 Ebd.
56 Ebd., S. 124f.
57 J. F. Six, *Louis Massignon*, a.a.O., S. 109f., 237, 431, 433f.

V. AUF DER SUCHE NACH EINEM NEUEN ANDALUSIEN

1 J. Berque, *Andalousies*, Paris 1982.
2 Ders., *Langages arabes du présent*, Paris 1974.
3 Ders., *Les dix grandes odes arabes de l'Anté-islam*, Paris 1979.
4 Inzwischen erschienen: J. Berque, *Relire le Coran*, Paris 1993 [A. d. Ü.].
5 Collège de France, *Leçon inaugurale* (1. Dezember 1956); Neudr. »Perspectives de l'orientalisme contemporain«, in: *Revue de l'Institut des Belles Lettres Arabes*, 79 (1957), S. 217, 38.
6 Ebd., S. 32.
7 Ebd., S. 31.
8 Ders., *Arabies*, überarb. Ausg. Paris 1980, S. 80–81.
9 Ders., *Al-Yousi, problèmes de la culture marocaine au XVIIe siècle*, Paris 1958.
10 Ders., *Histoire sociale d'un village Egyptien au XXe siècle*, Den Haag 1957.
11 Ders., *L'Egypte, impérialisme et révolution*, Paris 1967.
12 Ders., »Ville et université: aperçu sur l'histoire de l'école de Fès«, *Revue historique du Droit Français et Étranger*, 27 (1949, S. 107); engl. Übers. in: N. Keddie (Hrsg.), *Scholars, Saints and Sufis: Muslim Religious Institutions since 1500*, Berkeley, Calif. 1972, S. 127.
13 Ders., *Le Maghreb entre deux guerres*, Paris 1962, S. 414–17.
14 A. Berque, *Ecrits sur l'Algérie*, Aix-en-Provence 1986, S. 26.
15 J. Berque, »Entrée dans le Bureau Arabe«, in: *Nomades et vagabonds*, Paris 1975, S. 113–36.

VI. KULTUR UND WANDEL

1 A. Hourani, »Islam and the philosophers of history«, in: A. Hourani, *Europe and the Middle East*, London 1980, S. 19–73; »Western attitudes towards Islam«, in: ders., ebd., S. 1–18.
2 P. Spear, *The Nabobs*, durchges. Ausg. London 1963; S. Nilsson, *European Architecture in India 1750–1850*, London 1968, S. 101 ff., 167 ff.
3 Brief an Abbé Conti vom 17. Mai 1717, in: R. Halsband (Hrsg.), *The*

Complete Letters of Lady Mary Wortley Montagu, Bd. 1, London 1967, S. 359.
4 Brief an Abbé Conti vom 19. Mai 1718, in: R. Halsband (Hrsg.), 1967, a.a.O., S. 414–15.
5 A. Hourani, »The Fertile Crescent in the eighteenth century«, in: ders., *A Vision of History*, Beirut 1961, S. 65.
6 U. Heyd, »The Ottoman 'ulema and westernization in the time of Selim III and Mahmud II«, in: ders. (Hrsg.), *Scripta Hierosolymitana: Studies in Islamic History and Civilisation*, Bd. 9, Jerusalem 1961, S. 63–96.
7 »Changing horizons of thought in eighteenth century Muslim India«, Colloquium on the Muslim world in the eighteenth century, unveröffentl. Schrift, Univ. of Pennsylvania 1971.
8 A. Adnan, *La Science chez les Turcs ottomans*, Paris 1939.
9 A. Kuran, »Eighteenth century Ottoman architecture«, in: T. Naff und R. Owen (Hrsg.), *Studies in Eighteenth Century Islamic History*, Carbondale, Ill. 1977, S. 303–27; G. Goodwin, *A History of Ottoman Architecture*, London 1971, S. 334 ff.; A. U. Pope (Hrsg.), *A Survey of Persian Art*, 3. Aufl. Ashiya, Jap. 1972, Bd. 3, S. 1165 ff.; G. Marçais, *L'architecture musulmane d'Occident*, Paris 1954, S. 381 ff.; J. Carswell, »From the tulip to the rose«, in: T. Naff and R. Owen, 1977, a.a.O., S. 328–55.
10 J. Carswell, *Kütahya Tiles and Pottery from the Armenian Cathedral of St James, Jerusalem*, 2 Bde., Oxford 1972, Bd. 2, S. 1 ff.
11 A. Welch, *Schah Abbas and the Arts of Isfahan*, New York 1973, S. 103 ff., 148; E. Grube, »Wall paintings in the seventeenth century monuments of Isfahan«, *Iranian Studies*, 7 (1974), S. 511–42; E. Sims, »Five seventeenth century Persian oil paintings«, in: P. and D. Colnaghi and Co., *Persian and Mughal Art*, London 1976, S. 223 ff.; J. Carswell, *New Julfa*, Oxford 1968, S. 21 ff.; S. J. Falk, *Qajar Paintings*, London 1972.
12 K. S. Salibi, »The traditional historiography of the Maronites«, in B. Lewis and P. M. Holt (Hrsg.), *Historians of the Middle East*, London 1962, S. 212–25; A. Hourani, *The Emergence of the Modern Middle East*, London 1981, S. 149–69.
13 B. Lewis, »The use by Muslim historians of non-Muslim sources«, in: ders., 1962, a.a.O., S. 180–91.
14 D. Ayalon, »The historian al-Jabarti«, in: B. Lewis und P. M. Holt, 1962, a.a.O., S. 396; P. M. Holt, »Al-Jabarti's introduction to the history of Ottoman Egypt«, in: P. M. Holt, *Studies in the History of the Near East*, London 1973, S. 161–76.
15 E. J. W. Gibb, *A History of Ottoman Poetry*, Bd. 4, London 1905; J. Rypka, *History of Iranian Literature*, Dordrecht 1968, S. 292 ff.,

306 ff.; A. Pagliero und A. Bausani, *Storia della letteratura persiana*, Mailand 1960, S. 478 ff.
16 S. Runciman, *The Great Church in Captivity*, Cambridge 1968. S. 259 ff.
17 G. Graf, *Geschichte der christlichen arabischen Literatur*, Bd. 4, Vatikan 1951, S. 169 ff.
18 D. Attwater, *The Christian Churches of the East*, 2 Bde. Milwaukee, Wisc. 1948–61.
19 G. Graf, 1951, a.a.O., Bd. 4, S. 50.
20 S. Runciman, 1968, a.a.O., S. 208 ff., 360 ff.; C. T. Dimaras, *A History of Modern Greek Literature*, Albany, N. Y. 1972; A. Hourani, *Arabic Thought in the Liberal Age*, London 1962, S. 139.
21 S. W. Baron, *A Social and Religious History of the Jews*, 2. Aufl., Bd. 18, New York 1983, 10. Kapitel; G. Scholem, *Sabbatai Sevi. The Mystical Messiah 1626–1676*, London 1973 (dt.: *Sabbatai Zwi. Der mystische Messias*, Frankfurt/M. 1992).
22 N. Itzkowitz, *The Ottoman Empire and Islamic Tradition*, New York 1972, S. 55 ff; R. Repp, »Some observations on the development of the Ottoman learned hierarchy«, in: N. Keddie (Hrsg.), *Scholars, Saints and Sufis: Muslim Religious Institutions since 1500*, Berkeley, Calif. 1972, S. 17–32; R. Repp, »The altered nature and role of the ulema«, in: T. Naff und R. Owen, 1977, a.a.O., S. 277–87; E. Burke, »The Moroccan ulama 1860–1912«, in: N. Keddie (Hrsg.), 1972, a.a.O., S. 93–125; N. Keddie, »The roots of the ulama's power in modern Iran«, in: ders., ebd., S. 211–29.
23 J. Aubin, »Études safavides: Shah Isma'il et les notables de l'Iraq persan«, *Journal of the Economic and Social History of the Orient*, 2 (1959), S. 37–80.
24 H. Algar, *Religion and State in Iran 1785–1906*, Berkeley, Calif. 1969, 1. u. 2. Kapitel.
25 U. Heyd, *Studies in Old Ottoman Criminal Law*, Oxford 1973.
26 R. Brunschvig, »Justice religieuse et justice laïque dans la Tunisie des Deys et des Beys«, *Studia Islamica*, 23 (1965), S. 27 ff.
27 G. Makdisi, »Muslim institutions of learning in eleventh century Baghdad«, *Bulletin of the School of Oriental and African Studies*, 24 (1961), S. 1–56; »Madrasa and university in the Middle Ages«, *Studia Islamica*, 33 (1970), S. 255–64; »Law and traditionalism in the institutions of learning of medieval Islam«, in: G. E. von Grunebaum (Hrsg.), *Theology and Law in Islam*, Wiesbaden 1971, S. 75–88; G. Makdisi, *The Rise of Colleges*, Edinburgh 1981.
28 J. Heyworth-Dunne, *Introduction to the History of Education in Modern Egypt*, London 1939, 1. Kapitel.

29 J. Berque, *Al-Yousi, Problèmes de la culture marocaine au XVIIe siècle*, Paris 1958; »Ville et université; aperçu sur l'histoire de l'école de Fès«, *Revue Historique de Droit Français et Étranger*, 27 (1949), S. 64–117; H. Toledano, »Sijilmasi's Manual of Maghrib 'amal, al-'amal, al-mutlaq«, *International Journal of Middle East Studies*, 4 (1974), S. 484–96.
30 H. Algar, 1969, a.a.O., S. 26 ff.; A. K. S. Lambton, »Quis custodiet custodes? Some reflections on the Persian theory of government«, *Studia Islamica*, 5 (1956), S. 125–48, und 6 (1956), S. 125–46; G. Scarcia, »Intorno alle controversie tra Ahbari e Usuli presso gli Imamiti di Persia«, *Rivista degli Studi Orientali*, 33 (1958), S. 211–50.
31 Vgl. A. Marcus, *The Middle East on the Eve of Modernity. Aleppo in the Eighteenth Century*. New York 1989 [A. d. Ü.].
32 F. Rahman, *Islam*, London 1966, 7. u. 8. Kapitel; H. Corbin, *En islam iranien*, Bd. 4, Paris 1972; M. Molé, *Les mystiques musulmans*, Paris 1956; A. M. Schimmel, *Mystical Dimensions of Islam*, Chapel Hill, N. C. 1975.
33 R. Gramlich, *Die schiitischen Dervischorden Persiens*, Bd. 1, Wiesbaden 1965.
34 J. S. Trimingham, *Islam in the Sudan*, London 1949, S. 187 ff.
35 J. K. Birge, *The Bektashi Order of Dervishes*, London 1939.
36 H. A. R. Gibb und H. Bowen, *Islamic Society and the West*, Bd. 1, 2. T., London 1957, 13. Kap.; B. G. Martin, »A short history of the Khalwati order of dervishes«, in: N. Keddie (Hrsg.), 1972, a.a.O., S. 275–305.
37 E. Gellner, *Saints of the Atlas*, London 1969.
38 J. S. Trimingham, 1949, a.a.O., S. 228 ff.
39 C. C. Stewart und E. K. Stewart, *Islam and Social Order in Mauretania*, Oxford 1973; C. C. Stewart, »A new source on the book market in Marocco in 1830 and Islamic scholarship in West-Africa«, *Hespéris-Tamuda*, 2 (1970, S. 209–46); M. Hiskett, »An Islamic tradition of reform in the western Sudan from the sixteenth to the eighteenth century«, *Bulletin of the School of Oriental and African Studies*, 25 (1962), S. 577–96).
40 A. Ahmed, *Studies in Islamic Culture in the Indian Environment*, Oxford 1964, S. 170 ff.; M. Mujeeb, *The Indian Muslims*, London 1967, S. 243 ff; S. M. Ikram, *Muslim Civilization in India*, London 1964, S. 166 ff.; A. M. Schimmel, »The Sufi ideas of Shaykh Ahmad Sirhindi«, *Die Welt des Islams*, 14 (1973), S. 199–203; H. Algar, »Some notes on the Naqshbandi tariqa in Bosnia«, *Die Welt des Islams*, 13 (1971), S. 168–203; »Bibliographical notes on the Naqshbandi tariqat«, in G. F. Hourani (Hrsg.), *Essays on Islamic Philosophy and Science*, Albany,

N. Y. 1975, S. 254–259; Y. Friedmann, *Shaykh Ahmad Sirhindi*, Montreal 1971.
41 A. Bausani, »Note su Shah Waliullah di Delhi«, *Annali, Insituto Universitario Orientale di Napoli*, 10 (1960), S. 93–147.
42 A. Hourani, »Sufism and modern Islam: Mawlana Khalid and the Naqshbandi order«, in: ders., *The Emergence of the Modern Middle East*, London 1981, S. 75–89.
43 J. M. Abun-Nasr, *The Tijaniyya*, London 1965, 2. u. 3. Kapitel.
44 H. Laoust, *Essai sur les doctrines sociales et politiques de Taki-d-Din Ahmad b. Taimiya*, Kairo 1939, S. 506 ff; G. Makdisi, »The Hanbali school and Sufism«, *Humaniora Islamica*, 2 (1974), S. 61–72.

VII. DIE ENZYKLOPÄDIE VON BUTRUS AL-BUSTANI

1 J. Berque, *Arabies*, überarb. Ausg. Paris 1980, S. 133.
2 *Zeitschrift der Deutschen Morgenländischen Gesellschaft [ZdMG]*, 34 (1880), S. 579–82.
3 Information von Dr. Hossein Modarressi.
4 R. L. Collison, »Encyclopaedia«, *Encyclopaedia Britannica*, 15. Aufl., Chicago 1979, Macropaedia, Bd. VI, S. 779–99.
5 Samy Bey Fraschery (Semseddin Sami Fraseri), *Qamus al-a'lam; dictionnaire universel d'histoire et de géographie*, 6 Bde., Istanbul 1889–98.
6 *ZdMG*, S. 579.
7 Goethe, *West-Östlicher Diwan*.
8 *Da'irat al-ma'arif*, Beirut 1883, Bd. VII, S. 589–608; Dsch. Zaidan, *Taradschim maschahir al-scharq*, Bd. II, 2. Aufl., Kairo 1911, S. 25–32; beide basieren auf *al-Muqtataf*, Bd. VIII, 1883–84, S. 1–7. Unter den späteren Beiträgen: A. L. Tibawi, »The American missionaries in Beirut and Butrus al-Bustani«, in: A. Hourani (Hrsg.), *Saint Antony's Papers 16: Middle Eastern Affairs*, Bd. III, London 1963, S. 137–82; B. Abu Manneh, »The Christians between Ottomanism and Syrian nationalism: the ideas of Butrus al-Bustani«, *International Journal of Middle East Studies*, 11 (1980), S. 287–304.
9 *Muhit al-muhit*, 2 Bde., Beirut 1869–70; *Al-Jinan*, 1870–85.
10 J. Fontaine, *Le désaveu chez les écrivains libanais chrétiens de 1825 à 1940*, Diss., Paris 1970, S. 172–176.
11 Unter anderen: N. Farag, »The Lewis affair and the fortunes of *al-Muqtataf*«, *Middle Eastern Studies*, 8 (1972), S. 72–83; D. M. Leavitt, »Darwinism in the Arab world: the Lewis affair at the Syrian Protestant

College«, *Muslim World*, 71 (1981), S. 85–98. Auch Dsch. Zaidans Autobiographie: Engl. Übers., T. Philipp, *Gurgi Zaidan, his Life and Thought* (Beirut, 1979), S. 128–206.
12 Text in *al-Muqtataf*, 19 (1985), S. 888.
13 F. Hawrani (Hourani), »Al-Muʻallim Butrus al-Bustani«, *Al-Mustamiʻ al-ʻarabi*, 4 (1943), S. 10–12.
14 *Daʼirat al-maʻarif*, Bd. I, Beirut 1876, S. 2–3. Auch Amin Sami, *Taqwim al-Nil wa ʻasr Ismaʻil Bahsa*, Teil 3, Bd. III, Kairo 1936, S. 1217, 1404. Ich verdanke diese Angabe und andere Hinweise der Freundlichkeit von Dr. Butrus Abu Manneh.
15 *Daʼirat als maʻarif*, Bd. IV, Beirut 1880, S. I.
16 Ebd., Bd. I, S. 4; Bd. IV, S. 1.
17 *Encyclopaedia Britannica: or a New and Complete Dictionary of Arts and Sciences*, Bd. I, London 1773 (Erstausg.), Vorwort, S. V.
18 D. Diderot, *Encyclopédie ou dictionnaire raisonné des sciences, des arts et des métiers*, Bd. I, Paris 1751, *Discours préliminaire*, S. I–XIV.
19 S. T. Coleridge, *General Introduction to the Encyclopaedia Metropolitana; or, a Preliminary Treatise on Method*, 3. Aufl., in prospectus d. 2. Aufl. der Enzyklopädie, London 1849.
20 *Encyclopédie*, Bd. XV, Paris 1765, S. 541–544.
21 *Daʼirat al-maʻarif*, Bd. I, S. 2.
22 Ebd., Bd. IV, S. I; H. H. Jessup, *Fifty-three Years in Syria*, 2 Bde., New York 1910, S. 485.
23 ZdMG, S. 582.
24 Anis al-Maqdisi, *Al-Funun al-adabiya wa aʻlamuha fiʼl-nahda al-ʻarabiya al-haditha*, Beirut 1963, S. 183–222.
25 *Daʼirat al-maʻarif*, Bd. VI, Beirut 1882, S. 201.
26 Ebd., S. 331 ff.
27 Ebd., Bd. IV, S. 691–693.
28 *Iliyadat Humirus*, Kairo 1904.
29 S. K. Jayyusi, *Trends and Movements in Modern Arabic Poetry*, 2 Bde., Leiden 1977, insbes. in Bd. 2, S. 720, Anm.
30 *Daʼirat al-maʻarif*, Bd. II, 1877, S. IX; Bd. III, Beirut 1878, S. I.
31 Ebd., Bd. II, S. 37–41.
32 Ebd., Bd. VII, S. 150–154.
33 »Al-Halladj«, *Encyclopaedia of Islam*, 1. Aufl., Bd. 2, Leiden 1913, S. 239–40.
34 »Hamza«, *Daʼirat al-maʻarif*, Bd. VII, S. 177–214; »Hakim bi amrihi«, ebd., Bd. VI, S. 650–659.
35 T. Schidyaq, *Achbar al-ayan fi Dschabal Lubnan*, Beirut 1859.
36 *Daʼirat al-maʻarif*, Bd. VI, S. 9–20.
37 Ebd., Bd. VII, S. 120–122.

ANMERKUNGEN

38 Ebd., S. 132–133.
39 »'Urubba«, ebd., Bd. IV, S. 606–20.
40 »Hurriyya«, ebd., Bd. VII, S. 2–4; »Tamaddun«, ebd., Bd. VI, S. 213–15.
41 »die arabische Geschichte durch das Hauptportal zu betreten«, J. Berque, *Arabies*, überarb. Ausg. Paris 1980, S. 133.

VIII. SULAIMAN AL-BUSTANI
UND DIE *ILIAS*

1 H. A. R. Gibb, »Studies in contemporary Arabic literature«, in: ders., *Studies on the Civilization of Islam*, London 1962, S. 305.
2 G. Antonius, *The Arab Awakening*, London 1938, S. 43.
3 A. L. Tibawi, *American Interests in Syria 1800–1901*, Oxford 1966.
4 Malcolm Kerr, Rektor der amerikanischen Universität Beirut, wurde 1984 in Beirut ermordet [A. d. Ü.].
5 H. A. R. Gibb, 1962, a.a.O., S. 250.
6 Zu al-Bustanis Vorfahren und Leben, siehe: F. A. Bustani, »Sulaiman al-Bustani«, *al-Mashriq*, 23 (1925), S. 778–91, 824–43, 908–26; M. Sawaya, *Sulaiman al-Bustani wa Iliyadhat Humirus*, Beirut o. J.; J. Hashim, *Sulaiman al-Bustani wa'l-Iliyadha*, Beirut 1960; J. Abdel-Nour, »al-Bustani«, *Encyclopaedia of Islam*, 2. Ausg., Suppl.bd. 3–4, Leiden 1981, S. 161–162; C. Brockelmann, *Geschichte der arabischen Literatur*, Suppl.bd. 3, Leiden 1942, S. 348–52.
7 A. L. Tibawi, »The American Missionaries in Beirut and Butrus al-Bustani«, in: A. Hourani (Hrsg.), *Saint Antony's Papers 16. Middle Eastern Studies*, Bd. III, London 1963, S. 171–172.
8 J. Hashim, 1960, a.a.O., S. 14.
9 M. Sawaya, o. J., a.a.O., S. 18.
10 »Al-Badu«, *al-Muqtataf*, 12 (1887–88), S. 141–147, 202–207, 270–274.
11 *Da'irat al-ma'arif*, 11 Bde., Beirut/Kairo 1876–1900.
12 Sulaiman al-Bustani, *Iliyadhat Humirus*, Kairo 1904, S. 72.
13 Zitiert bei F. Rosenthal, *The Classical Heritage in Islam*, London 1965, S. 18. Zu arabischem Wissen und dem Gebrauch griechischer Poetiktheorie: W. Heinrichs, *Arabische Dichtung und Griechische Poetik*, Beirut 1969.
14 Butrus al-Bustani, *Chutba fi adab al-'arab*, Beirut 1859, S. 15 f.
15 *Da'irat al-ma'arif*, Bd. IV, Beirut 1880, S. 691–693.
16 A. B. Lord, *The Singer of Tales*, New York 1971.
17 S. al-Bustani, »*Iliyadhat Humirus*«, S. 9 f.

18 Ebd., S. 63 f.
19 Ebd., S. 181 f.
20 Ebd., S. 70–72.
21 M. M. Badawi, Besprechung von M. Zwettler, »The oral tradition of classical Arabic poetry«, *Journal of Semitic Studies*, 25 (1980), S. 285–286; J. Maisami, »Arabic and Persian concepts of poetic form«, *Proceedings of the International Comparative Literature Association, 10th Congress*, New York 1982, S. 146–149.
22 S. al-Bustani, *Iliyadhat Humirus*, S. 167 f.
23 Ebd., S. 95–96.
24 S. K. Jayyusi, *Trends and Movements in Modern Arabic Poetry*, 2 Bde., Leiden 1977: 1. Bd., S. 66.
25 A. Hamori, »Reality and Convention in book six of Bustani's *Iliad*«, *Journal of Semitic Studies*, 23 (1978), S. 95–101.
26 M. Mack, *Alexander Pope: A Life*, New Haven, Conn. 1985, S. 348.
27 Ebd., S. 269.
28 Ebd., S. 348.
29 S. K. Jayyusi, a.a.O., 2. Bd., S. 721.
30 *Al-Muqtataf*, 29 (1904), S. 610–18; J. Hashim, a.a.O., S. 143.
31 *Al-Muqtataf*, 19 (1904), S. 497–510; *al-Mashriq*, 7 (1904), S. 780–1, 865–71, 911–19, 1118–26, 1138–43.
32 D. S. Margoliouth, in: *Journal of the Royal Asiatic Society*, (1905), S. 417–23.
33 M. Hartmann, *Der Islamische Orient*, Bd. III: *Unpolitische Briefe aus der Türkei*, Leipzig 1910, S. 236.
34 Brief an T. W. Arnold vom 10. Juni 1913. Ich schulde Dr. Abu Manneh dafür Dank, daß er mich auf diesen Brief aufmerksam gemacht hat, und für weitere hilfreiche Vorschläge und Berichtigungen.
35 S. al-Bustani, *'Ibra wa dhikra; aw al-dawla al-'uthmaniya qabl al-dustur wa ba'duahu* (A Lesson and a Memory: or The Ottoman State Before the Constitution and After It), Kairo 1904, Neudr. Beirut 1978. Verweise beziehen sich auf die Originalausgabe.
36 Ebd., S. 38.
37 Ebd., S. 90 ff.
38 Ebd., S. 98.
39 Ebd., S. 197.
40 Ebd., S. 20.
41 Ebd., S. 193.
42 Ebd. S. 138 ff.
43 Al-Hilal, *17 (1908–09)*, S. 177 f.
44 G. P. Gooch and H. W. V. Temperley (Hrsg.), *British Documents on the Origins of the War 1898–1914*, Bd. V (1928), S. 279.

45 *Ambassador Morgenthau's Story*, London 1918, S. 37, 121.
46 J. Hashim, a.a.O., S. 161.
47 *Al-Muqtataf*, 67 (1925), S. 241–247; F. A. Bustani, »Sulaiman al-Bustani«, S. 829f.
48 A. Hamori, 1978, a.a.O., S. 101.

GLOSSAR

achbari – Traditionalist
adab – Gattung erbaulicher und unterhaltender Literatur
'alim (Plur. *'ulama'*) – muslimischer Gelehrter
'amal – Verwaltung, Verwaltungsbezirk
amir al-mu'minin – Herrscher der Gläubigen
bai'a – Huldigungseid bei der Einsetzung oder Thronbesteigung des Herrschers
bey – osmanischer Adelstitel; militärischer Führer; Inhaber administrativer Gewalt
chedive – seit 1867 Titel der ägyptischen Vizekönige im Osmanischen Reich
churafat – Aberglauben
dhikr – Ritual der *sufi* zur Anrufung des Namens Gottes, verbunden mit Körperbewegungen und Atemübungen
diwan – Gedichtsammlung eines Dichters; oberste Verwaltungsorgane des Staates
dschahiliya – »Zeit der Unwissenheit«; Zustand vor der Verbreitung des Islams
dschihad – »Heiliger Krieg«; Ausbreitung oder Verteidigung des Islams mit Waffengewalt
fatwa – formelles Rechtsgutachten eines Rechtsgelehrten oder eines *mufti*
fellah – Bauer
fiqh – »Einsicht«; Gesetzeswissenschaft im Islam
hadith – Mitteilungen über Aussprüche und Handlungen des Propheten
haqq – absolute »Wahrheit«, »Wirklichkeit« Gottes; Recht
hukuma – Regierung
idschaza – schriftliche Bestätigung für das Studium einer Schrift durch den Lehrer einer *madrasa*; Lehrerlaubnis
idschma – Übereinstimmung; Konsens örtlicher Denkschulen

GLOSSAR

idschtihad – Bildung einer eigenen Meinung mit Hilfe des Analogieschlusses
'ilm – religiöses Wissen; rationale Erkenntnis; Wissenschaft
imam – oberster Leiter der islamischen Gemeinde; geistiges Oberhaupt von Richtungen und Schulen; Vorbeter beim rituellen Gemeinschaftsgebet
kalam – dialektische Theologie; Methode des Denkens
kanun – weltliches Gesetz
kaziasker – Heeresrichter
kuttab – elementare Koranschule
mabayn – Vorzimmer des Sultans; Oberkämmerei
madrasa – Schule; Schule islamischer Wissenschaften
maktab – elementare Koranschule
ma'rifa – Gotteserfahrung, intuitive Gotteserkenntnis
mudschtahid – Gelehrter mit eigenem Urteil
mufti – Rechtsgutachter
mulla – Theologe, Geistlicher
murid – »Wahrheitssucher«
murschid – »geistlicher Führer«
mu'tazila – spekulative sunnitische Glaubensschule des 8. Jahrhunderts
nahda – »Wiedergeburt, Renaissance«
qadi – Richter
qa'id – Militärgouverneur; Stammesführer (Maghreb)
qasida – metrisches Gedicht bis zu hundert Zeilen mit einem einzigen Reim
schaich – Scheich, Stammesführer; Ehrentitel; Titel für religiöse Lehrer; Meister des spirituellen Lebens bei den Mystikern
schaich al-Islam – Ehrentitel islamischer Theologen und Mystiker; religiöser Ratgeber des osmanischen Sultans und oberster Rechtsgutachter
schari'a – kanonisches Gesetz des Islams; islamisches Recht
scharif (Plur. *aschraf*) – Nachkommen des Propheten
sefaretname – Reisebericht
silsila – ununterbrochene Kette authentischer Überlieferer
sira – Aussagen über das Leben des Propheten
ta'assub – Fanatismus
tafsir – Korankommentar und -auslegung
tariqa (Plur. *turuq*) – Pfad der Berufenen in der Mystik; seit dem 11. Jh. Bezeichnung der mystischen Bruderschaften selbst
umma – Gemeinde der Gläubigen
usul al-fiqh – Rechtsdogmatik, Prinzipien des Rechts
usuli – Ausleger nach der Rechtsdogmatik; im Gegensatz zu *achbari*
waqf (Plur. *awqaf*) – fromme Stiftungen
zawiya – kleine Moschee; Kulthaus religiöser Bruderschaften; Bruderschaftszentrum

REGISTER

'Abbas Hilmi (Chedive) 139
'Abd al-Qadir, Amir 131 f.
'Abd al-Raziq, 'Ali 114
'Abd al-Wahhab 200
Abdil-Jalil, J. 68
'Abduh, Muhammad 137, 138 f., 224
Abdülaziz, Sultan 226
Abdülhamid II., Sultan 204, 208, 226, 227
Abu Bakr (Chalif) 212
Abu Madi, Iliya 231
Achbari 191
Adams, R. M. 85
Adrianopel (Edirne), Türkei 171
Ägypten 17, 19, 26, 55, 61, 74 ff., 82, 102, 114, 133, 144, 163, 179, 190, 196, 203, 208, 224, 231
Afghani, Dschamal al-Din al- 46, 55
Agra, Indien 30, 31
Ahmad Chan, Sayid 138
Ahmad Pascha (Gouverneur von Damaskus) 125 f.
Ahmad Sirhindi, Schaich 198
'Ain Waraqa, Schule von; Libanon 181, 206
Akar, Mirèse 162
Aleppo, Syrien 21, 24, 172, 175, 212

Alexander der Große, König von Mazedonien 82
Algerien 20, 64, 80, 140, 163, 164 f., 166, 200
Anawati, G. C. 68
Annales 73
Antonianer 180
Antonius, George 215
Appleton and Company 210
Arabische Legion 143
Aristoteles 213, 220
Armenien; Armenier 173, 176, 180, 227
Averroës (Ibn Ruschd) 44
Aserbaidschan 186

Baal Schem Tow 183
Baghdad, Irak 62, 66, 131, 148, 153, 173, 182, 212, 217
Bairam Muhammad 134 f., 137, 139
Baitar, 'Abd al-Razzaq al- 125, 131
Bakri-Bruderschaft 196
Barth, Karl 69
Bayezid II., Sultan 196
Becker, C. H. 87
Beirut, Libanon 15, 53, 55, 203 ff., 212
Bektaschi-Bruderschaft 195
Bengalen 51, 131, 170

REGISTER

Bennabi, Malek 139
Bentley, Richard 224
Berlin, Universität 40
Berque, Augustin 164 f., 203
Berque, Jacques 14, 16, 159–67
Bidschaya (Bougie), Algerien 20
Bihbihani, Aqa Muhammad Baqir 191
Biruni, Abu 'l-Rayhan 220
Bkaschtin, Libanon 218
Bologna, Universität 174
Bonneval, Claude Alexandre, Graf von 173
Bopp, Franz 42
Bougie (Bidschaya), Algerien 20
Boyle, Robert 25, 33
Braudel, Fernand 73
Breasted, J. H. 113
Browne, E. G. 49, 80
Bscharri, Libanon 216
Buchari, Muhammad b. Isma'il al- 82
Budapest 53, 56
Bursa, Türkei 185
Bustani, 'Abdallah al- 216
Bustani, Butrus al- 15–6, 203–14
Bustani, Nadschib al- 204, 218
Bustani, Nasib al- 204, 218
Bustani, Salim al- 203, 218
Bustani, Sulaiman al- 15–6, 211, 215–32

Caetani, L. 111
Cahen, Claude 85
Calvin; Calvinismus 178 f., 181
Cambridge, Universität 24, 49, 56
Carlyle, Thomas 32
Carswell, J. 174, 175 f.
Chair al-Din (tunesischer Premierminister) 134
Chalid Mawlana 132, 199
Chalmers, Robert, Baron 113

Chalwati-Bruderschaft 126, 196
Chani, 'Abd al-Madschid 131
Chicago, USA 78, 85, 218
China 81, 93, 96, 198
Chischti-Bruderschaft 196
Claudel, Paul 118 f., 151, 152 f.
Coleridge, Samuel Taylor 209
Collège de France 24, 48, 159
Committee of Union and Progress (CUP) 228, 230
Couve de Murville, Maurice Jacques 157
Cragg, Kenneth 69

Dair al-Qamar, Libanon 216
Damaskus, Syrien 20, 55, 125, 131 f., 133, 175, 212
Damiette, Ägypten 181
Darwin; Darwinismus 207
Delhi, Indien 190, 199
Deraa, Syrien 148 f.
Deutsche Morgenländische Gesellschaft 51 f.
Deutschland 49, 57, 71, 80, 171, 182
Diderot, Denis 208
Digby, S. 172
Dominikanerorden 19
Doughty, C. M. 52, 146
Dschabarti, 'Abd al-Rahman al- 177
Dschaghatay 102
Dschahiz al- 218
Dschalaluddin Rumi 86
Dschavid, Mehmet 231
Dschazuli-Bruderschaft 196
Dschemal Pascha 230
Dschibran, Dschibran Chalil 231
Dschulfa, Iran 176, 181
Dschurdschani, 'Abd al-Qahir 213
Duwaihi, Istifan al- 177
Dyck, Cornelius van 207

255

Ecole des Langues Orientales
  Vivantes, Paris 48
Edinburgh, Universität 31
Eliade, Mircea 85
Enver Pascha 230, 231
Eötvös, Joseph, Baron, ungarischer
  Erziehungsminister 54, 56
Erpenius, Thomas 24, 48
Evangelikalismus 29 ff., 170

Faisal I., König von Irak 144
Farah, Mikha'il 210
Farmer, H. G. 112
Faschismus 111
Fasi, Schaich Muhammad al- 132
Fez, Marokko 163, 166, 186, 190, 197, 200
Firdawsi 52
Fleischer, H. L. 49, 54, 71, 204, 210
Forster, Charles 35
Forster, E. M. 35
Fouad Bey, K. Z. M. 114
Foucauld, Charles de 64, 152, 156–7
Frankreich 48, 50, 68 f., 73, 134, 158, 160, 164, 182, 204
Franziskanerorden 68, 179
Fraşeri, Şemseddin Sami 205
French, Thomas Valpy, Bischof von Lahore 30
Frenda, Algerien 165
Fuat Köprülü 114

Galatasaray-Schule, Istanbul 133
Galland, A. 52
Gandhi, M. K. 157
Gaon von Wilna 183
Gardet, Louis 68
Geertz, Clifford 72, 122
Geiger, Abraham 54
Gentile, Giovanni 111
Georges-Picot, F. 143

Ghazali, Abu Hamid al- 19, 24
Ghulam Husain Chan 172
Gibb, H. A. R. 10 f., 12, 50, 71, 85, 124, 215, 216
Gibbon, Edward 27 ff.
Gilsenan, Michael 72
Goeje, M. J. de 52
Goethe, Johann Wolfgang von 50, 205
Goldziher, Ignaz 10, 46, 51, 53 ff., 61, 70, 71, 81, 82, 117
Graves, Robert 147
Gregor VII., Papst 20, 83
Griechenland 73
Grunebaum, Gustave E. von 85, 110

Haddschi Chalifa (Katib Çelebi) 173
Hadramaut 217
Hakim bi-amr Allah al- 212
Halladsch, Mansur al- 65 ff., 154 f., 156, 212
Hama 175, 176
Hammer-Purgstall, J. von 50, 53
Hamori, Andras 223, 232
Hamza b. 'Ali 212
Hanafi, Hasan 159
Hanafiten 134, 187
Hanbaliten 117, 200
Hardy, Thomas 151
Hartford USA, Theologisches Seminar von 71
Hartmann, Martin 225
Harvard, Universität 11, 71
Harvey, William 174
Hastings, Warren 170
Hebron, Palästina 65
Hedschaz 190, 199
Hegel, G. W. F. 40, 53, 76, 77, 80
Heidelberg, Universität 56
Herder, J. G. 39 f., 42, 53

Hidschazi, Salama 140
Hilal, Bani 106
Hilal Press, Kairo 204, 218, 230
Hodgson, Marshall 11, 12, 75 f., 85–107, 121, 130
Holland 50, 179
Homer 15, 211, 218, 219 ff.
Humboldt, Wilhelm von 43
Hurgronje, C. Snouk 59 ff., 70, 79, 80
Husain, Scharif 143–4
Husain, Taha 114, 139
Huseyn Hezarfenn 177
Huysmans, J. K. 63, 155

Ibn 'Abd al-Wahhab, Muhammad 200
Ibn Abi l-Diyaf 125, 127
Ibn Abi Usaibi'a 220
Ibn 'Arabi, Muhyi al-Din 132, 195
Ibn Bassam 112
Ibn Chaldun, 'Abd al-Rahman 52, 89, 92, 107, 135, 165, 212, 213, 220
Ibn Qutaiba 210
Ibn Ruschd (Averroës) 44
Ibn Sa'd, Muhammad 52, 53
Ibn Sina (Avicenna) 18, 173
Ibrahim, Hafiz 224
Idrisi-Bruderschaft; Idrisiya 198
Ilias 211, 215–32
Inalcık, Halil 77
Indien 30, 31, 51, 96, 104, 114, 121, 170, 172, 173, 194, 198, 199, 218
Indischer Ozean 18, 21, 29, 172, 184
Indonesien 61
Irak 62, 97, 100, 103, 125, 148, 151, 153, 191, 199, 217, 218, 229
Iran 22, 75, 80, 125, 184, 185, 186, 187, 191, 198, 218

Isawi-Bruderschaft; Isawiya 127
Ischaq ibn Dschubair (Syrisch-katholischer Patriarch) 180
Isfahan, Iran 175
Isfahani, Mirza Abu Talib Chan 172
Ishaq, Adib 207
Isma'il, Chedive 208
Istanbul, Türkei 24, 50, 129, 133, 134, 135, 171, 172, 173, 175, 181, 184 f., 189, 218, 221, 225, 227
Italien 95, 174, 181
Izmir, Türkei 172
Jaspers, K. 95
Java 72
Jayyusi, Salma 223, 224
Jerusalem 17, 65, 143, 145
Jesuiten 179, 215, 221
Jesus Christus 18, 47, 69
Johannes von Damaskus 20
Johnson, Samuel 22
Jomier, J. 138
Jones, Sir William 42, 50

Ka'ba 66, 154
Kabbala 182
Kahil, Mary 14
Kairo 14, 50, 53, 55, 62, 82, 94, 134, 135, 137, 190, 197, 204, 218, 221, 224, 225
Kalkutta 170
Kant, Immanuel 36 f.
Karim Chan 175
Katib Çelebi (Haddschi Chalifa) 173
Katholiken; Katholizismus 63 f., 69, 110, 156, 179 f.
Kazimain, Irak 190
Kerbala 190
Kerr, Malcolm 16, 216
Kongregation zur Verbreitung des Glaubens 179

257

Konstantinopel 17, 178
Kraemer, Hendrik 69 f.
Kremer, Alfred von 53
Kreta 17
Kuran, A. 174, 175
Kurd 'Ali, Muhammad 114
Kütahya, Türkei 176

Lahore, Pakistan 30, 190
Lane, E. W. 50, 51
Lapidus, Ira 12
Lawrence, T. E. 13, 14, 143–57, 161
Legge, James 114
Leiden, Universität 10, 24, 48, 49, 54, 59
Leipzig, Universität 49, 54
Levi della Vida, Giorgio 110 f.
Lévi-Provençal 112
Libanesische Väter 180
Libanon 24, 180, 181, 206, 215, 216, 218, 227, 231
London 33, 51
Loti, Pierre 140
Lucaris, Kyrillus 178
Lutheraner 179
Lyall, C. J. 52

Macdonald, D. B. 71
Madagaskar 64
Madina 28, 190, 200
Madrasa al-wataniya, al- 207, 216
Mahmud Hamza 207
Makdisi, George 189
Maknas, Marokko 175
Malikiten 134, 187, 191, 195
Mamelucken 27, 82, 104, 173, 179, 196
Margoliouth, D. S. 54, 225
Marokko 72, 121, 125, 133, 163, 165, 183, 186, 191, 196, 198, 200
Maroniten 24, 177, 179, 180, 205, 206, 207, 216

Marracci, Lodovico 24
Martyn, Henry 30 f.
Maschhad 190
Mashriq, al- (Zeitschrift) 225
Massignon, Louis 14, 61 ff., 70, 80, 85, 86, 106, 117 f., 143–57, 166, 167
Mauretanien 138
Maurice, Frederick Denison 32 ff., 38
Mavorcordato, Alexander 174
Mawlawi-Bruderschaft 196
Mawlay Idris Fez 197
Mazdaismus 96
McNeill, W. H. 85
Mechitaristen 180, 181
Mehmed II. (der Eroberer), Sultan 185
Mehmed V., Sultan 230
Meinertzhagen, R. 148
Mekka 28, 60, 66, 144, 154
Midhat Pascha 217, 226
Mill, John Stuart 32
Milton, John 217, 221
Mirghani-Bruderschaft 198
Mischaqa Micha'il 181
Mittelmeer 18, 21, 29, 73–4, 92, 93, 95, 159, 163, 164, 166, 179, 182, 205, 218
Mittwoch, E. 112
Mohl, J. 52
Mongolen 102
Montagu, Lady Mary Wortley 171
Morgenthau, Henry 230
Mosul, Irak 171
Muhammad 'Ali 206
Muhammad, Bey von Tunesien 134
Muhammad, der Prophet 18, 19, 21, 22 ff., 38, 40, 47, 61, 69, 70, 77, 97, 98, 147, 169, 171, 193
Muir, William 31
Müller, F. Max 43

Muneccimbaşi 177
Muqtataf, al- (Zeitschrift) 217, 225
Murad III., Sultan 185
Murad V., Sultan 208
Musil, Alois 52
Mustafa Kemal Atatürk 140
Mutazila; Muʻtaziliten 114, 117
Müteferrika, Ibrahim 172, 173
Mutran, Chalil 224
Mysore, Sultan von 173

Nadschaf 190
Nadschd 200, 217
Nahda 203, 216, 218, 219, 221
Napoleon I., französischer Kaiser 26f.
Naqschbandi-Bruderschaft; Naqschbandiya 131f., 136, 198f.
Nasir, al- (algerischer Prinz) 20
Nedim 178
Nef, J. U. 85
Nicholson, R. A. 49
Niebuhr, Carsten 27, 40
Niʻmatullahi-Bruderschaft 194
Nimr, Faris 224
Nöldeke, Theodor 49, 71
Nuʻaima, Micha'il 231
Nuruosmaniyeh-Moschee, Istanbul 174

Ockley, Simon 25
Oran, Algerien 131
Österreich 54, 80
Oudh, Nawab von 173
Oxford, Universität 10f., 23, 24, 40, 71, 77, 112

Padua, Universität 181
Pali 96
Paris 10, 24, 44, 48, 49, 51, 61, 62, 114, 137, 165

Pascal, Blaise 22
Peloponnes 180
Peter der Ehrwürdige, Abt von Cluny 19
Pfander, Karl 30f.
Pisani, Hauptmann 144
Pitt-Rivers, Julian 74
Platon 220
Pococke, Edward 24, 49
Polen 179, 182
Pope, Alexander 224
Prag, Universität 56
Protestanten; Protestantismus 178, 206, 207, 215
Psichari, Ernest 64

Qadiri-Bruderschaft; Qadiriya 131, 198
Qadscharen 177
Qais 123
Quatremère, E. 52

Rahman, Fazlur 78
Rahmatullah al-Kairanawi, Schaich 30f.
Raschid Rida, Muhammad 135ff., 225
Raymond, André 74
Redhouse, J. W. 52
Reis, Piri 173
Renan, Ernest 43ff., 64, 110
Riaz Pascha, Premierminister von Ägypten 134, 208
Rifaʻi-Bruderschaft; Rifaʻiya 196
Rodinson, Maxime 74
Royal Asiatic Society 55
Royal Society 25
Rückert, F. 52
Rumelien 195
Rußland 50

Sabbataj Zewi 182

259

Sachau, E. 52
Sacy, Silvestre de 48, 49, 51, 54
Sadiqiya-Schule, Tunis 133
Safad, Schule von 182
Safawiden 104, 175, 184, 185, 187, 191, 198
Said Halim Pascha 230
Saint-Quentin, D. de 144
Sale, George 24
Saloniki, Griechenland 172, 182
Salvatorianer 180
San Lazzaro, Italien 180
Sanskrit 95
Sarruf, Ya'qub 224
Sarwat, 'Abd al-Chaliq 224
Sasaniden 97, 99
Saudi-Dynastie 201
Sayida Zainab, Kairo 197
Sayidna Husain, Kairo 197
Schacht, Joseph 11
Schadhili-Bruderschaft, Schadhiliya 135, 196
Schafi'iten 187
Schah Waliullah von Delhi 199
Schaichi-Schule 194
Schawqi, Ahmad 224
Schidyaq, Tannus 212
Schiraz, Iran 175
Schirazi, Mulla Sadr al-Latif 193
Schleiermacher, Friedrich 37 ff., 46, 57
School of Oriental and African Studies, London 50
Schuschtari, 'Abd al-Latif 172
Schwairi-Väter 180
Seldschuken 17
Selim II., Sultan 185
Selim III., Sultan 175
Shakespeare, William 21
Shar'iati, Ali 159
Shaw, George Bernard and Charlotte 148

Sidiya, Schaich 198
Sieben Schläfer von Ephesus 65, 157
Sinan 174
Sirhindi, Schaich Ahmad 198
Sizilien 17, 179
Slane, W. M. de 52
Smith, Reuben 88
Smith, W. Robertson 49
Smith, Wilfred Cantwell 25, 78
Société Asiatique 51
Spanien 17, 19, 102, 179
Spengler, Oswald 89, 92
St. John's College 30
Stern, Samuel 11
Stevenson, Adlai 109
Straßburg, Universität 49
Sudan 123, 195, 198
Sufi; Sufismus 58, 65, 67, 68, 101, 126 ff., 154, 156, 192, 193, 194 ff., 200, 201
Suhrawardi-Bruderschaft; Suhrawardiya 196
Sulaiman I. (der Prächtige), Sultan 185
Sulaiman, Mawlay 200
Synode vom Berg Libanon 180
Syrien 17, 19, 52, 97, 102, 176, 179, 180, 190, 199, 203, 205, 206

Tabari, Muhammad b. Dscharir al- 52
Taftazani, Sa'd al-Din al- 213
Talaat Pascha 230
Taqla, Dschibra'il 224
Tasso 221
Tausend und eine Nacht 52
Tawfiq, Chedive 216
Thomas von Aquin 180
Tibawi, A. L. 215
Tidschani-Bruderschaft 199
Timbuktu 190
Timuriden 104, 175

Topkapi-Palast, Istanbul 175
Toynbee, Arnold 89, 92
Tripolis, Libanon 135 ff.
Troll, Christian 138
Tunesien 125, 133, 134
Tunis 127, 129, 130, 133, 135, 138, 188

Ukraine 182
Ungarn 54, 56
Urdu 102
Urwa al-wuthqa (Zeitschrift) 137
Usuli-Schule 191

Vergil 221
Volney, Constantin François Chasseboeuf, Comte de 181
Voltaire, François Marie Arouet de 181, 221

Wafd 140
Walzer, Richard 11
Weber, Max 74, 90

Wellhausen, Julius 46, 47
White, Joseph 23
Wien 17, 50, 53
Wilna 183
Wolf, F. A. 220
Wright, William 49, 51

Yaqut 210
Yazidschi, Ibrahim al- 224
Yeats, W. B. 109
Yemen 123, 217
Yirmisekiz Mehmed Said Efendi 174
Yousi, al- 162
Yusuf Ali 114

Zaehner, Robin 11
Zaghlul, Sa'd 140, 224
Zaidan, Dschurdschi 218, 224
Zaituna, Tunis 190
Zoroastrimus 58
Zweites Vatikanisches Konzil (1962–65) 69

BEMERKUNGEN DES HERAUSGEBERS

Die in diesem Band versammelten Essays sind zuerst in folgender Form erschienen:

»Islam in European Thought« beruht auf Vorlesungen, die 1986 als F. D. Maurice Lectures am King's College in London, später, 1989, in neuer Form als Tanner Lectures in Clare Hall gehalten wurden. Die Vorlesungen sind erschienen in: *Tanner Lectures on Human Values*, Bd. XI (University of Utah Press, Salt Lake City, Utah, 1990), S. 223–87.

»Marshall Hodgson and the venture of Islam«, in: *Journal of Near Eastern Studies*, 37, I (Januar 1978), S. 53–62.

»Islamic History, Middle Eastern history, modern history«, Vorlesung anläßlich der 7. Giorgio-Levi-della-Vida-Konferenz, University of California, Los Angeles, 1979, in: M. Kerr (Hrsg.), *Islamic Studies: A Tradition and its Problems* (Undena Publication, Malibu, Calif. 1980), S. 5–26.

»T. E. Lawrence and Louis Massignon«, in: *Times Literary Supplement* (8. Juli 1983), S. 733–4.

»In search of a new Andalusia: Jacques Berque and the Arabs«, in: C. Hourani (Hrsg.), *The Arab Cultural Scene: Literary Review Supplement* (Namara Press, London, 1982), S. 7–11.

»Culture and change: the Middle East in the eighteenth century« als Einleitung zum 3. Teil von T. Naff und R. Owen (Hrsg.), *Studies in Eighteenth Century Islamic History* (Southern Illinois University Press, Carbondale, Ill. 1977), S. 253–76 und 397–9.

»Bustani's encyclopaedia«, in: *Journal of Islamic Studies*, I (1990), S. 111–19 sowie in französischer Übersetzung unter dem Titel »L'encyclopédie de Bustani«, in: *Rivages et déserts: hommage à Jacques Berque* (Sindbad, Paris, 1989), S. 197–208.

Der Essay »Wednesday afternoon remembered« in der englischen Originalausgabe von *Islam in European Thought* (Cambridge University Press,

BEMERKUNGEN DES HERAUSGEBERS

Cambridge, 1991, S. 61–73) wurde für die deutsche Ausgabe nicht übernommen, da er sich vornehmlich mit der institutionellen Entwicklung der Orientalistik und des Forschungsschwerpunkts zur Geschichte des Nahen und Mittleren Ostens in England befaßt. Albert Hourani war daran als Direktor des »Middle East Centre« des St. Antony's College in Oxford maßgeblich beteiligt. Sein persönlicher Werdegang und sein Beitrag zu dieser Entwicklung werden jedoch in den »Eléments d'autobiographie« in der *Revue d'Etudes Palestiniennes*, Frühjahr 1993, sodann in einem Interview der Nullnummer der *Revue d'Etudes, d'Echanges et de Liaisons Scientifiques* (REELS), Frühjahr 1991, herausgegeben vom Institut du Monde Arabe, Paris (noch einmal abgedruckt in der Nachfolgepublikation des Instituts *Le Monde Arabe dans la Recherche Scientifique* [MARS], Nr. 1, Juni 1993), in der Einleitung »Albert Hourani: an appreciation« in John Spagnolo (Hrsg.), *Problems of the Modern Middle East in Historical Perspective*; Essays in honour of Albert Hourani (Reading 1992) sowie in zahlreichen Nachrufen auf Albert Hourani nach seinem Tod am 17. Januar 1993 ausführlicher behandelt und besser gewürdigt. Hourani war zu bescheiden, als daß er seine eigenen außerordentlichen Leistungen als Wissenschaftler in einem seiner Bücher auch nur mit einem Wort erwähnt hätte.

Albert Hourani schreibt in einer Vorbemerkung zur englischen Originalausgabe des vorliegenden Bandes:

»Die [...] Essays wurden zu verschiedenen Zeiten und zu unterschiedlichen Anlässen geschrieben. Da sich meine Vorstellungen seit ihrer Niederschrift teilweise geändert haben, wird es unvermeidlich da und dort Wiederholungen, Unstimmigkeiten und Widersprüchlichkeiten geben. Ich habe nichts unternommen, sie zu vermeiden oder auszuräumen. Zwar war ich versucht, die Essays auf einen neueren Stand zu bringen, insbesondere da, wo ausgesprochene oder unterstellte Vorhersagen sich als nicht haltbar erwiesen. Dieser Versuchung habe ich widerstanden; wohl aber habe ich manchmal kleinere Irrtümer korrigiert sowie Hinweise auf Bücher, die seit der Niederschrift der Beiträge erschienen sind, hinzugefügt.«

Obwohl er sich seit Beginn der siebziger Jahre an einer neuen Geschichtsbetrachtung orientierte und der Beschreibung und Analyse der Sozialstrukturen mehr Aufmerksamkeit zu schenken begann als vordem, meinte er dennoch von dem vorliegenden Buch, das sich zu einem Gutteil mit der europäischen Tradition der Ideengeschichte zum Islam und der nahöstlichen Welt befaßt – mit der »Kette der Zeugen« *(silsila)* in Gestalt einzelner Denker –, daß es zu den vier seiner Bücher gehöre, von denen er sich eine bleibende Wirkung erhoffe.